高等职业教育铁道供电技术专业"十三五"规划教材

高速铁路牵引供电

主　编　○　张刚毅
副主编　○　王先利　刘明晓
主　审　○　张　华

西南交通大学出版社
·成都·

内容简介

本书是依据高速铁路主要行车工种的岗位标准和培训规范，结合铁路现代化发展的实际而编写。本书共五章，第一章主要介绍高速铁路的定义与特点、发展历程与方向、技术方向、技术条件与社会需求等；第二章主要讲述高速铁路牵引供电系统的电流制、组成、外部电源、牵引网供电方式及同相供电技术等；第三章主要讲解高速铁路电力供电系统和电力 SCADA 系统的基本原理与设计特点；第四章主要阐述高速铁路变配电系统中变（配）电所一次设备、二次设备、综合自动化系统、变配电系统的运行与检修等；第五章主要阐述高速铁路接触网的特点与要求、结构与设施、接触悬挂、施工新技术、运行与检修管理等。本书适用于高速铁路牵引供电人员的岗前资格性和岗位适应性培训，也可作为高职高专供电技术专业和电气化铁道技术专业教材。

图书在版编目（CIP）数据

高速铁路牵引供电 / 张刚毅主编. —成都：西南交通大学出版社，2017.6（2024.1 重印）
ISBN 978-7-5643-4517-4

Ⅰ.①高… Ⅱ.①张… Ⅲ.①高速铁路 – 牵引供电系统 Ⅳ.①U238

中国版本图书馆 CIP 数据核字（2017）第 110343 号

高速铁路牵引供电

主　编／张刚毅	责任编辑／李芳芳
	特邀编辑／李庞峰
	封面设计／何东琳设计工作室

西南交通大学出版社出版发行
（四川省成都市二环路北一段 111 号西南交通大学创新大厦 21 楼　610031）
发行部电话：028-87600564
网址：http://www.xnjdcbs.com
印刷：成都蓉军广告印务有限责任公司

成品尺寸　185 mm×260 mm
印张　15　字数　321 千
版次　2017 年 6 月第 1 版
印次　2024 年 1 月第 3 次

书号　ISBN 978-7-5643-4517-4
定价　36.00 元

课件咨询电话：028-81435775
图书如有印装质量问题　本社负责退换
版权所有　盗版必究　举报电话：028-87600562

前言

本书是依据铁路总公司对高速铁路主要行车工种岗位标准和培训规范，结合高速铁路牵引供电领域的发展实际组织编写了高速铁路牵引供电教材。

中国高速铁路的建设始于2004年的中国铁路长远规划，根据国务院"引进先进技术，联合设计生产，打造中国品牌"的指导方针，我国大力推进原始创新、集成创新、引进消化吸收再创新，攻克了高速转向架等九大核心技术，成功研制了时速350 km 和 250 km 两种速度等级的高速动车组。第一条真正意义上的高速铁路是2008年8月1日开通运营的350 km/h的京津城际高速铁路。

中国高速铁路运营里程已突破2万千米，超过全世界所有国家的高铁运营里程之和，成为世界上最长的高速铁路网，这标志着中国进入高铁经济时代。而由国家发改委、交通运输部以及铁路总公司联合印发的《中长期铁路网规划》（下简称《规划》），更是将中国高铁网正式由"四纵四横"升级为"八纵八横"。同时根据《规划》，"十三五"期间全国新建铁路将不低于2.3万千米，总投资不低于2.8万亿元。到2020年，全国铁路营业里程要增加至15万千米，其中高速铁路营业里程增加至3万千米。高速铁路要覆盖80%以上的城区常住人口100万以上的城市。到2025年，铁路网规模将达到17.5万千米，其中高速铁路3.8万千米左右。展望到2030年，基本实现内外互联互通、区际多路畅通、省会高铁连通、地市快速通达、县域基本覆盖。

高速铁路的大力发展，使电气化铁路成为我国铁路发展的必然趋势。本书根据高速铁路牵引供电岗位培训规范编写，紧密结合现场实际，突出针对性和实用性，在编写时，力求做到深入浅出，通俗易懂，图文并茂。书中各章节都配有思考题和复习题，书末附有《铁路技术管理规程（高速铁路部分）》。

本书由西安铁路职业技术学院张刚毅教授主编。共分为五章：第一章由西安铁路职业技术学院苗斌编写,第二章由西安铁路职业技术学院娄刘娟编写,第三章由西安铁路职业技术学院张刚毅编写,第四、五章由西安铁路职业技术学院刘明晓编写。本书在编写过程中得到了西安铁路局宝鸡供电段张华、西安地下铁道有限责任公司王先利、西南交通大学电气工程学院李群湛教授和解绍锋教授的大力支持和帮助,他们提供了大量宝贵资料,对此一并表示感谢!

由于编者水平有限,书中难免存在不妥之处,敬请广大读者和同行批评指正。

编 者

2017 年 4 月

目 录

第一章 高速铁路基础知识 ·· 1
第二章 牵引供电系统 ·· 10
   第一节 供电系统概述 ·· 10
   第二节 牵引供电系统牵引网供电方式 ·· 15
   第三节 同相供电技术 ·· 21
第三章 高速铁路电力供电系统 ··· 41
   第一节 电力供电系统 ·· 41
   第二节 高速铁路电力 SCADA 系统 ·· 51
第四章 高速铁路变配电系统 ·· 58
   第一节 供电系统概述 ·· 58
   第二节 变（配）电所的一次设备 ·· 70
   第三节 变（配）电所的二次设备 ·· 90
   第四节 变（配）电所综合自动化系统 ·· 102
   第五节 变配电系统运营 ··· 116
   第六节 变配电系统检修 ··· 126
第五章 高速铁路接触网 ··· 141
   第一节 高速铁路接触网特点及要求 ··· 141
   第二节 高速铁路接触网的结构与设施 ·· 151
   第三节 高速铁路接触网接触悬挂 ·· 181
   第四节 高速铁路接触网施工新技术 ··· 186
   第五节 高速铁路相关设备技术术语 ··· 192
   第六节 高速铁路接触网运行与检修管理 ·· 195
附 录 ·· 198
   附录 1 高速铁路接触网运行检修暂行规程 ··· 198
   附录 2 接触网线索及绝缘件机械强度安全系数 ··· 222

附录 3　高速铁路供电车间主要机具设备表 …………………… 223
附录 4　高速铁路接触网工区主要机具设备表 …………………… 225
附录 5　供电工区值班日志（接触网） …………………… 227
附录 6　接触网巡视检查记录 …………………… 228
附录 7　接触网全面检查记录 …………………… 229
附录 8　接触线位置检测（修）记录 …………………… 230
附录 9　铁路技术管理规程（高速铁路部分）——供电、给水 ……… 231

第一章　高速铁路基础知识

一、高速铁路的定义与特点

（一）高铁的定义

1. 国际规定

西欧把新建时速达到 250~300 km、旧线改造时速达到 200 km 的铁路线路称为高速铁路。1985 年联合国欧洲经济委员会在日内瓦签署的国际铁路干线协议规定：新建客运列车专用型高速铁路时速为 350 km 以上，新建客货运列车混用型高速铁路时速为 250 km。

2. 中国规定

中国 2014 年 1 月 1 日起实施的《铁路安全管理条例》规定：高速铁路（高铁）是指设计开行时速 250 km 以上（含预留），并且初期运营时速 200 km 以上的客运列车专线铁路（客运专线）。

（二）高铁的特点

（1）旅行时间短，人们开始用时间衡量距离。
（2）运量大。

目前高速列车最大载客量可达到 1 300 人/列，开行密度可达到 11 列/小时，按照 16 小时/日运营计算，每天可以运送旅客 20 余万人。日本东海道新干线运客量达日均 37 万人，最高日达 73 万人。与民航对比一下，如按一架飞机可乘坐 300~400 人，两地飞行按 20 架/日计算，每日可运送旅客 7 000~8 000 人。

（3）土地占用面积小。

要完成与一条高速铁路相同的运量，高速公路需要八车道。

（4）能源消耗低。

一人使用 1 kW·h 的能源，乘坐不同交通工具旅行的最长距离如图 1-1 所示。

（5）污染小。
（6）外部运输成本低。
（7）运行准时。

日本新干线平均晚点不超过 1 min；西班牙 AVE 高速列车承诺，晚点 5 min 退赔全部票款。

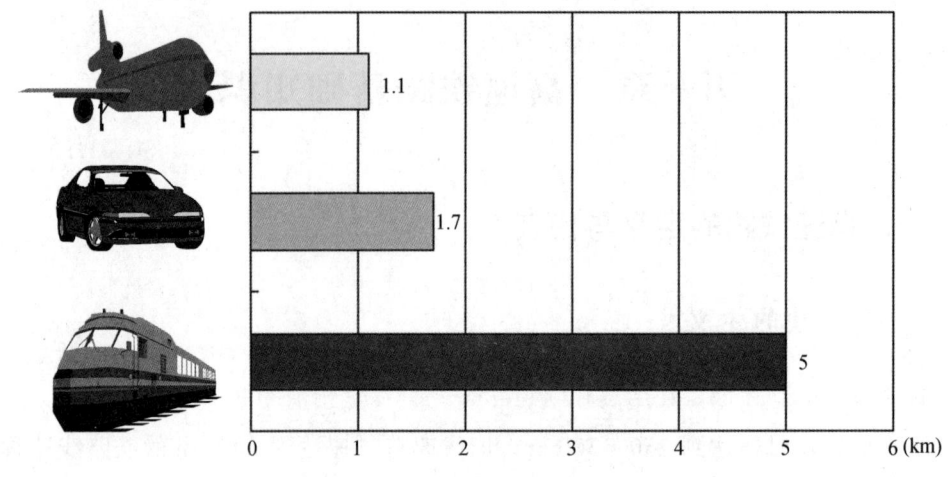

图 1-1　不同交通工具能耗比较

（8）安全可靠。

（9）不受气候影响。

由于装备了现代化的列车运行控制系统，保证列车在各种气候条件下的安全正点运行。

（10）社会、经济效益好。

① 节约时间价值；

② 加快沿线经济的发展；

③ 加速沿线城市化的发展速度。

（三）高速铁路与普速铁路的区别

高速铁路与普速铁路的区别主要表现在速度的不同。随着速度的提高，出现了一些新的现象，相应地提出了一些新的要求，主要可以归结为两个方面：一是适应空气动力学的变化；二是有一个持久稳定、高平顺性的、能供高速列车安全舒适运行的轨下基础和弓上接触网功能。

1. 空气动力学的要求

空气动力学的要求对列车影响大些，与土木工程也有关。

1）列车方面

① 阻力增加，要改善头型及外轮廓。

② 噪声增加，要改善头型、减振，改善弓网关系及受电弓的位置，改善空气流向。

③ 空调、噪声、舒适度、排污等对密封性能要求高。

④ 牵引功率增加。目前一般采用交流传动、异步电机、IGBT 甚至 IPM 功率控制元件。此外，还要求具有高性能的制动系统和较高的乘坐舒适度等。

2）土木工程方面

① 线间距受列车会车时空气压力波的影响，线间距（包括站台安全距离）要适当加大。

② 列车高速通过隧道时，由于洞口空气阻力、瞬变压力、洞口微气压波等的影响，要适当加大隧道断面面积及改善洞口及辅助结构的设置等。

③ 根据研究：各种微小的不平顺所引起的列车振动，都将导致乘坐不舒适，使司机工作能力明显降低，甚至恶化轨道状态，引发轮轨轴的断裂。因此，保持轨道持续稳定的高平顺性，是高速铁路土木工程最基本的要求。但是，轨道的高平顺性又是路基、桥梁、轨道变形的最终表现，要求轨道满足高平顺性，必须从控制上述工程方面着手。

2. 对接触网的要求

接触网要采用大张力体系，要求高度的平顺性。

3. 对列车及牵引动力的要求

采用大功率交流传动电力机车，牵引功率较大的列车采用动车组牵引方式。

4. 对通信信号系统的要求

① 采用机车信号，区间没有地面信号。

② 司机制动转变为车载计算机判别、自动控制，并通过超速防护系统自动施行制动。

③ 采用综合调度系统，全自动指挥控制，极大地提高效率。

④ 围绕运营指挥所采用的计算机网络及通信系统，需要很高的可靠性和安全保障。

⑤ 高速运动的列车给车地之间的信息传递带来更大的难度，高速铁路要求信息传输误码率低，且更加准确。

⑥ 高速列车装备有大量的计算机检测设备，形成一个车载计算机网络，使得列车控制、维修的效率得到很大的提高。

5. 其他主要区别

① 由于高速行车的特殊情况，高速铁路配置了风、雨、雪、地震等自然灾害告警系统，监测信息经过通信网与调度中心直接相连，以保证高速行车的安全。

② 由于高速行驶中列车与空气摩擦产生了大量噪声，因此，高速铁路途经人口密集的地区时，需采取降低噪声的措施，必要时安装隔音墙；

③ 高速全线必须封闭，不设平交道口。在高速铁路上建设的上跨跨线桥需安装坠落物告警装置。

二、我国高速铁路的发展历程与方向

（一）我国高铁的发展历程

我国第一条高速铁路——秦沈客运专线于 2003 年 10 月 12 日开通运营，这条设计时速 250 km 的高速铁路悄然开始了中国高速铁路的发展之路。2008 年 8 月 1 日，120 km 长的京津城际铁路开通运营。这条设计时速 350 km 的高速铁路，将北京和天津两大直辖市紧紧相连。这也是我国第一条设计时速 ≥300 km 的高速铁路。

2010 年 10 月 26 日，沪杭高速铁路正式通车运营，这是 2010 年继郑西客运专线、沪宁城际之后开通的又一条设计时速 350 km 的高速铁路。至此，我国投入运营的高速铁路运营里程已达到 7431 km，居世界第一位。

2010 年 11 月 15 日京沪高速铁路全线铺通。该线路贯穿北京、山东、上海等 7 省市，新建铁路全长 1 318 km，设计时速 350 km，并有全线提速至 380 km/h 的预留空间，是世界上一次建成线路里程最长、标准最高的高速铁路。

2012 年 2 月 21 日国务院常务会议讨论通过《"十二五"综合交通运输体系规划》，会议要求要认真推进交通运输基础设施建设，建成一批重大铁路项目，适时开工一批急需也是必需项目；"十二五"期间基本建成国家快速铁路网和高速公路网，形成"五纵五横十联"的运输网。

随着客运专线的发展，我国铁路技术装备也基本实现现代化。我国铁路以铁路总公司为主导、机车车辆制造企业为主体、产学研紧密结合，成功引进了世界上最先进的时速 200 km 及以上动车组技术，实现了"引进先进技术，联合设计生产，打造中国品牌"的总体要求并全部拿到核心技术，实现了最低价格引进，达到了国产化目标。

2008 年 6 月 24 日，国产 CRH3C 型动车组列车在京津高速城际铁路上创造了时速 394.3 km 的纪录，创造了世界上投入运营列车的时速最高纪录。这是中国铁路进入高速时代的庄严宣告。

截至 2013 年 12 月 28 日，我国铁路里程已达 10 万千米，其中，高速铁路突破 1 万千米，在建规模 12 万千米。我国已成为世界上高速铁路运营里程最长、在建规模最大的国家。而我国"四纵四横"高速铁路网中，"四纵"除京沈客运专线正在建设以外已全部贯通，"四横"已有部分开通运营。我国高速铁路网已经初具规模。

邻近省会城市将形成 1 至 2 小时交通圈，省会与周边城市形成半小时至 1 小时交通圈。北京到全国绝大部分省会城市将形成 8 小时以内交通圈：1 小时内能到达天津、石家庄等城市；2 小时能到达郑州、济南、沈阳、太原等城市；3 小时能到达南京、合肥、长春、大连等城市；4 小时能到达上海、杭州、武汉、西安、哈尔滨等城市。除海口、南宁、昆明、乌鲁木齐、拉萨、台北外，北京到全国省会城市都将在 8 小时以内。

到 2020 年，全国铁路营业里程要增加至 15 万千米，其中高速铁路营业里程增加至 3 万千米。高速铁路要覆盖 80%以上的城区常住人口 100 万以上的城市。到 2025 年，铁路网规模将达到 17.5 万千米，其中高速铁路 3.8 万千米左右。展望到 2030 年，基本实现内外互联互通、区际多路畅通、省会高铁连通、地市快速通达、悬域基本覆盖。

（二）中国高铁的发展方向

除了在国内加强高铁建设，尽快完成国内高铁网的建设之外，2014 年，我国提出了"一带一路"的国家战略布局，其中在世界范围内进行高速铁路建设是重点内容，中国计划建设泛亚高铁、中亚高铁、欧亚高铁、中俄加美高铁等四条世界级的高铁线路，如图 1-2 所示。这四条高铁线路长，跨越不同文化和不同地质条件的区域，投资大，这些都堪称是世界级的。

泛亚高铁，从昆明出发，依次经由越南、柬埔寨、泰国、马来西亚，抵达新加坡。

中亚高铁，起点是乌鲁木齐，经由哈萨克斯坦、乌兹别克斯坦、土库曼斯坦、伊朗、土耳其等国家，最终到达德国。

欧亚高铁，从伦敦出发，经巴黎、柏林、华沙、基辅，过莫斯科后分成两支：一支入哈萨克斯坦，另一支遥指远东的哈巴罗夫斯克。

中俄加美高铁，从东北出发一路往北，经西伯利亚抵达白令海峡，以修建隧道的方式穿过太平洋，抵达阿拉斯加，再从阿拉斯加去往加拿大，最终抵达美国。

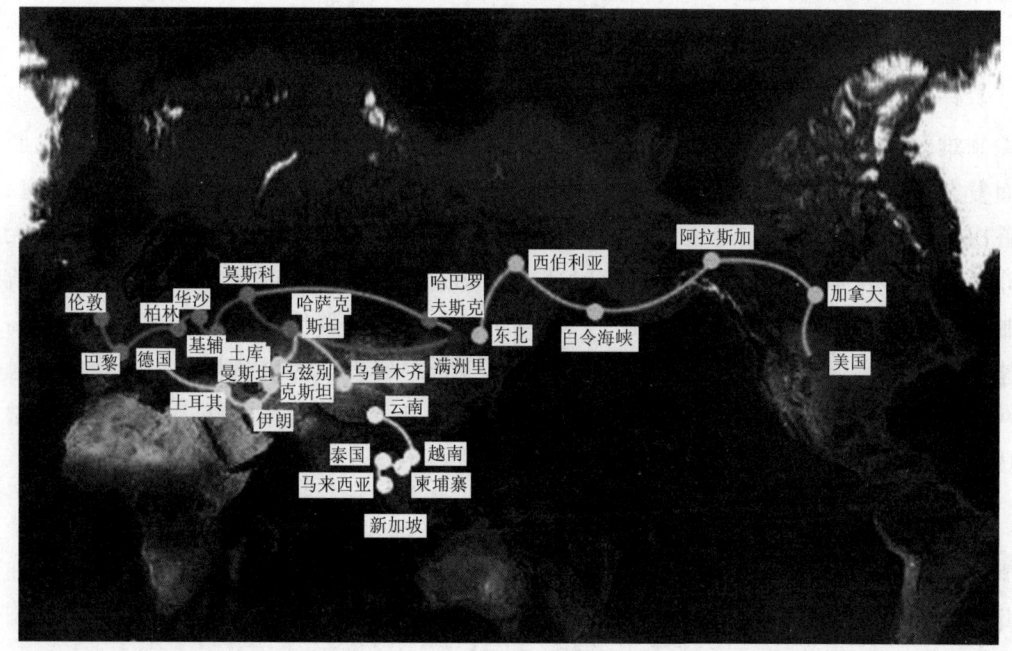

图 1-2 "一带一路"铁路规划图

三、高速铁路的技术特点

由于各国发展高速铁路的国情、路情不同，运输模式不同，故采用的技术和装备也不同，运营管理和养护维修方式也有不同。我国具有国土辽阔、人口众多、铁路客货运输繁忙等不同于国外的特点，因此在充分借鉴国外高速铁路先进技术的基础上，结合我国的实际，逐步形成了具有中国特色的高速铁路技术体系。其特点是：满足高速度、高密度、大运量、长距离、高舒适性及多种运输组织形式需求；兼容不同速度等级的列车，配备多种编组形式的动力分散型动车组；采用高平顺性、高稳定性、高耐久性且少维修的基础设施；建立智能化的调度指挥系统、列车自动控制系统及信息化的运营管理系统；高度重视环境保护，追求高安全性、高可靠性及低运营成本。

四、中国发展高速铁路的技术条件与社会需求

（一）技术条件

我国在高速铁路上有自己的一些技术创新成果。铁路系统按照"先进、成熟、经济、适用、可靠"的技术方针，瞄准世界高速铁路最先进技术，通过原始创新、集成创新和引进消化吸收再创新，取得了一系列重大技术创新成果，形成了具有自主知识产权和世界先进水平的高速铁路技术体系。

1. 工程建造技术达到世界先进水平

针对我国复杂多样的地质及气候条件，攻克了湿陷性黄土和软土地区沉降变形控制难题，掌握了复杂地质条件下高速铁路地基处理和路基填筑技术。攻克了大断面复杂隧道建设技术难题，建成复杂地质山区高速铁路长大隧道群和水下铁路隧道，首次实现了高速列车在隧道内以时速 350 km 交会。系统掌握了高速铁路有砟、无砟轨道成套技术。自主研制了满足时速 350 km 要求的高速道岔，掌握了百米钢轨制造、运输、铺设、焊接成套技术，攻克了长大桥梁无缝线路技术难题。构建了高速铁路牵引供电系统设计、施工、检测技术平台，研发了大容量供电、大张力接触网、高速接触网检测、远程监控等成套装备，攻克了高速列车重联运行接触网关键技术难题。

2. 高速列车技术达到世界先进水平

系统掌握了时速 200~250 km 动车组核心技术，全面构建了设计制造体系。在此基础上，攻克了制约速度提升的技术难题，在高速列车基础理论、关键技术、制造工艺、试验评估等方面实现了系统集成创新，成功搭建了时速 350 km 动车组技

术平台，国产时速 350 km 动车组大批量投入运营，在京津、武广、郑西高速铁路上表现出良好的运行品质。"和谐号"动车组以运营速度高、运量大、节能环保、平稳舒适等特点，跻身世界一流行列。

3. 列车控制技术达到世界先进水平

系统掌握了满足时速 250 km 的 CTCS-2 级列车运行控制技术，成功应用于既有线第六次大面积提速和新建的时速 250 km 高速铁路。研发了具有世界领先水平的 CTCS-3 级列车运行控制系统，基于无线通信网络系统实现地面与动车组控车信息的双向实时传输，满足动车组列车时速 350 km、最小追踪间隔 3 min 的安全运行要求，适应我国高速铁路高速度、高密度及不同速度等级动车组跨线运行的特点，成功应用于武广、郑西、沪宁、沪杭等高速铁路。

4. 系统集成技术达到世界先进水平

系统掌握了高速铁路总体设计、接口管理、联调联试等关键技术，实现了高速铁路工务工程、动车组、牵引供电、通信信号、运营调度、客运服务等各子系统的集成，使整体系统功能达到最优。在不同速度等级列车混合运行、高速线与既有线互联互通、地车安全信息连续传输、轨道电路对无砟轨道适应性等方面实现重大技术创新，形成了先进完善的高速铁路系统集成技术体系。

5. 运营维护技术达到世界先进水平

研发了现代化高速综合检测列车，实现了基础设施检测、监测的自动化和养护维修的机械化。开发了安全防灾预警技术，实现了对雨雪等灾害的实时监测和自动应急处理。开发并广泛采用调度集中系统，全面实现了运输调度集中统一指挥。研制了适应大客流量、响应时间快、系统安全性高的综合客运服务系统，较好地满足旅客自助化、个性化、多样化的服务需求。积极开展高速铁路减振降噪、节能环保等技术攻关，大量采用新材料、新能源及现代信息技术，使高速铁路在节能环保方面的优势得到充分发挥。

我国的高速铁路发展虽然起步较晚，但在中国人民的共同努力之下取得了相当大的进步与成就，我们仍将继续研究与发展，努力为人类创造一个更加美好的未来！

（二）发展高铁的社会需求

1. 经济及社会发展的需要

2020 年中国将全面建设小康社会，这一时期经济仍将快速发展，运输需求必将高速增长。人口的增长、城市化进程的加快、人民物质文化生活水平不断提高和人际间的交流更加频繁，这些预示着客运需求的潜力很大，而且旅客运输需求的增长将高于货物运输。随着社会节奏的加快，时间价值观念越来越强，旅客运输的高速化是我国经济及社会发展的必然结果。

对我国而言，土地、能源、环境方面的压力远大于其他国家。国土面积远小于我国，仅有 2.5 亿人口的美国拥有 22 万千米的铁路、8 万多千米的高速公路，公路承担了 80% 以上的旅客周转量，但仅高速公路就占地 4 800 km^2。我国人均耕地面积 0.000 8 km^2（约 1.2 亩），耕地严重短缺，加之以煤为主的能源结构，使我国不能选择美国目前客运依靠公路的交通运输模式。日本人口密度大、土地匮乏、国土面积小，虽短途客流多，但仍选择了节约土地及能源，运输效益高的高速铁路作为公共旅客运输的骨干，以满足经济及社会发展的需求，并取得了极好的社会及经济效益。在我国，高速铁路可以充分发挥其技术经济优势。发展高速铁路是我国经济及社会发展的需要，也是我国国情的需要。

2. 客流特点适宜发展高速铁路

我国未来的铁路客流有三大特点：

一是量大。这是由我国人口众多的因素决定的。今后 10 年，即使每人每年坐一次往返的火车，铁路旅客发送量也将达 26 亿人次以上。据预测，京沪客运专线客流密度远期将达到 9 000 万人次以上，繁忙区段接近 11 000 万人次。作为一个长度在 1 300 km 以上的运输通道，这样大的运量在世界上也是少有的。

二是集中。这是人口分布和工业布局主要集中在东部沿海的必然结果。我国客流主要集中在京沪、京广、京沈、哈大、陇海、浙赣等主要干线上。由于我国的城市群也主要分布在这些铁路干线沿线，客流集中的趋势还将加剧。

三是行程长。这是广阔的疆域、人们较大的活动范围所形成的。2002 年铁路旅客平均行程达到了 472 km。根据以往的统计，铁路旅客行程在 100～1 000 km 之间的，其周转量占总周转量的 51.4%；行程在 1 000 km 以上的旅客 70% 是乘火车，只有 30% 乘飞机。量大、集中、行程长，正是高速铁路的优势所在，公路和民航都难以胜任。

3. 客货分线为发展高速铁路创造了条件

客流集中的线路也正是货运繁忙的线路，这是我国铁路运输的基本特点。这些线路目前已是双线自动闭塞。由于今后客货运量的增长仍将集中在这些线路上，进一步的扩能只能是修建第二双线，实行客货分线运输。由于货运系统（专用线、货场等）已定型，难以挪动，一般既有线将主要承担货运任务；新建第二双线以客运为主。这样就为发展高速铁路创造了条件。

4. 发展高速铁路是贯彻可持续发展战略的体现

高速铁路的社会成本要远远低于公路和航空，因此，国外尤其是一些发达国家，都把发展高速铁路作为在交通运输领域贯彻可持续发展战略、调整交通运输结构的重要手段。基本国情及客流特点决定了我国主要应发展大容量、低能耗、少占地、适应性强的公共交通体系；高速铁路就是这样的公共交通体系中的佼佼者，它既能适应我国客流的特点，也能较好地解决人们有限的支付能力与日益增长的旅行需求之间的矛盾，以及日益增长的客流与有限的运输能力之间的矛盾。同时由于高速铁路具有能耗低、占地少、污染轻的特点，在我国发展高速铁路同样是在交通运输领域贯彻可持续发展战略、优化交通运输结构的重要手段。

因此，在我国发展高速铁路是从国情出发的最现实的选择，是发展交通运输，优化和提升交通运输结构的重大战略决策，是我国铁路高层次、大幅度扩大旅客运输能力的新途径，是"科技兴路"发展战略最重要的组成部分，是交通运输领域贯彻可持续发展战略的具体体现。

第二章　牵引供电系统

第一节　供电系统概述

将电能从电力系统传送到电力机车的电力设备称为电气化铁路的牵引供电系统，如图 2-1 所示。

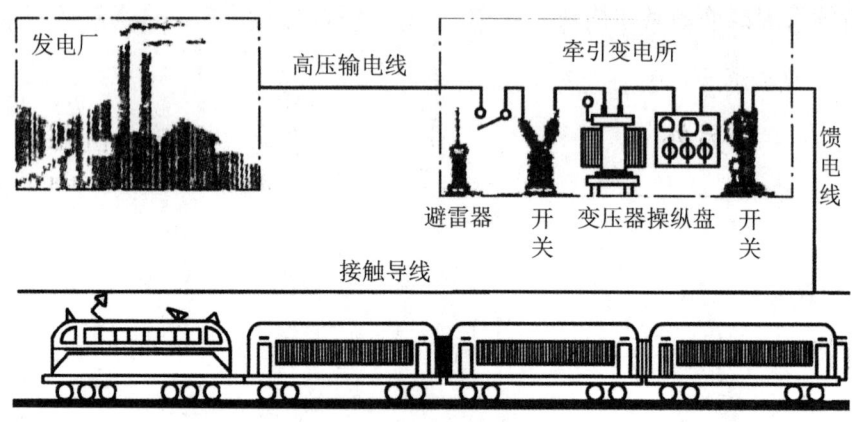

图 2-1　供电系统示意图

发电厂发出的电能，需先在升压变电站进行升压，变成 110 kV 或 220 kV 高压电能后，再通过高压输电线送到铁路沿线的牵引变电所。在牵引变电所里把电流变换成所需求的电流或电压后，再传送到邻近区间和站场线路的接触网上供电力机车使用。

一、电气化铁道的电流制

在整个电力牵引的发展历程中，电气化铁路的电流制经历了由低压直流、三相交流、单相低频交流到单相工频交流的演变过程。现在各国所采用的电流制逐渐趋向统一，电压也逐渐趋向提高。如意大利、波兰等国家采用 3 000 V 直流制，德国、瑞典等国家采用 $16\frac{2}{3}$ Hz 的单相低频交流制，中国、法国、日本等大多数国家都采用 25 kV 的单相工频交流制。

根据目前世界各国电气化铁路的发展情况，今后的发展方向主要是采用 25 kV 的单相工频交流制。

1. 直流制

直流制是指在牵引网上采用直流供电,使用直流牵引电动机来驱动机车。直流制是电气化铁路最早采用的一种电流制,直流供电最高电压只有3 000V,直流电气化铁路里程约占全部电气化铁路总长度的40%。直流制之所以得到这样广泛的应用,是因为它具有牵引性能良好、牵引电动机易于调速,机车构造简单和整流技术比较成熟以及对通信干扰小等优点。但它需要在牵引变电所设置整流装置,因而使得牵引变电所结构复杂、设备昂贵;另外,由于接触网上的电压受到牵引电动机端电压的限制,电压不能太高,为保证必要的牵引电流,就要加大接触网导线的截面面积,因此消耗金属多,设备复杂,牵引变电所的距离短,使得投资、运营费用都比较高;此外,还需要采取特殊防护措施,以解决泄漏电流对沿线地下金属设施的腐蚀。

2. 三相交流制

三相交流制是应用两根接触导线和一根钢轨形成三相系统的电路。机车采用三相异步电机。这种电流制虽然具有牵引变电所和机车设备简单、电动机结构简单、维修方便等优点,但是由于异步电动机调速困难,接触网结构复杂而且不安全,所以,这种电流制只在个别国家中采用。

3. 单相低频交流制

单相低频交流制主要在西欧一些国家尤其是德国使用,采用的是单相交流 15 kV、$16\frac{2}{3}$ Hz 的供电制式。采用单相低频交流制供电制式的电气化铁路约占全部电气化铁路总里程的 16.6%。采用这种电流制式虽然可以提高牵引网电压,同时在电力机车上还可以比较容易地将牵引网的高压降低到牵引电动机所需要的低电压。但由于其频率与工业频率不同,所以不能与工业供电系统统一,使用时需要变频,因此设备复杂、效率低,经济效果并不比直流制好。

4. 单相工频交流制

单相工频交流制是 20 世纪 50 年代以来发展最迅速的一种牵引供电制式。它的主要优点是供电系统简单,不需要变换频率,即可由工业电网直接供电,能节省铁路牵引供电设备的投资,是目前最经济的一种电流制;其次,它的电压高达 25 kV,可以延长供电距离,减少牵引变电所数目,缩小接触网导线的截面面积,节省基建投资和运营费用;再者可为沿线铁路车站的装卸机械和养路机械等设备及铁路沿线地方工业提供电源。但是它的缺点是对铁路沿线的通信信号设备产生强电对弱电的干扰,增加了铁路内外通信设备拆迁或埋设电缆的投资。不过,随着科技的进步这些问题会得到解决的。我国铁路及日本、法国就采用此种 25 kV 单相工频(50 Hz)交流制。

二、牵引供电系统的组成

牵引供电系统主要包括牵引变电所和牵引网两部分。牵引供电系统的任务是保证质量良好，并不间断地向机车（或动车组）供电。

（1）牵引变电所是电气化铁路供电系统的心脏。在采用单相工频交流制条件下，它的主要功能是变压和变相。它将电力系统输送来的高压（110 kV 或 220 kV）变成电力牵引网所需要的电压并将电力系统输送来的三相电变成与电力牵引网相适应的单相电。

（2）牵引网由馈电线、接触网、轨道回路和回流线组成。牵引网的任务是质量良好地、不间断地向电力机车供应电能。电流从牵引变电所馈出，经馈电线送到接触网，然后通过电力机车（或动车组），再经由轨道回路和回流线流回到牵引变电所。接触网是电气化铁路上的主要供电装置，它直接架设在铁路线路的上方，其功能是通过与电力机车顶部受电弓的滑动接触将电能供给电力机车（或动车组）。

（3）馈电线是牵引变电所与接触网之间的连接线，它的功能是从牵引变电所向接触网供电。它由牵引变电所的母线上引出，在分相装置的两侧连接到接触网上。在一般情况下，馈电线仅采用架空导线，只有在不允许架设架空线的情况下，才使用地下电缆。

（4）回流线是轨道回路与牵引变电所之间的连接线，它的作用是将轨道回路内的牵引电流吸回牵引变电所。在电气化铁路上利用走形轨作为牵引电流的回路，通常称轨道回路。由于轨道与大地之间是不绝缘的，所以牵引电流的一部分要流经大地，从埋设在牵引变电所下面的接地网回到牵引变电所。回流线一般是先由架空线引到铁路线附近，然后改用地下电缆连到轨道回路上。如果牵引变电所靠近铁路线，则可省去架空线，直接用地下电缆连接。

三、牵引供电系统的管理与安全

牵引供电系统是由铁路部门自己建设和管理的。供电设备主要是牵引变电所和接触网，这些设备的管理、维修工作由供电段负责。供电设备的维护和检修应达到一定的技术标准，才能保证设备和检修人员的安全。检修工作中必须严格遵守技术管理规程、操作规程和安全规程，铁路运输工作人员在各项工作时必须遵守作业规范，保证作业安全。

（一）接发列车与调车作业安全

（1）为保证人身安全，除供电段专业人员外，任何人（包括所携带的物件）与牵引供电设备带电部分的距离不得小于 2 m。

（2）在带电的接触网下调车时，不许使用棚车上的手制动机（区间和一般中间站，因为接触网较低，也不准使用敞车的手制动机）。在敞车或平车上操纵手制动机时，不准许踏在高于手制动机踏板以上的物体或货物上。

（3）在接触网终端附近作业时，应与接触网终端始终保持不小于 10 m 的安全距离停车。

（4）发现接触导线断开并侵入建筑界限时，必须照章设置停车防护信号。

（二）装卸和押运人员作业安全

（1）在带电的接触网下，不准在敞车、平车、罐车等车辆（棚车、冷藏车、家畜车内除外）上进行装卸作业，不准许用竹竿等测量货物装载高度。

（2）接触网带电部分距装载货物的距离不得少于 350 mm。

（3）油罐车、冷藏车的孔盖，装卸完毕后必须盖好，拧紧螺栓；装载原木、成材等货物必须绑好，严禁顶部铁丝翘起。

（4）在电气化区段车站指定的装卸线上进行装卸作业时，必须在指定的安全区内停电作业，注意作业位置不要超出安全区域的范围。

四、高速铁路牵引供电系统

1. 我国高速铁路供电系统外部电源的电压选择

电气化铁路供电系统的外部电源来自公用电力系统的电力网，而限制电力网送电能力的因素有四个方面：导线发热、电压损失、功率和能量损耗、稳定破坏。这四个方面都是由电流引起的，解决方法是提高供电电压，减小电流。因为三相功率和线电压、线电流的关系为 $S=\sqrt{3}UI$，当输入功率一定时，电压越高，电流越小，所以提高电压是提高电网输送能力、降低网损、提高电能质量的有效措施；但是电压提高会导致电器设备的投资增大。因此，选择一个合适的电压等级是牵引变电所设计中的一项重要工作。电力网的电压等级一般根据输送功率和输电距离来选择，其应用的大致范围可参考表 2-1。

表 2-1 电力网电压与输送功率、输电距离的关系

额定电压（kV）	输送功率（MV·A）	输送距离（km）
110	10~50	50~150
220	100~150	100~300
500	1 000~1 500	150~850

我国第一条电气化铁路宝凤段 1961 年建成开通时，牵引变电所外部电源即采用

110 kV 电源供电，随后建成的其他电气化铁路一直习惯采用 110 kV 电源供电，应该说均保证了安全、可靠供电。对于高速铁路牵引负荷增大较为明显。一般来说，时速 350 km 铁路按间隔 3 分钟 16 辆编组运行时，牵引变电所的负荷瞬间可达 170 MV·A，高峰小时可达 130 MV·A。由于牵引负荷电流大，波动比较剧烈，谐波含量丰富，并且属于单相负荷，为了增大电网对谐波、负序的承受力，减少牵引变电所母线电压的波动，降低输电线路损耗，保证输电线路的动态、静态稳定，需牵引变电所进线电压等级与负荷匹配；同时，20 世纪 80 年代后，是我国 500 kV 电网大发展时期。目前我国已运行 750 kV 超高压电网和正在试运行 1 000 kV 特高压电力线路。

结合负荷需要和电网发展，牵引变电所进线电压等级选择 220 kV。目前在我国西北地区因无 220 kV 电压等级，因此西北地区电压等级可选择 330 kV。牵引变电所进线电压等级选择 220 kV/330 kV，由于系统具有较强的负序和谐波承受力，有利于牵引变压器采用单相接线。

在我国目前已经实施的武广、郑西、石太、京石、石武、京津、京沪、合武等客运专线、高速铁路均采用 220 kV 电压等级；郑西客运专线河南省境内采用 220 kV 电压等级，陕西省境内采用 330 kV 电压等级。

2. 国外高速铁路外部供电电源的有关数据

世界各国采用工频、单相、交流接触网额定电压为 25 kV 的高速电气化铁路，毫无例外地均采用高压供电。

日本山阳等新干线，牵引变电所的进线电压采用 27.5 kV。这与原来的 70 kV 电压相比，电源的变动和不平衡承受能力都有所提高，因而更能保证机车稳定、高速运行，从经济角度看也更为有利。

法国大部分牵引变电所的进线电压为 225 kV，只有一个变电所为 63 kV。

德国牵引网电压采用 15 kV，牵引变电所进线电压采用 110 kV。另外，它使用 $16\frac{2}{3}$ Hz 频率给铁路专门供电，有其特殊性。

世界各国高速电气化铁路的电源电压，也是我们值得借鉴的。

3. 高速铁路变电所、分区所主接线及接触网标称电压

牵引变电所电源侧主接线应结合外部电源条件确定，宜采用变压器组接线或分支接线；馈线侧接线宜采用上下行断路器互为备用的接线形式，并符合上、下行分别供电和并联供电运行方式的要求。

1）牵引变电所电源侧主接线

牵引变电所电源侧主接线应结合外部电源条件确定，在牵引变电所两路电压均非常可靠的条件下，采用线路变压器组接线方式。牵引变电所电源侧采用分支接线，在两回线之间设置由隔离开关分段的跨条，实现电源进线与变压器交叉供电的运行方式，提高运行方式的灵活性。我国目前已经实施的郑西、京津、京沪、合武等高

速铁路、客运专线工程中牵引变电所采用线路变压器组接线方式；武广、京石、石武客运专线采用分支接线，在两回进线之间设置由隔离开关分段的跨条，实现电源进线与变压器交叉供电的运行方式。

2）牵引变电所馈线侧接线

馈线侧配电装置当采用户外单体布置时，实现上、下行断路器互为备用的联络开关，设置在所内线路侧；当采用 GIS 柜布置时，实现上、下行断路器互为备用的联络开关，设置在所外上网开关的线路侧。

上、下行并联的供电方式在目前已开通的京津城际、合武客专中得到验证，带来的问题是故障测距系统在线路瞬时性故障时不能判断上下行，并且对 TF（正馈线）故障不能测距。目前国内生产厂家已经改进，能够在上、下行并联供电的方式下，正确识别故障上、下行故障类型和故障点距离，但还需要运行考验。

高速铁路分区所主接线应按同一供电臂的上、下行并联供电，以及非正常供电运行的越区供电设计。上、下行并联供电应采用断路器接线方式，越区供电采用隔离开关接线方式。

我国目前已经实施的武广、郑西、京津、京沪、合武等高速铁路、客运专线的分区所、自耦变压器所的接线是采用上、下行馈线分别通过断路器、电动隔离开关接入并联母线，每台自耦变压器通过断路器和隔离开关或只有电动隔离开关接入并联母线。

各上、下行馈线出口设电压互感器或所用变压器，可分别对馈线进行检压分、合闸，避免将有故障需检修或正在检修已退出运行的馈线投入运行，以防出现人身和设备事故。

4. 高速铁路接触网标称电压

高速铁路接触网的标称电压为 25 kV，长期最高电压为 27.5 kV，短时（5 min）最高电压为 29 kV，设计最低电压为 20 kV（普通铁路接触网额定电压值为 25 kV，最高工作电压为 27.5 kV，最低工作电压为 19 kV）。

这样规定是因为供电电压高于最低电压（20 kV）即可保证动车组运行，但该电压并不能保证动车组功率完全有效利用。目前 IEC62313（等效 EN50388）《轨道交通供电系统和机车车辆运行匹配技术标准》已提出"平均有效电压"的概念，该参数是评估电压与机车性能关系的重要指标。受电弓的平均有效电压达到 22.5 kV 及以上时，动车组才能发挥最佳性能。

第二节　牵引供电系统牵引网供电方式

针对牵引网的结构，采用不同的技术措施和装备，以减少牵引网对邻近通信线路的干扰，降低牵引网的电压损失和电能损耗，提高电气化铁路效益，从而形成了牵引供电系统不同的供电方式。目前单相工频 25 kV 牵引网供电方式主要有直接供电方式（TR）、带回流线的直接供电方式（TRNF）、吸流变压器（BT）供电方式、自耦变压器（AT）供电方式和同轴电缆（CC）供电方式。

一、直接供电方式

直接供电方式是在牵引网中不加特殊防护措施的一种供电方式。电气化铁路最早大都采用这种供电方式，它的一根馈线接在接触网上，另一根馈线接在钢轨上，如图 2-2 所示。

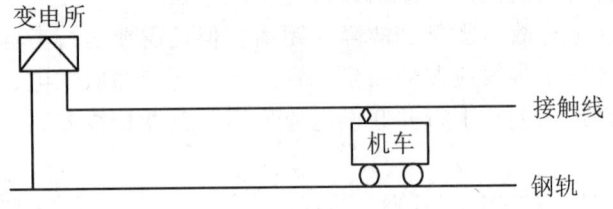

图 2-2　直接供电方式

这种供电方式最简单，投资最省，牵引网阻抗较小，能耗也较低。供电距离单线一般为 30 km 左右。电气化铁路是单相负荷，机车由接触网取得的电流经钢轨流回牵引变电所。由于钢轨和大地不是绝缘的，一部分回流电流经钢轨流入大地，因此对通信线路产生电磁感应影响。这是这种供电方式的缺点。直接供电方式一般采用在铁路沿线无架空通信线路或通信线路已改用地下屏蔽电缆的区段。

二、带回流线的直接供电方式

直接供电方式牵引网结构简单经济，主要缺点是它将对沿线平行接近通信线产生电磁干扰影响，因而限制了它的应用。为了减轻牵引网的电磁干扰影响，可在接触导线平行位置增加金属回流线，并隔一定距离设置连接导线将回流导线与钢轨并联，从而构成回流导线、钢轨及大地回路的回流设施，这种供电方式就是带回流线的直接供电方式，如图 2-3 所示。

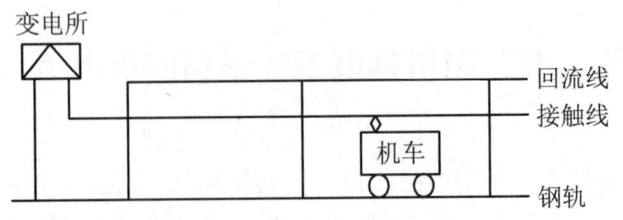

图 2-3　带回流线的直接供电方式

带回流线的直接供电方式，机车部分电流通过钢轨和大地流回牵引变电所（约70%），其余通过回流线流回牵引变电所（约30%）。由于流经接触网的电流和流经回流线的电流虽然大小不等，但方向相反，且安装高度比较接近，两者对铁路沿线通信设施的电磁干扰影响趋于抵消，因此牵引网本身具备防干扰功能。在接地方面，接触网支柱通过回流线实现集中接地，回流线每隔一个闭塞分区通过吸上线（铝芯或铜芯电缆，常用 VLV-70 和 2×VLV-150）与信号扼流圈中性点连接（吸上线间距3~4 km）。

三、BT 供电方式

（一）BT 供电方式的工作原理

BT（Booster Transformer）供电方式又称吸流变压器供电方式，在我国早期电气化铁路中有采用，其主要目的是为了提高牵引网防干扰能力，但随着通信线路电缆化和光缆化，防干扰矛盾越来越不突出，其生命力也已大大降低，该种供电方式目前已经基本不采用，如图 2-4 所示。

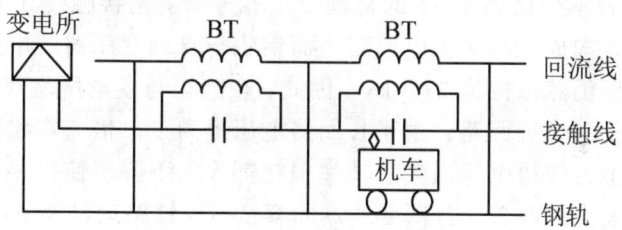

图 2-4　BT 供电方式原理图

图中，牵引网每隔一段距离在牵引网的接触导线和回流线接入变比为 1∶1 的吸流变压器 BT，其原边串入接触网中（在绝缘锚段关节处），副边串入回流线中，吸流变压器的间隔为 3~4 km，在两个吸流变压器的中间设有吸上线，用于将钢轨中的牵引电流吸入回流线。

当牵引负荷电流经 BT 原边时，其副边产生很大的互感电流，迫使负荷电流沿回流线流回牵引变电所而不经钢轨和大地，从而极大地减弱了牵引网周围的磁场，有效降低了牵引电流对邻近通信线路的干扰影响。

（二）BT 供电方式存在的主要问题

BT 供电方式存在着一种现象：当机车处在 BT 间隔内时会失去吸流防护效果，即半段效应，在该间隔内接触网与回流线中的电流大小并不相等，防干扰效果并不明显，而在其余供电区段内流过接触网与回流线中的电流大小相等、方向相反，防干扰效果非常明显。

但是,由于 BT 变压器自身存在较大的阻抗,且安装密度较大,其在牵引网中引起的电压降落也较大。因此,在同等条件下,采用 BT 供电方式时变电所的间距要小很多,且每隔 3~4 km 在接触网内存在断口,断口两端因 BT 自阻抗而存在一定的电压差,机车通过该断口时可能会产生电火花,缩短接触网的使用寿命。

四、AT 供电方式

在牵引网中并联自耦变压器而形成 AT 供电方式,AT 供电方式除具有显著的降低电气化铁路对外界的电磁干扰外,还具有现行其他供电方式所不具备的技术优势而被许多国家采用。

(一) AT 供电方式工作原理

AT 供电方式原理图如图 2-5 所示,牵引变电所牵引侧电压为单相 55 kV 或两相 2×27.5 kV,AT 表示变比为 2:1 的自耦变压器,牵引网接触线 T 和正馈线 F 接在自耦变压器原边,构成 55 kV 供电回路,而钢轨与自耦变压器的中点连接,使接触网和钢轨间的电压仍然保持为 27.5 kV。因此,在列车与变电所之间形成长回路,由列车所在的 AT 段形成短回路,由于长回路电压提高了一倍,在相同的牵引功率下牵引网上电流减小,使得电压损失、功率损耗都大大下降,使得 AT 供电系统运行的技术指标得到大大的改善。自耦变压器的容量,视铁路运量及 AT 间隔大小而定,通常 AT 间距为 8~12 km,自耦变压器的容量为 2 000~3 000 kVA。

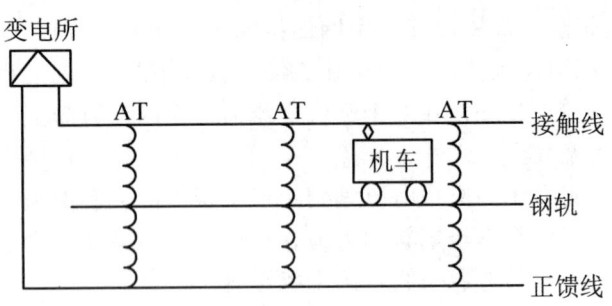

图 2-5 AT 供电方式原理图

(二) AT 供电方式对通信线路抗干扰原理

首先假设自耦变压器阻抗为零,AT 的原绕组 n_1 与 n_2 串联接于电源,n_2 连接负载,如图 2-6 所示,当电力机车处于两台 AT 之间(AT 段)时,设牵引电流为 I,

对段内同时有 AT3、AT4 的副绕组供电,其值分别为 I_{C1}、I_{C2}(与机车和 AT3、AT4 的距离成反比例分配),两电流同时流经钢轨——地回路,并有部分流入大地,均在 AT3、AT4 的原边绕组 n_1 感应电流的作用下,被吸流流至正馈线 F。此时段内两台 AT 中每台的串联绕组 n_1 与 n_2 中的负荷电流总是大小相等、方向相反,其所产生的磁通相互抵消。

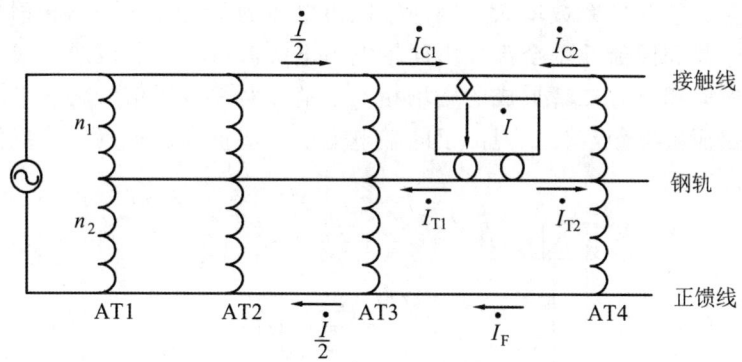

图 2-6 简单单线 AT 网络示意图

实际上由于自耦变压器存在阻抗且容量有限,因而远离机车的 AT 也提供部分牵引电流,致使全部供电区的轨道——地回路中都有电流流通,并相应地存在地中电流,导致对邻近通信线路产生电磁感应影响。但由于 AT 阻抗很小(一般为 0.45Ω),因而机车所处 AT 段以外的每台 AT 向机车供给的牵引电流较小,可有效降低全线的感应影响,其防护效果与 BT 供电方式相当。

(三)AT 供电方式的主要技术特性

(1)牵引网传输功率和电压水平提高。由于 AT 原边为二倍接触网电压,只有 1/2 牵引电流通过接触网和正馈线,有利于牵引网传输较大功率电能。同时,牵引网的电压损失和功率损耗大幅度降低,可提高电压水平,增强运营的经济效益。

(2)牵引网电压提高为 2×27.5 kV 后,牵引变电所的间隔可增大为 90~100 km(比 BT 供电方式增大 3 倍),变电所主变压器副边绕组和相应的开关设备绝缘水平应提高,牵引网单位阻抗比 BT 供电方式显著降低,但牵引网结构复杂,并在沿线设置若干台自耦变压器及相应的开关设备和避雷器等(称为 AT 站),使牵引网系统(含 AT 站)的造价增大,维护运行工作增多。

(3)对通信线抗干扰特性效果较好,且接触导线不需断口,有利于列车高速运行。

总之,采用 AT 供电方式时,应作牵引供电系统的全面综合技术经济比较,尽量发挥它的技术优势。在高速重载铁路电气化区段中 AT 供电方式有较大的适用性,也可按不同地区采用 AT 供电方式和带回流线的直接供电方式相结合的综合供电方式。

五、CC 供电方式

CC 供电方式是一种新型的供电方式。同轴电力电缆沿铁路线路埋设，其内芯线作为馈电线与接触网并联连接，外部导体作为回流线与钢轨并联连接。每隔 5～10 km 作一个分段，如图 2-7 所示。由于馈电线与回流线在同一电缆中，间隔很小，而且同轴布置，使互感系数增大，因同轴电力电缆的阻抗比接触网和钢轨的阻抗小得多，牵引电流和回流几乎全部经由同轴电力电缆流过。因此电缆芯线与外部导体电流相等、方向相反，二者形成的磁场相互抵消，对邻近通信线路几乎无干扰。由于阻抗小，因而供电距离长。但由于同轴电力电缆造价高，投资大，现仅在一些特别困难的区段采用。

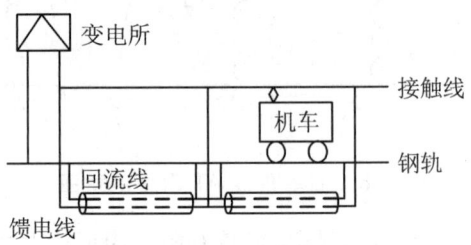

图 2-7 CC 供电方式原理图

六、高速铁路供电方式的选择

1. 各种供电方式优劣

由于高速电力牵引的速度快、电流大，因此要求供电系统的供电质量要高，并应尽量减少电分相、电分段的数量。BT 供电方式虽然在通信线路防干扰方面性能较好，但是由于它在接触导线中串入吸流变压器，伴随一个火花间隙，使一个供电臂的接触导线分成很多段，因此不适合高速电力牵引。与 BT 供电方式相比，AT 供电方式和直接供电方式（包括加负馈线的供电方式）的很多特点，都能满足高速电力牵引的要求。

AT 供电方式变电所间距大，一是可以大大减少电分相数量，并且牵引网阻抗小，能显著减少牵引网电压损失，改善供电质量，保证列车高速运行；二是可以密切配合电力系统向电气化铁道供电的电源选择，以降低工程造价；三是 AT 供电方式对通信线路的影响小，与 BT 供电方式相当。由于以上种种原因，世界各国的高速铁路均广泛推广 AT 供电方式，日本已将 AT 供电方式作为电气化铁路的标准制式加以推广。

直接供电方式牵引网阻抗大，变电所间距小，相应的电分相数量多，对通信线路的防护不如 BT、AT 供电方式。但直接供电方式牵引网结构简单，可用在对电磁干扰要求不高的地区。直接供电方式的一些技术指标介于 BT 和 AT 供电方式之间，也是高速电气化铁路可选择的方式。

2. 我国高速铁路供电方式

在我国《高速铁路设计规范》（TB 10621—2009）中已经明确规定高速铁路正线牵引网应采用 2×25 kV 的 AT 供电方式；枢纽地区跨线列车联络线、动车走行线和动车段（所、场）等可采用 25 kV 的供电方式。这是因为我国高速铁路的目标值在 $250\sim350$ km/h 的铁路，具有高密度、长编组等特点，采用 2×25 kV 的 AT 供电方式有利于高电能的传输和接触悬挂的轻型化和系统匹配设计，有利于减少外部电源的投资和减少电分相数量。因此，规定正线牵引网应采用 2×25 kV 的 AT 供电方式。我国目前已经实施的武广、郑西、石太、京石、石武、京津、京沪、合武等客运专线、高速铁路均采用 2×25 kV 的 AT 供电方式。

另《高速铁路设计规范》（TB 10621—2009）中还规定采用 2×25 kV 的 AT 供电方式时接触电压长期持续不应高于 60 V，瞬时（0.1 s）值不应高于 842 V。这是因为采用 2×25 kV 的 AT 供电方式，列车运行在 AT 区段内，会有负载电流流过钢轨。理论上讲，列车运行的 AT 区段外没有电流流过钢轨，但实际上也有部分负载电流流过钢轨。电流流过钢轨会使钢轨对大地产生电位差，钢轨对大地的电位差会因时间、地点和负荷条件的不同而发生变化。人类和动物有可能与部分电位甚至是全部电位相接触。为了消除对人体的危害，需要对人体手脚之间的接触电压进行规定，以确保人身安全。

第三节　同相供电技术

高速铁路在世界交通运输面临能源紧缺、环境污染、事故多发、效率较低的情况下，以其节能、环保、安全、高效、快捷的特点得以快速发展。作为高速铁路牵引负荷的动力——牵引供电系统就显得尤为重要，其供电质量的优劣，对高速铁路能否安全、可靠、经济运行有重大影响。

而当前牵引供电系统如谐波、无功、负序、通信干扰以及"过电分相"等，降低了供电的效率与质量，且对高速铁路的安全、可靠性构成威胁。研究解决这些问题，建立适合高速铁路运行安全的牵引供电系统具有重要的现实意义。

一、牵引供电系统存在的问题

目前，国内外电气化铁路牵引供电系统采用的都是异相供电方式，由于它的对象是交-直整流器型的单相交流电力机车，是非线性、移动性动态负荷，在系统中容易产生负序电流，造成系统严重的不平衡，为了尽可能地减少不平衡带来的影响，牵引变电所需采取三相进线换相连接，使各供电区段需要用分相绝缘器分隔，在电力机车过电分相时，这种负荷的特殊性又会对系统注入各次谐波电流，引起激磁涌流，使系统电流增大，设备线路损耗增大，系统无功功率增加，功率因数减小，造成设备与仪器的噪声、发热、振动、误动作，甚至损坏，使设备利用率降低，同时对通信控制系统造成干扰，使其无法正常工作。这些都将严重制约着高速、重载电气化铁路的发展。为此，世界各国针对这些污染，采取了一些补偿措施，加装了一些补偿装置，但效果都不理想。

我国电气化铁路一般采用单边供电方式，牵引变电所向牵引网供电时，每一个供电臂的牵引网只从一端的牵引变电所获得电能，每个牵引变电所负责向该所两侧的供电分区供电。相邻两供电分区之间设置电分相。异相供电方式结构图如图 2-8 所示，实线是直接供电方式下的结构图，虚线是 AT 供电方式下的结构图。

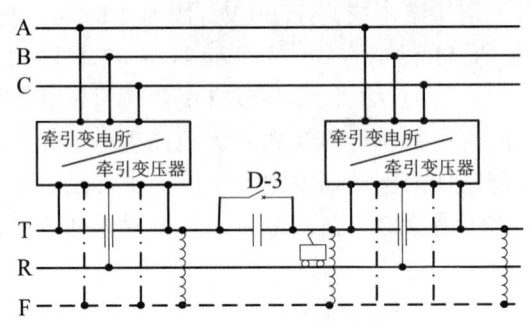

图 2-8 异相供电方式结构图

运行经验证实，单相工频交流制的电气化铁路具有很多的优点和较明显的经济效果，根据目前世界各国高速电气化铁路的发展情况，今后的发展方向主要是采用单相工频交流制。牵引供电系统的供电对象是电力机车，而电力机车为单相、移动性动态负荷，负荷电流受线路状况和机车本身运行工况（起动、加速、过电分相、制动与再生等）的多变因素影响，具有随机剧烈波动的特性。加之我国电气化铁路运行的电力机车主型是交-直整流系统，是一种非线性、低功率因数负荷，将对牵引供电系统和电力系统注入各次谐波电流，成为一种谐波源。在电力机车不同工况下，牵引负荷电流相位角（相对于牵引网电压）的变化幅度较大，致使功率因数偏低。

此系统在运行中存在如下不足：

（1）为保障机车通过电分相，目前采取了自动过分相技术。如：瑞士 AF 公司采用柱上自动切换式；日本新干线采用地面自动转换式；法国采用车上自动转换式。但机车或动车组通过电分相时仍会引起过电压等电气暂态过程，影响运行安全。

（2）牵引负荷是非线性、移动性动态单相交流负荷，在三相电力系统中引起负序电流，造成系统三相严重不平衡。我国采取了相序轮换供电方案、平衡变压器等措施来减少负序，这些措施的平衡效果仍然有限。

电分相、三相不平衡等成为高速铁路发展的瓶颈。而同相供电技术的出现，通过平衡变换实现三相平衡，使用对称补偿，能从根本上解决无功、负序等干扰。

这种制式和牵引特点，使许多问题，如谐波、无功、负序以及"过电分相"等一直备受人们关注，可以说自工频单相交流电气化铁路投入运行不久，人们就已经着手研究和解决这些问题，并提出了一些对策。但这些对策还无法解决高速、重载电气化铁路的过电分相、负序电流、三相不平衡等问题。

二、牵引供电系统存在问题的危害

我国现行电气化铁路均为单相工频交流制供电，而城市轨道交通均采用直流制供电。单相工频交流制供电系统在实现向电力机车（或动车组）供电过程中自身存在两个问题：一是电气化铁路对电力系统电能质量的影响；二是电分相对电力机车（或动车组）的运行影响。

（一）电气化铁路对电力系统电能质量的影响

我国电气化铁路对电力系统的影响主要存在以下几个方面：一是负序问题；二是谐波问题；三是无功与电压偏差问题。

1. 负序影响

我国的电气化铁路是通过三相电力系统经牵引变压器将 110 kV（或者 220 kV）电压降低为 27.5 kV（或者 55 kV）后向牵引网和电力机车进行单相供电。而牵引供电系统运行方式主要由牵引变压器接线方式决定，其中除纯单相接线外，其他都是两相（异相）供电，相对三相电力系统而言，牵引负荷都是单相负荷，因为牵引变压器不对称的供电方式，必然会在电力系统中造成负序电流，从而对供用电设备产生一系列危害，例如发电机转子升温幅度增大，引起附加振动；变压器能量损失增多，在铁心磁路中会产生附加发热；输电线中能量损失增多，降低线路的输送能力；继电保护与自动装置负序参量启动元件误动作增多等。

① 对旋转电机的影响。

当负序电流流过发电机时，产生负序旋转磁场，产生负序同步转矩，使发电机产生附加振动。对于汽轮发电机来说，转子为其关键部分，而转子的负序温升比定子大，因此存在局部的温升发热部位，危及其安全运行和正常出力。负序电流也会影响三相电动机的正常运行，尤其对感应电动机的定子绕组的影响最为明显，同时还将在电动机中产生反向旋转磁场，该磁场将对转子产生制动转矩，影响电动机的出力。

② 对继电保护的影响。

负序电流会干扰继电保护和自动装置的负序参量启动元件，使它们频繁启动。其中距离保护的负序振荡闭锁装置误动以后，除了触发声光报警信号之外，还有可能使距离保护转入闭锁状态，使线路在当时失去保护。当振荡闭锁解除后系统又立即发生振荡，使保护误动作而触发跳闸，切断线路。

③ 增加电网损耗。

负序电流流过输电系统时，不仅占用了系统容量，而且会造成电能损失，降低输电系统的输送能力。

④ 对电力变压器的影响。

负序电流造成电力系统三相变压器中某相电流最大而不能充分发挥变压器的额定容量，变压器的容量利用率下降。另外，变压器的励磁损耗在负序电流作用下将明显增加。

⑤ 对用户的影响。

在低压系统中，如果三相电压不平衡，对照明和家用电器正常安全工作会造成威胁，因为这类设备大多是单相的。这类设备如果接在电压过高的相上工作，则会使设备寿命缩短，甚至损坏；如果接在电压过低的相上，则设备不能正常运行。

2. 谐波的影响

电气化铁路牵引负荷谐波特性主要由牵引负荷类型决定。我国目前电力机车主要分为交-直型机车和交-直-交型机车（动车组）。

我国目前普遍使用的交-直型电力机车都是采用相控方式，如 SS_4、SS_9、8K 和 6K 等交-直型电力机车主电路一般采用晶闸管分段相控方式。当导通角不同时，其波形变化很大，它的谐波含量变化也较大。

随着我国高速客运专线和重载铁路的飞速发展，交-直-交型电力机车（动车组）的应用也日益广泛。相对而言，交-直-交型电力机车（动车组）由于采用了 PWM 整流方式，交流电网侧产生的谐波含量大大降低，因而对电力系统的影响已经显著降低。

谐波电流对电网造成严重污染，恶化用电设备环境，危害主要有：

① 谐波增加了公共电网中各元件的谐波损耗，导致用电、输电、发电设备的效率降低。

② 使供电线路中，产生附加耗损，供电线路、送变电设备以及其他用电设备发热程度增加，如：损耗程度加大，引起材料发热，绝缘老化、缩短绝缘材料的寿命。

③ 会造成继电保护装置的工作不正常。谐波对继电器设备的运行有极大的影响，一旦有谐波干扰，继电器相关特性便会受到一定改变，从而影响到继电器的正常运转。继电器工作不能顺利进行，会对铁道牵引供电系统的安全运行造成极大的威胁。

④ 谐波会引起供电系统电力网局部出现串联或并联谐振的现象。且串联或并联谐波的发生，引起过电压或过电流，会使许多的电容器组不能正常工作和运行，最终导致负载能力的下降。

⑤ 对铁路沿线的通信系统产生干扰，会降低通信质量或使通信系统无法正常工作。

⑥ 介质击穿或无功过载而使电容器组故障。

⑦ 干扰纹波控制电力载波系统，引起遥控、负荷控制和遥测的运行异常。

⑧ 谐波过电压引起绝缘电缆的介质击穿。

⑨ 对通信系统的感应干扰。

⑩ 引起感应式电度表的计量误差。

⑪ 引起信号干扰和保护误动，特别是固态型的和微机型的。在谐波影响下，有的保护闭锁装置因频繁动作而不得不退出运行。

⑫ 干扰大型电机控制系统和电厂励磁系统。

⑬ 引起感应电机或同步电机的机械振动。

⑭ 引起基于电压过零检测或闭锁的触发电路的不稳定运行。

3. 无功与电压偏差影响

1) 无功的影响

牵引供电系统存在的这些问题，会对电力网及用户带来极大的危害，会对变压器以及电力线路造成一定的影响。由于牵引供电系统是一个会随时发生变化的感性负载，当其承载一定的电压后，会由于变压器以及牵引电机等的一些设备的非线性关系，造成机车电流中产生谐波成分，由于这些谐波在铁道牵引变电所的三相供电系统中分布不具有对称性。当铁道牵引供电系统的牵引负载功率过大，其空间和时间上分布不均匀和不对称时，就会导致牵引供电系统成为电力系统中主要的无功源，其危害主要表现在以下方面。

① 有效增加了有功损耗，提升了整个牵引供电系统中的有功损耗，并增高了系统供电线路及供电设备中的发热量，从而使系统出现能量损耗。

② 增加了无功容量，会使线路电流增大和视在功率增加，从而使得发电机、变压器以及其他电气设备和导线的容量增加，从而降低了供电设备的功率及容量的利用率。

③ 使线路及变压器的电压降增大，如果是冲击性无功功率负载，还会使电压产生剧烈波动，使供电质量降低。

2) 电压偏差的影响

我国目前仍大量采用的交-直型电力机车平均功率因数约为 0.8，产生大量无功功率，在供电系统中引起电压偏差。交-直-交型电力机车（动车组）的功率因数接近 1，基本不存在无功引起的电压偏差问题。

（1）电压偏差过大，会对电气设备和电力系统运行带来一系列的危害：

① 对照明设备的影响。

电气设备都是按照在额定电压下运行而设计、制造的。照明常用的白炽灯、荧光灯，其光视效能、光通量和使用寿命，均与电压有关。

② 对电动机的影响。

用户中大量使用的异步电动机，当其端电压改变时，电动机的转矩、效率和电流都会发生变化。异步电动机的最大转矩（功率）与端电压的平方成正比。如电动机端电压降低过多，电动机可能因转矩降低过多而停止运转，使由它带动的生产设备运行不正常。

③ 对变压器、互感器的影响。

电压升高对变压器、互感器的影响主要有两方面：一是励磁电流增加，铁芯温升增加；二是加快绝缘老化。当电压降低时，在传输同样功率条件下，绕组损耗增加。

④ 对并联电容器的影响。

电压降低使电容器无功功率输出大大降低。电压升高，虽然无功功率提高，但绝缘寿命降低。

⑤ 对家用电器的影响。

电压降低使电视机色彩变差、亮度变暗。电压偏移过大，可能使电子计算机和控制设备出现错误结果和误动等。

⑥ 对电力系统运行的影响。

（2）电压降低时，对系统运行的影响主要有三个方面。

① 系统电压越低，稳定功率极限越低，功率极限与线路输送功率的差值（即功率储备）越低，从而容易发生不稳定现象，造成系统瓦解的重大事故。

② 当电网缺乏无功功率，电网运行电压低时，可能因电压不稳定造成系统电压崩溃，也会造成大量用户停电或系统瓦解。

③ 输电线路和变压器在输送相同功率的条件下，其电流大小与运行电压成反比。电网低电压运行，会使线路和变压器电流增大。线路和变压器绕组的有功损耗与电流平方成正比。低电压运行会使电网有功功率损耗和无功功率损耗大大增加，从而加大了线损率，增加了供电成本。

4. 并联无功补偿

并联无功补偿（PRC）的最适场合是有无功补偿要求的不对称负荷。从原理上讲，电气化铁路只有采用并联无功补偿才能实现对无功、负序、谐波的综合补偿。就电气化铁路而言，主要应用的并联补偿可以安装在牵引变电所的牵引母线上，也可以安装在牵引网的某一特定地点或机车上。前者称为牵引变电所的并联补偿，后者称为牵引网的并联补偿。

1）牵引网的并联补偿

① 机车上的并联补偿。

就直接在用电点进行无功补偿而产生的技术效果来看，在机车上安装并联电容器补偿是最有效的。为了取得尽可能好的补偿效果，同时考虑到机车取流的剧烈波动性，和有奇次谐波分量（非线性）流经机车牵引变压器以及进行降压后控制电容器组的方便性，一般在机车的牵引变压器次边安装分级可调的单调谐滤波器，在基波下向外释放可随机车功率分级调节的感性无功，以供牵引电路之需，同时还滤除一定量的谐波。

由于机车上重量和空间所限，机车上安装的并联补偿或滤波装置的容量自然受到限制。另外，虽然机车取流波动性很大，但仿真计算和实践表明，只要少数几级可调的并联补偿就能取得很好的技术效果。因此，再考虑到可靠性，在机车上安装分级可调的并联补偿装置应力求简单实用。

机车上安装并联补偿装置，由于无功补偿的最直接性使牵引网压损的补偿也是最直接的，它能取得很好的网压水平。但此时并联补偿的容量利用率却不及牵引网上固定的和牵引变电所的并联补偿装置，因为并非所有机车和所有时间都在线路上运行。另外，对负序的补偿几乎没有显著作用，当滤除谐波的剩余量仍不能满足规定指标时，还需在牵引变电所进一步滤波，这就使得补偿设备重复，相互配合也变得复杂。

② 牵引网上安装并联补偿。

牵引网上安装并联补偿装置是指在除机车和牵引变电所外的牵引网上任一点安装并联补偿，通过补偿无功达到提高网压的目的，故多用并联电容补偿。牵引网上安装并联补偿装置可以从三个不同的方面加以考虑，或者说有三种分布形式。即无功补偿型、压损补偿型和功率损失补偿型。

2）牵引变电所的并联补偿

牵引变电所的并联补偿分为并联电容补偿（PCC）和并联无功补偿（PRC）两种，可以与牵引网的并联电容补偿联合运用，也可单独运用，考虑到投资效益比，电气化铁路多单独运用。

无功和负序的存在不仅产生额外的有功功率损失，还产生无功功率损失，进而额外占用系统容量，降低（三相）设备容量利用率，同时还会使网压降低和不对称度增加。牵引变电所的并联补偿，旨在最大限度地降低无功和负序，从而改善技术指标，提高经济效益。

（二）电分相对电力机车（或电动车组）的运行影响

牵引供电系统中牵引变电所和分区所出口处均设电分相：牵引变电所处为异相过分相，分区所为同相过分相。

电力机车（或电动车组）过电分相是一个复杂的机电过程，会引起电力机车（或电动车组）主断路器动作频繁，且容易在牵引变电所出口处的电分相处造成异相短路，引起变电所跳闸、停电。同时由于电分相的存在，列车在过电分相时还会因牵引力丧失导致速度降低。

三、解决对策

（一）解决对策

1. 电气化铁路对电力系统电能质量的影响处理方案

（1）对于负序电流的解决对策：

① 采用大容量的电源。负序电流产生的影响主要是由于系统自身不能承受巨大

的不平衡电流导致的。采用高压、大容量的电源，既要避免负序电流产生较为严重的影响，又要提高系统自身的性能（接入供电能力强的公用电网）。

② 改善变压器的结线。我们可以通过使用单相、三相 V/V 接线，斯科特接线，平衡接线变压器等多种形式的牵引变压器来实现负序电流的解决（变电所采用平衡接线牵引变压器）。

③ 采用换相连接（变电所轮流换相接入电力系统，简称换相）。

（2）对于谐波问题的主要措施：

① 通过改善机车负荷特性，例如采用交-直-交技术等。

② 牵引变电所接入供电能力强的公用电网。

③ 在牵引变电所内设置滤波支路进行集中治理。

（3）对于无功和电压偏差问题的主要措施：

① 通过改善机车负荷特性，例如采用交-直-交技术等。

② 在牵引变电所内设置无功补偿装置进行集中治理。

目前我国在解决无功和谐波污染问题时，一般采用两种方法。

① 对谐波源本身进行改造，使其不产生或少产生谐波，电车性能的好坏是谐波电流产生与否的重要影响因素。如一方面尽量选择性能好的机电设备，更新电车的性能，提高功率因数；另一方面在平时设备维护过程中，要及时更换陈旧设备。性能好的机电设备可以有效降低谐波电流的产生，从而降低谐波电流对于系统的影响。还可以在机电车上安装功率矫正装置，发现无功功率可以自动校正。这是提高效率的关键措施；

② 可以通过各种手段来进行补偿。在供电系统中，常运用的补偿方法是运用电车上的无源，或者有源，或者两者相结合的方式来对其进行补偿。另外并联电容的应用也可以有效补偿无功功率。但这种方法的缺点是补偿特性受电网阻抗和运行状态影响，易和系统发生并联谐振，导致谐波放大，使滤波器过载甚至烧毁，它只能补偿固定频率的谐波，补偿效果不理想。

2. 电分相对电力机车（或动车组）运行影响的解决措施

为了降低电分相对电力机车（或动车组）的运行影响，供电系统多采用自动过分相技术，但自动过分相设置需要较长的距离（温州 S1 线由于站间距小，无法设置），同时装置由于受到断路器或开关寿命影响，后期运行维护费用高。

目前解决电分相的最新技术是采用同相供电技术。同相供电系统是指为电力机车或动车组提供电能的各供电区间具有相同电压相位的牵引供电系统。

以上应对措施，不能从根本上解决牵引供电系统中的谐波、负序等问题，还带来了各供电区段的电分相绝缘器的分隔问题，即电分相。严重制约了高速、重载铁路的发展。

近些年，借助现代电力电子技术和控制理论，供电系统多采用无功、谐波、负序综合治理。

我国目前大量推广使用交-直-交型机车（动车组），其功率因数接近1，谐波含量大大降低，这两方面问题均已得到解决，因此电能质量指标中只有负序是关键。

同相供电技术为实现电能质量综合治理的方案之一，在解决电分相问题的同时也对负序、无功、谐波进行了综合治理。

（二）同相供电技术

2007年10月，科技部在国家科技支撑计划重点项目"电力电子关键器件及重大装备研制"中立项批准"电气化铁路同相供电装置"课题（国拨经费1 218万元），该课题由西南交通大学主持。该课题完成的电气化铁路同相供电装置于2010年10月28日在成（都）昆（明）铁路眉山牵引变电所成功投入试运行，并于2011年7月17日通过科技部组织的专家鉴定验收。试运行结果表明：同相供电装置性能稳定、运行可靠、可综合解决电分相和电能质量问题，并能满足实际运营的要求，为同相供电的推广应用提供了成套技术装备，被誉为电气化铁路领域具有革命性的创新成果。

但是，课题组在同相供电方案的深化研究和推广应用中，逐步发现眉山方案存在一定的局限性：牵引变压器与同相供电装置在结构上、在容量上均相互捆绑，同相供电装置所需容量较大，投资大，并且退出时影响正常供电。

针对眉山方案存在的局限性，提出了组合式同相供电方案，即把牵引供电和负序补偿在结构上相互独立，在功能上相互组合，根据外部电源和牵引负荷实际，在相关电能质量指标（主要是负序指标）满足国标要求的约束条件下，能实现同相补偿装置容量最小化，从而达到技术经济兼优的目标。组合式同相供电的实现方法是在单相牵引变压器的基础上应用以负序补偿为核心的对称补偿技术，负序补偿量根据实际需求来设置，且负序补偿装置在结构上与牵引供电单相主变压器相互独立。

组合式同相供电实施方案主要有两种形式，即单三相组合接线方案和单相组合式同相供电方案，其原理如下。

1. 单三相组合式同相供电方案原理

牵引变电所的单三相组合式同相供电方案原理示意图如图2-9所示。

单三相组合式同相供电变电所包括单相牵引变压器（TT）和同相供电装置CPD。同相供电装置CPD包括高压匹配变压器HMT、交流电抗器L、同相补偿变流器ADA、牵引匹配变压器TMT。

单三相组合式同相供电原理：当牵引负荷功率小于等于同相供电装置容量的2倍时，牵引变压器和同相供电装置分别供给牵引负荷功率的1/2，此时负序电流得以完全补偿，由此引起的三相电压不平衡度为零；当牵引负荷功率大于同相供电装置容量的2倍时，高压匹配变压器按同相供电装置的容量供给，其余部分由牵引变压器供给，此时有剩余负序电流流通，但它产生的三相电压不平衡度满足国标要求。它要求单相牵引变压器具有较强的短时过负荷能力。

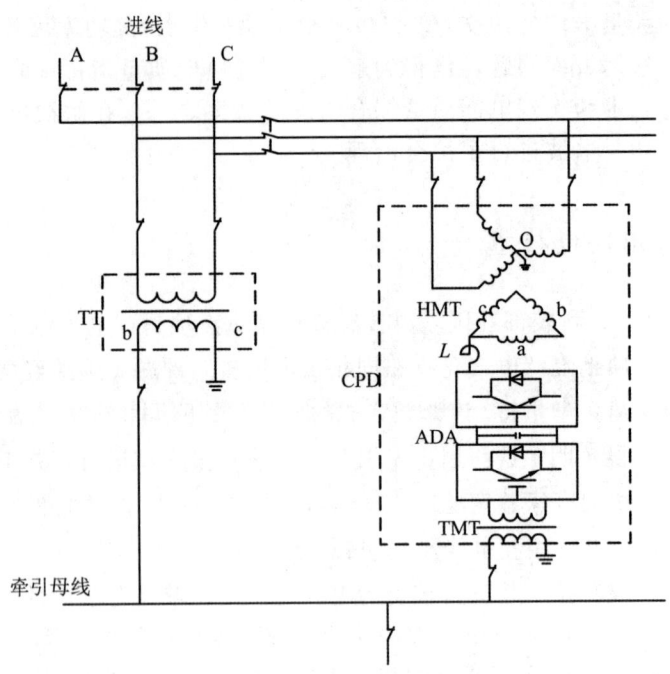

图 2-9　单三相组合式同相供电方案示意图

2. 单相组合式同相供电方案原理

牵引变电所采用单相组合式同相供电方案的原理示意图如图 2-10 所示。

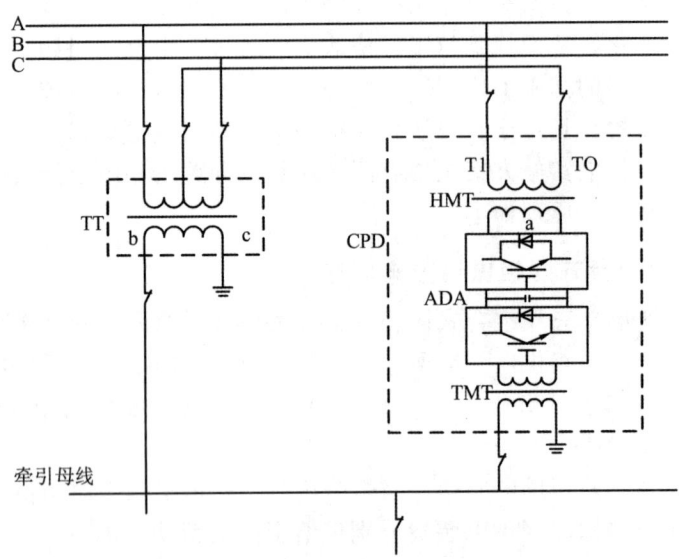

图 2-10　单相组合式同相供电方案示意图

牵引变电所内主要供电设备包括牵引变压器 TT 和同相供电装置 CPD。同相供电装置 CPD 由高压匹配变压器 HMT、交直交变流器 ADA 和牵引匹配变压器 TMT

构成。牵引变压器 TT 和同相供电装置 CPD 均为单相结构。高压匹配变压器 HMT 原边绕组的一端 T0 与牵引变压器 TT 原边绕组中点相接。牵引变压器 TT 原边绕组连接电力系统高压进线的同一线电压，图中为 BC 线电压（次边为 bc 线电压），即连接在三相中的 B、C 两相之间，高压匹配变压器 HMT 原边绕组的另一端 T1 连接三相中的另一相，图中为 A 相（次边为 a 相）；高压匹配变压器 HMT 次边绕组连接交-直-交变流器 ADA 入端；交-直-交变流器 ADA 出端连接牵引匹配变压器 TMT 原边，产生与牵引变压器 TT 相同相位和频率的电压；牵引变压器 TT 次边绕组和牵引匹配变压器 TMT 次边绕组的电压幅值和相位相同且均与牵引母线相接。

单相组合式同相供电原理：牵引变压器 TT 与高压匹配变压器 HMT，构成不等边 SCOTT 连接组，即构成一种供电容量不等、电压幅值不等、电压相位垂直的特殊的三相两相平衡变压器。正常运行中，牵引变压器 TT 和同相供电装置 CPD 一同给牵引网的牵引负荷供电，牵引变压器 TT 担负主要供电任务，同相供电装置 CPD 担负次要供电任务以及三相电压不平衡度的调整。同相供电装置 CPD 的交直交变流器 ADA 的其中一侧通过控制保持各模块的中间直流电压稳定，另外一侧通过控制实现一定流向和大小的功率的传输，从而实现负序电流的补偿。

在正常工作过程中，当牵引负荷功率小于或等于同相供电装置 CPD 额定容量的 2 倍时，牵引变压器 TT 和同相供电装置 CPD 分别供给牵引负荷功率的 1/2，此时负序电流得以完全补偿，由此引起的三相电压不平衡度为零；当牵引负荷功率大于同相供电装置 CPD 容量的 2 倍时，同相供电装置 CPD 按其额定容量供给，多余部分由牵引变压器 TT 供给，此时有剩余负序电流流通并造成三相电压不平衡，但它产生的三相电压不平衡度满足国标要求。

与单三相组合式同相供电方案相比，单相组合式同相供电方案使用单相变压器代替三相高压匹配变压器。该变压器易于与单相牵引变压器共箱制造，节省变压器占地。

3. 同相供电技术优缺点

1）同相供电技术优点

它与既有国内外现有的牵引供电系统方案或电能质量治理方案相比，同相供电系统技术方案具有明显优势，具体如下。

① 采用同相供电装置，将原有牵引变电所的两相变换为一相，取消了变电所出口处电分相，由此至少将全线的电分相的个数减少一半（仅分区所保留电分相），可提高列车的运行速度，提高线路通过能力，增加运力，节省牵引变电所处地面自动过分相装置的投资和维护费用。

② 同相供电装置实现有功传递，使得两供电臂的负荷在三相电力系统的分配更加对称，它还满足国标要求，使得日益突出的负序问题得到解决。除负序外，需要时同相供电装置还可实现无功、谐波的综合治理（牵引和再生工况均可），减少对外部电源的影响，提高牵引供电系统对外部电源的适应性。

③ 提高牵引变压器容量利用率。对于既有线的同相供电改造，可提高牵引变电

所的供电能力；对于新建线路，则减少牵引变压器的安装容量，节省可观的固定电费。牵引变压器利用率的提高，可降低牵引变压器安装容量1~2个容量等级，节约电力资源和运行费用。

④ 可进一步增强牵引供电系统的节能效果。实施同相供电后，牵引变电所的两供电臂合并，更有利于其中运行的多组列车牵引与再生电能的相互利用，减少从电力系统的用电，增加节能效果。

⑤ 高度的可扩展性。如实现电压补偿、在线防冰融冰，保障牵引供电系统和列车良好运行。

2）同相供电不足

① 相比常规牵引供电系统，同相供电补偿装置变流器造价较高，一次性建设投资大。

② 同相供电装置退出时，牵引变压器还要担负同相供电装置的出力，牵引变压器在规定时间内仍可按变电所额定工况供电，超出规定时间同相供电装置仍未修复时牵引变压器按本身额定工况（小于变电所额定工况）运行，此时供电能力通常大于越区供电情形，需要适当限制最大行车量。

（三）基于有源滤波器的V,v接同相供电系统

针对电气化铁路牵引供电系统三相严重不平衡，存在大量谐波和无功。尤其是相邻供电区段间必需用分相绝缘器分隔等问题，将V,v接变压器与有源滤波器和AT供电方式相结合，构造出新型同相牵引供电系统。

1. V,v接同相供电系统的结构

1）直供与BT供电方式同相供电方案

如图2-11所示，这种供电方案与原系统的主要区别是V,v接的公共端子接钢轨（R），另外两个端子不再分别接入两个不同的供电臂，而是只有一端接供电臂，而另一端通过平衡变换装置（以下简称平衡器）与同一供电臂相连。各变电所牵引侧与供电臂的接线形式完全相同，实现了同相供电。

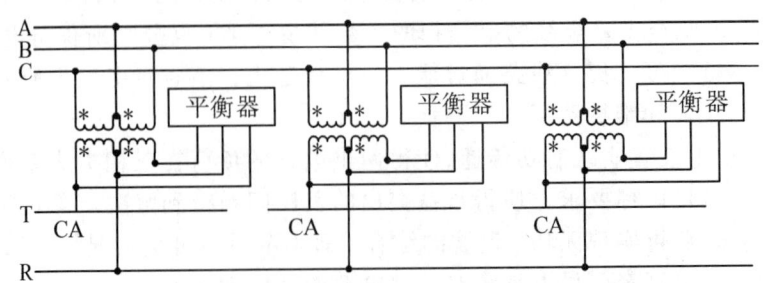

图2-11 直供与BT供电方式同相供电方案

这种供电方案有以下特点：

① 平衡器可由"背靠背"的两单相变流器构成。通过对平衡器适当控制可实现三相平衡变换，并可完全补偿无功和谐波。

② 与基于 Y_N,d11 接的同相供电系统相比，除所采用的变压器不同外，其余的如补偿电流检测方法、平衡器的结构和控制方法、三相平衡效果、无功和谐波的补偿效果等都相同。

2）AT 方式 2×55 kV 同相供电方案

如图 2-12 所示，V,v 接变压器的两个副边绕组电压分别为 55 kV，其中的一个绕组的中点抽头接钢轨，两个副边绕组的公共端子接正馈线，另外两个端子中的一个接接触线，另一个与平衡器相连。

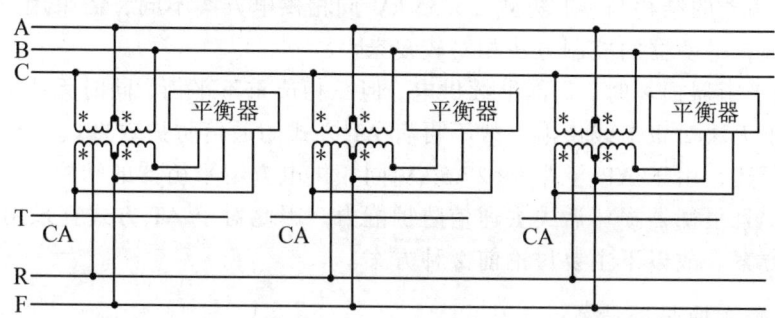

图 2-12　AT 方式 2×55 kV 同相供电方案

这种供电方案具有以下特点。

① 变压器造价低，工作变压器数量少；系统投资远比三相 Y_N,d11 十字交叉接的少。

② 通过对平衡器的控制，能够实现三相平衡变换，并能动态补偿谐波和无功。

③ 补偿电流检测方法以及平衡器的控制方法都与基于 Y_N,d11 接的同相供电系统相同。

④ 当平衡器损坏时，系统将变成单相接线，三相严重不平衡，无法补偿谐波和无功；但同相供电还能继续运行，通信干扰防护效果不变。

3）AT 方式 2×27.5 kV 同相供电方案

如图 2-13 所示，这种供电方案与 AT 方式 2×55 kV 同相供电方案的不同点是 V,v 接变压器的两个副边绕组电压不再是 55 kV 而是 27.5 kV，且两个副边绕组的公共端子不是接正馈线而是接钢轨，另外两个端子中的一个接接触线，另一个与平衡器相连。平衡器还有一个端子接正馈线。

这种供电方案具有以下特点。

① 变压器造价低，数量少；系统投资远比三相 Y_N,d11 十字交叉接等方式的少。

② 通过对平衡器控制，能够实现三相平衡变换，并能动态补偿谐波和无功。

③ 补偿电流检测方法与基于 Y_N,d11 接的同相供电系统相同。

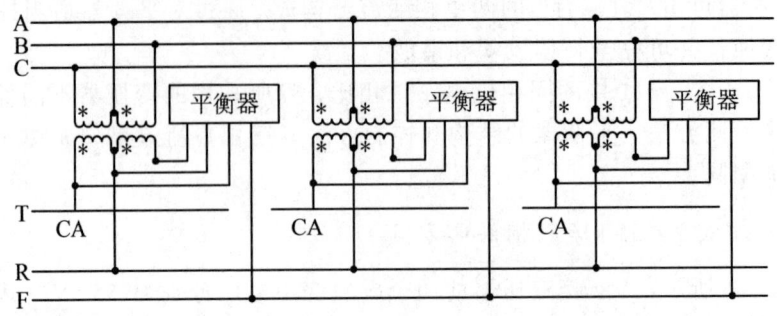

图 2-13 AT 方式 2×27.5 kV 同相供电方案

④ 平衡器的结构与 AT 方式 2×55 kV 同相供电方案不同，需采用三相四桥臂变流器实现；平衡器的控制方法相对较复杂。

⑤ 当平衡器损坏时，仍能继续供电，但三相严重不平衡，同时无法补偿谐波和无功，由于无法对正馈线供电，故不再有 AT 方式的通信防护效果。

综上所述，由于 AT 方式 2×27.5 kV 同相供电方案平衡器的结构和控制方法相对较复杂，且平衡器损坏后失去通信防护能力。因此对于 AT 方式宜采用 2×55 kV 同相供电方案。故以下主要讨论前 2 种方案。

2. 平衡变换与补偿

1) 平衡变换的原理

图 2-14 为 V,v 接平衡变换原理示意图。图中：i_A，i_B，i_C 分别为 110 kV 侧三相电流；i_a，i_b，i_c 分别为牵引侧三相电流；i_{pa}，i_{pb}，i_{pc} 分别为平衡器提供的三相电流；i_L 为负载电流；T 为接触线；R（F）为钢轨（正馈线），简单直供或 BT 供电方式时接钢轨，AT 供电方式时接正馈线。

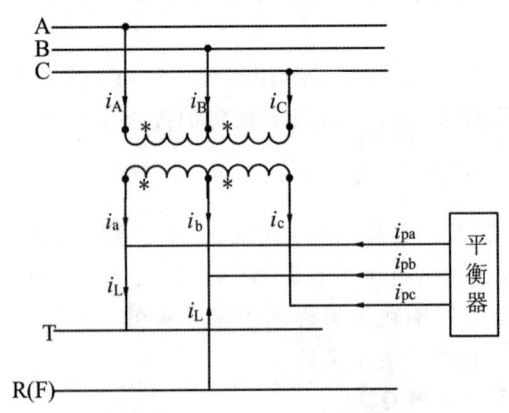

图 2-14 V,v 接平衡变换原理

为讨论方便，假定负载电流 i_L 只含有基波有功分量，并用 i_{lp} 代表负载基波有功电流向量，根据图 2-14 所示的 V,v 接线供电系统，可写出以下关系式：

$$\begin{bmatrix} i_a \\ i_b \\ i_c \end{bmatrix} = \begin{bmatrix} i_{lp} \\ -i_{lp} \\ 0 \end{bmatrix} - \begin{bmatrix} i_{pa} \\ i_{pb} \\ i_{pc} \end{bmatrix} \tag{2-1}$$

$$[i_A \ i_B \ i_C]^T = \frac{1}{K}[i_a \ i_b \ i_c]^T \tag{2-2}$$

式中，K 为变压器的变比。

所以原边电流各序分量为

$$\begin{bmatrix} i_{A0} \\ i_{A2} \\ i_{A1} \end{bmatrix} = \frac{1}{3K}\begin{bmatrix} 0 \\ 1-a \\ 1-a^2 \end{bmatrix} i_L - \frac{1}{K}\begin{bmatrix} i_{p0} \\ i_{p2} \\ i_{p1} \end{bmatrix} \tag{2-3}$$

式中，i_{p0}，i_{p1}，i_{p2} 分别为平衡器输出电流的各序分量；$a = e^{j120°}$。

平衡的目的是保证 110 kV 侧三相对称，所以，110 kV 侧负序和零序电流分量应为零，且其正序电流分量应由电源全部提供。故

$$i_{A0} = 0 \tag{2-4}$$

$$i_{A2} = 0 \tag{2-5}$$

$$i_{A1} = \frac{1}{3}(1-a^2)i_{lp} = \frac{1}{\sqrt{3}} i_{lp} e^{j30°} \tag{2-6}$$

进一步可以得出

$$i_a = ai_b = a^2 i_c = \frac{1}{\sqrt{3}} i_{lp} e^{-j30°} \tag{2-7}$$

$$i_{pa} = a^2 i_{pb} = ai_{pc} = \frac{1}{\sqrt{3}} i_{lp} e^{j30°} \tag{2-8}$$

由以上分析可知，无论负载电流是否含有无功和谐波电流分量，只要牵引侧 i_a，i_b，i_c 满足式（2-7），则 110 kV 侧三相电流平衡。所以式（2-7）是实现三相平衡并滤除谐波和无功的电源电流期望式。

2）平衡器的补偿电流及其检测

以上讨论，假定了负载电流只含有基波有功电流，此时只要平衡器输出三相负序电流，也即满足式（2-8），则电源输出电流就满足式（2-7），这样就可以实现三相平衡变换。但实际情况是负载电流中不但存在无功而且含有谐波，此时如果仍要求电源只提供基波正序有功电流分量，则平衡器不仅需要输出对应基波的负序电流分量，而且还需要输出无功和谐波量。所以平衡器的输出电流（即补偿电流）应该

由三部分组成：基波有功电流引起的负序分量、基波无功电流分量和谐波电流，也即

$$i_{px} = i_{1px}^- + i_{1qx} + i_{hx} \quad (2\text{-}9)$$

式中，i_{px} 表示平衡器 $x(x=a,b,c)$ 相的输出电流；i_{1px}^-，i_{1qx} 分别为负载引起的 x 相的基波有功负序电流和无功电流；i_{hx} 为负载引起的 x 相的谐波电流。

设负载电压（牵引网电压）为

$$u_L(t) = \sqrt{2}U\sin(\omega t + 30°) \quad (2\text{-}10)$$

而负载电流总可以表示为

$$i_L(t) = i_{1p}(t) + i_{1q}(t) + i_h(t) \quad (2\text{-}11)$$

式中，$i_{1p}(t)$ 和 $i_{1q}(t)$ 分别为与电压 $u_L(t)$ 的同相位瞬时基波有功电流分量和正交瞬时基波无功电流分量；$i_h(t)$ 为所有瞬时谐波电流之和。

$$i_{1p}(t) = \sqrt{2}I_{1p}\sin(\omega t + 30°) \quad (2\text{-}12)$$

$$i_{1q}(t) = \sqrt{2}I_{1q}\cos(\omega t + 30°) \quad (2\text{-}13)$$

将式（2-12）乘以 $\sqrt{2}\sin(\omega t + 30°)$ 得

$$i_L(t)\sqrt{2}\sin(\omega t + 30°) = I_{1p}[1 - \cos 2(\omega t + 30°)] + [i_q(t) + i_h(t)]\sqrt{2}\sin(\omega t + 30°) \quad (2\text{-}14)$$

式中，I_{1p}，I_{1q} 分别为负载基波有功电流和无功电流分量。

式（2-14）右边由直流分量和交流分量两部分组成，用低通滤波器滤除交流分量可得负载基波有功电流分量 I_{1p}，根据式（7）分别乘以 $\sqrt{2/3}\sin\omega t$，$\sqrt{2/3}\sin(\omega t - 120°)$，$\sqrt{2/3}\sin(\omega t + 120°)$ 可得到三相瞬时基波有功电流分量。所以三相综合补偿电流期望值分别为

$$\begin{bmatrix} i_{ap}(t) \\ i_{bp}(t) \\ i_{cp}(t) \end{bmatrix} = \begin{bmatrix} i_L(t) \\ -i_L(t) \\ 0 \end{bmatrix} - \frac{1}{\sqrt{3}} \begin{bmatrix} \sqrt{2}\sin\omega t \\ \sqrt{2}\sin(\omega t - 120°) \\ \sqrt{2}\sin(\omega t + 120°) \end{bmatrix} \quad (2\text{-}15)$$

根据以上分析可以得出如图 2-15 所示的平衡器综合补偿电流实时检测电路。

图中 $\sin(\omega t + 30°)$，$\cos(\omega t + 30°)$ 分别是与电网电压同相位的正弦信号和与之相对应的余弦信号，它们可由锁相环和一个正、余弦信号发生器得到。而 $\sin\omega t$ 可由 $\sin(\omega t + 30°)$，$\cos(\omega t + 30°)$ 分别乘以 $\sqrt{3}/2$ 和 $-1/2$ 再相加得到，也即 $\sin\omega t = \sqrt{3}/2\sin(\omega t + 30°) - 1/2\cos(\omega t + 30°)$。

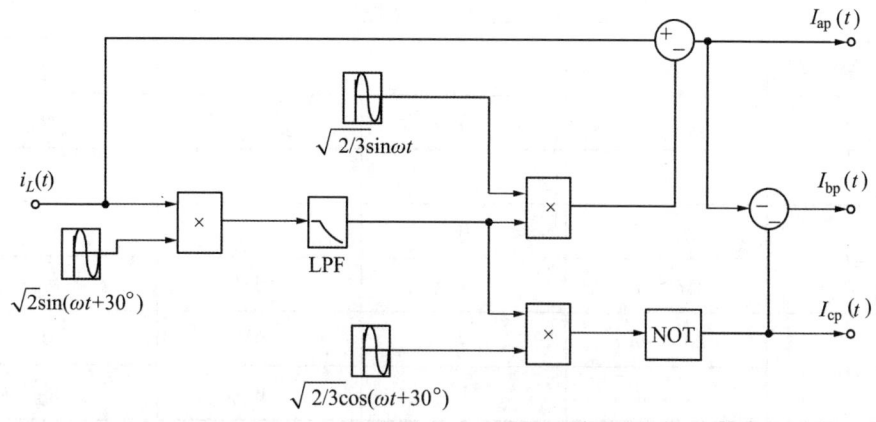

图 2-15 综合补偿电流实时检测电路

3）平衡变换器的结构及其控制

平衡变换器由"背靠背"的两个单相变流器构成，如图 2-16 所示。

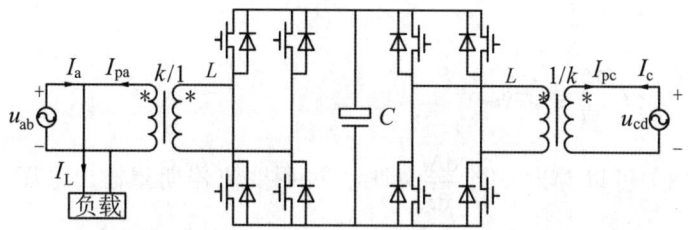

图 2-16 两个单相变流器构成的平衡器

两单相变流器可以独立控制，控制方法相同。下面以图 2-16 左侧单相变流器为例做简要分析。由图 2-16 可得

$$u_{ab} = L\frac{di}{dt} + Ri + e_{ab} \qquad (2\text{-}16)$$

式中，L，R 和 e_{ab} 分别为从桥臂侧看系统的等效电感、电阻和电源电势。u_{ab}，i 分别为变流器输出电压（两桥臂间电压）和输出电流。

设 u^*，i^* 分别为变流器输出电压、电流的期望值，则

$$u^* = L\frac{di^*}{dt} + Ri^* + e_{ab} \qquad (2\text{-}17)$$

为了使变流器输出期望电流 i^*，则应控制变流器输出电压 u^*，但变流器只能输出 0，u_{dc}（直流侧电压），$-u_{dc}$ 三种电压，所以需要利用这三种电压通过调制得到。为降低开关频率和提高对直流电压的利用率，可采用状态优化控制方法，控制规则如表 2-2 所示。其中 S_a，S_b 分别表示 a 和 b 桥臂的状态，$S_x(x=a,b)=1$ 表示 x 桥臂的上管导通，下管截止；$S_x=0$ 表示 x 桥臂的上管截止，下管导通；$\Delta i = i^* - i$ 为电流误差。

表 2-2 变流器状态控制规则

u^*	Δi	S_a	S_b	u_{ab}
$u^*<0$	$\Delta i \leqslant -h$	0	1	$-u_{ab}$
	$\Delta i \geqslant h$	0	0	0
$u^*=0$	$\Delta i \leqslant -h$	0	1	$-u_{ab}$
	$\Delta i \geqslant h$	1	0	u_{ab}
$u^*>0$	$\Delta i \leqslant -h$	0	0	0
	$\Delta i \geqslant h$	1	0	u_{ab}

上述方法需要根据式（2-17）计算出 u^*，以判断其大小，这需要预先估计 L 和 R 值，但系统阻抗是变化的，尤其对电气化铁路更是如此。所以会影响其控制精度。为解决这一问题，本文提出双滞环比较状态优化控制方法。式（2-17）与式（2-16）相减并忽略 R 可得

$$L\frac{d\Delta i}{dt}=u^*-u_{ab} \quad (2\text{-}18)$$

从式（2-18）可以看出，当 $\frac{d\Delta i}{dt}>0$ 时，说明变流器期望输出电压大于实际输出电压，应调整变流器的状态使其输出电压增加；当 $\frac{d\Delta i}{dt}<0$ 时，说明变流器期望输出电压大小小于实际输出电压，应调整变流器的状态使其输出电压减小。根据该原理可构造出双滞环电流比较状态优化控制方法，由于准确检测 $\frac{d\Delta i}{dt}$ 较困难，故实际根据检测 Δi 是否继续增加来判定 u^* 的状态。图 2-17 所示为双滞环电流比较状态优化控制框图。

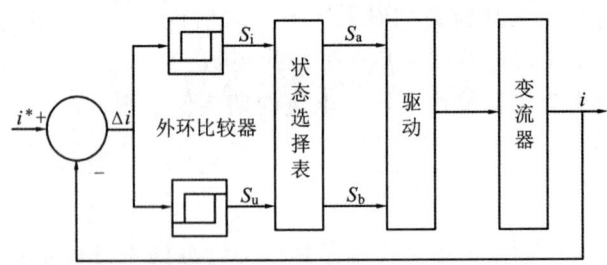

图 2-17 双滞环电流比较状态优化控制框图

图中 S_i，S_u 分别为内外环比较器输出状态值。内环比较器用于确定电流误差是否在允许范围内，外环比较器用于确定 u^* 的状态，状态选择表用于确定两个桥臂开关的动作状态，据此可得

$$S_{\mathrm{a}} = S_{\mathrm{i}} S_{\mathrm{u}} \tag{2-19}$$

$$S_{\mathrm{b}} = \overline{S}_{\mathrm{i}} \overline{S}_{\mathrm{u}} \tag{2-20}$$

3. 系统仿真

本文针对图 2-12 所示的 AT 供电方式同相供电系统，基于 Matlab/Simulink 建立了仿真模型，仿真结果如图 2-18 至图 2-20 所示。仿真中采用了图 2-15 至图 2-17 给出的补偿电流检测方法和变流器控制方法。平衡器参数设为：$k = \dfrac{55}{2.5}$；$L=1$ mH；$C = 10\,\mu\mathrm{F}$；直流侧电压给定值为 4.8 kV；电流比较器内外滞环宽度分别给定为 5 A 和 10 A；牵引网电压为 27.5 kV；负载电流滞后电压为 30°；功率因数为 0.866。则

$$i_{\mathrm{L}} = 1200\sin(\omega t - 30°) + 200\sin(3\omega t - 36°) + 100\sin(5\omega t - 45°) \tag{2-21}$$

图 2-18 所示为 110 kV 侧电源电压波形，图 2-19 所示为平衡前牵引变压器原边三相电流波形，由图可见三相电流极不平衡，并含有大量的谐波和无功。图 2-20 是平衡后变压器原边三相电流波形，可见虽然负载电流极不平衡，但经平衡器调节后，110 kV 侧三相电流完全对称并与相电压同相位，不含谐波和无功。所以经平衡调节后，单相不平衡负载对电流系统而言只相当于一个纯阻性三相对称负载。由此说明本文提出的同相供电系统方案正确。

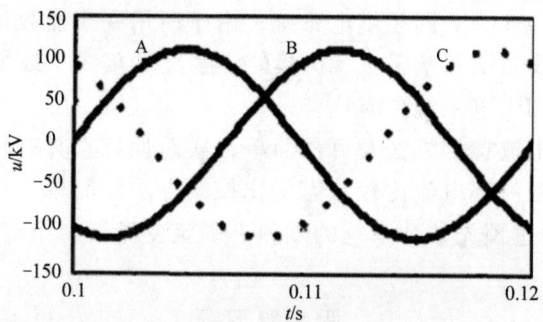

图 2-18 110 kV 侧三相电压

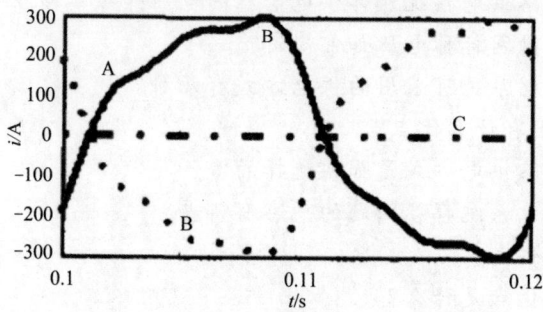

图 2-19 平衡前变压器原边三相电流

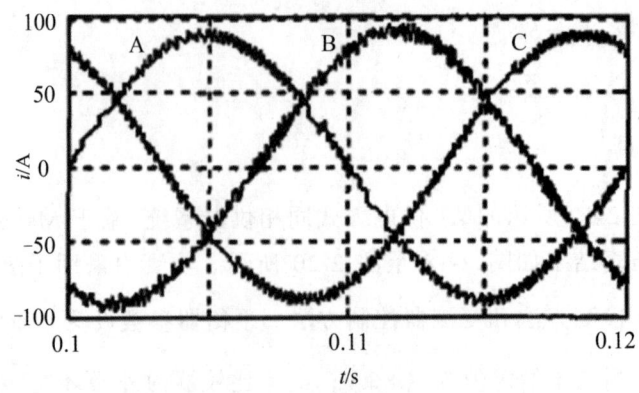

图 2-20 平衡后变压器原边三相电流

4. 结 论

（1）基于 V,v 接线的 AT 方式 2×55 kV 同相供电方案和 BT 供电方式（或直供方式）同相供电方案，都能够实现牵引供电系统由单相牵引负荷到三相电力系统的平衡变换；可以动态滤除谐波和补偿无功，从而使变化频繁、谐波含量高、并消耗大量无功的牵引负荷（对电力系统来说）仅相当于一个纯阻性的三相对称负载；可以实现整个供电区段同相供电。对于 BT 供电方式（或直供方式），从供电效果和性能来看，基于 V,v 接线构成的同相供电系统与基于 Y_N,d11 接线变压器或平衡变压器构成的同相供电系统完全相同，但由于单相变压器远比三相变压器和平衡变压器造价低，且安装、调试方便，维护、检修工作量小，所有前者具有一定的优势。基于 V,v 接的 AT 方式 2×55 kV 同相供电系统，由于所用变压器数量少、接线简单，比 Y_N,d11 十字交叉接线系统和基于 Y_N,d11 的十字交叉接线（或平衡变压器接线）构造的有源滤波器同相供电系统更有优势。

（2）综合补偿电流检测方法及算法简单，实时性好且具有较高的检测精度。

（3）平衡器的双滞环电流比较状态优化控制方法，简单，易实现，可大大降低开关频率，克服了通过预先估计系统的 L 和 R 确定变流器期望输出电压大小的缺陷。

思考复习题

1. 我国高速铁路供电系统外部供电电压的电压等级是多少？
2. 高速铁路接触网标称电压如何规定？
3. 交流牵引供电系统可采用的供电方式有几种？
4. AT 供电方式有什么优点？
5. 我国高速铁路供电方式是如何选择的？
6. 异相牵引供电系统存在问题的危害有哪些？
7. 什么是同相供电？
8. 同相供电的优点是什么？

第三章　高速铁路电力供电系统

高速铁路电力岗位维修人员，必须掌握高速铁路电力专业基本知识。了解高速铁路电力供电系统和电力 SCADA 系统基本原理和设计特点。

第一节　电力供电系统

一、电力系统概述

电力系统是由发电厂、变电站、输电线、配电系统和负荷组成的有机整体，是现代社会最重要、最庞杂的系统之一。通常把包括动力、发电、变电、输电、配电及用电的全部系统称为动力系统。将电力系统中输送、变换和分配电能的整个环节称为电力网。它们的关系如图 3-1 所示（以水力发电为例）。

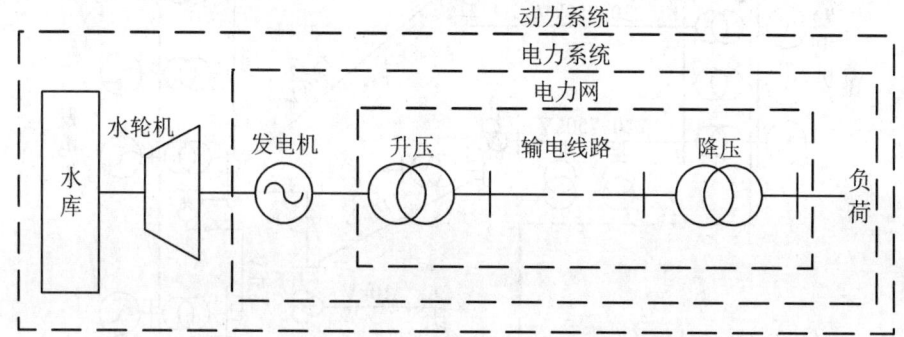

图 3-1　动力系统、电力系统和电力网示意图

（一）发电厂

发电厂就是将煤、水力、原子能等一次能源转换为电能——二次能源的工厂。按照发电厂所使用的一次能源不同，发电厂可分为火力发电厂、水力发电厂、原子能发电厂等，火力发电和水力发电在我国电能生产中占有很大的比例，除此之外，还有风力、地热和太阳能发电等。

（二）电力网

电力网担负着将发电厂和电能用户连接起来组成系统的任务，它对于电力系统的可靠性和经济性运行有着重要的意义。图 3-2 是电力系统组成示意图，虚线框内是电力系统的电力网部分。

电力网由各种电压等级的输、配电线路和变（配）电站（所）组成。电力网的任务是将电能从发电厂输送和分配到电能用户。按其功能常分为输电网和配电网两大部分，输电网是由 220 kV 及以上的输电线路和与其相连接的变电所组成，是电力系统的主要网络，其作用是将电能输送到各个地区的配电网或直接输送给大型企业用户。配电网是由 110 kV 及以下的配电线路和与其相连接的配电所（或简单的配电变压器）组成，其作用是将电能输送到各类用户。

为了减少电流在输电网络上产生的电能损耗，在远距离的输电网中，一般采用超高压（330 kV 以上）输电方式。发电厂的发电机端电压不可能过高（一般为 6～10 kV），电能用户的电压也不可能很高（一般为 10 kV 及以下），因此，电力网还担负着改变电压等级的作用，这就是变（配）电所（站）。变电所（站）由电力变压器和配电装置组成，它是改变电压和分配电能的场所：将电压升高的称为升压变电所（站），将电压降低的称为降压变电所（站），而配电所（站）只负担分配电能的任务。

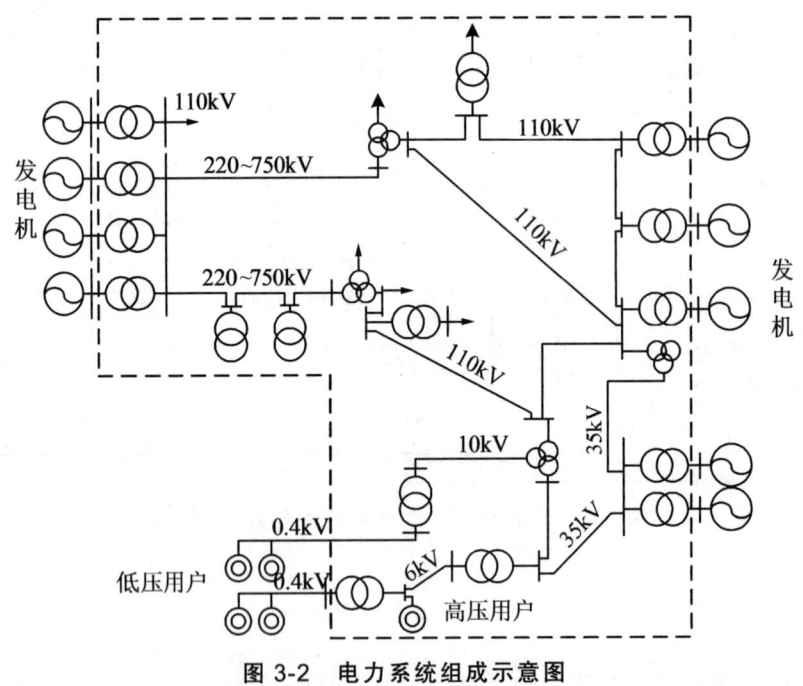

图 3-2　电力系统组成示意图

（三）电能用户

电能用户主要包括工矿企业、铁路企业和居民区等。

工矿企业、铁路企业的电能一般取自电力系统，为了在企业内部合理、经济、可靠地分配、使用电能，往往大型企业又建构自己的供电系统。

二、高速铁路电力系统

高速铁路电力系统承担着铁路运输生产调度指挥、通信信号、旅客服务等系统供电任务，是确保铁路安全、稳定、高效运营的基础设施之一。高速铁路供配电系统主要由外部电源、变（配）电所、沿线两回高压电力贯通线路、站场电力线路构成。为了提高高速铁路电力系统的管理水平和应急处置能力，应用先进的计算机和通信技术，将高速铁路电力设备纳入电力 SCADA（数据采集与监视控制系统）系统进行远程监视和控制。高速铁路电力系统示意图如图 3-3 所示。

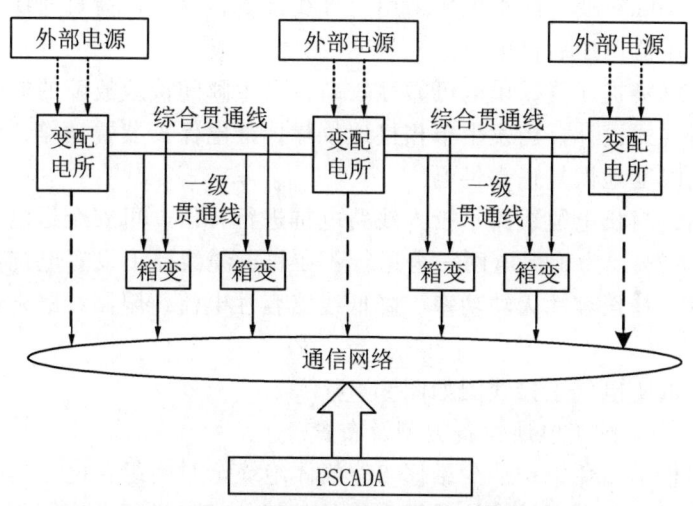

图 3-3　高速铁路电力系统示意图

（一）高速铁路电力系统构成

1. 高速铁路电力系统的外部电源

高速铁路供电电源应优先采用公共电网中可靠的外部电源。当技术经济合理时，可与牵引变电所共用电源，外部电源应保证高速铁路电力供电的安全性、可靠性、可用性和可维护性。

一般情况下，高速铁路的配电所设置两路独立的 10 kV 外部电源，当枢纽地区用电容量较大，10 kV 电源无法满足供电要求时，可与当地供电公司协商接引相互独立的两路 110 kV 外部电源，变压后供贯通线路及枢纽动力照明负荷。

2. 电力变（配）电所

高速铁路电力变（配）电所采用免维护、少维修设备，按照无人值班设计，通过 SCADA 系统远动操作、监视。两路电源供电的 10 kV 变（配）电所应采用单母线分段接线，向区间 10 kV 贯通线路供电的变（配）电所应设有载调压器及专用母线段。

1）110 kV、10 kV 变（配）电所

① 设置及其规模。

根据铁路用电负荷性质和特点，每间隔 40~60 km 设置铁路变（配）电所 1 座，向沿线一级负荷和综合负荷贯通线路供电，相邻所对贯通线路形成互供条件，需要时还可跨所供电。110 kV 变电所宜采用户外装置，在用地困难的情况下可采用户内气体绝缘配电装置（GIS）；35（10）kV 变（配）电所宜采用户内成套配电装置。

② 变（配）电所电气主接线。

10 kV 变（配）电所电气主接线：双电源 10 kV 变（配）电所采用单母线分段接线，单电源 10 kV 变（配）电所采用单母线接线；综合负荷贯通线、一级负荷贯通线分别经调压器调压后供电。

全电缆 10 kV 贯通线，供电可靠性较高，发生瞬间接地故障的概率较低，接地系统按低电阻方式设计，当发生单相接地故障，继电保护装置动作，能及时切除故障区段，最大限度地恢复正常供电。

实验证明，当长电缆线路不投入线路电抗进行补偿，可安全送电 80 km，但末端电压会升高 7%。为确保电网安全运行，在长电缆线路上设置电抗器，起到补偿接地电容电流、补偿容性无功功率、降低线路容性电流，限制线路末端电压上升等综合作用。

变（配）电所电气主接线图如图 3-4 所示。

③ 10 kV 变（配）电所设备类型及布置

高压开关柜采用免维护、少维修 SF_6 气体绝缘全封闭组合电器（GIS），断路器采用真空断路器；高压无功补偿采用先进的补偿技术，进行动态跟踪补偿；变压器采用智能化、低损耗干式变压器；调压器采用干式；直流电源设备采用智能高频开关铅酸免维护电池直流电源柜。

高压开关设备及调压器分别布置在独立的房间内，变压器及低压柜布置在一个房间内。

④ 10 kV 变（配）电所继电保护及自动装置。

变（配）电所采用综合自动化系统，利用先进的计算机技术、现代电子技术、通信技术和信号处理技术，对配电所的二次设备（包括测量、信号、保护、控制、自动和远动装置等）进行功能的组合和优化设计，从而实现对变（配）电所的主要设备（变压器、电容补偿装置和输、配电线路等）进行自动监视、测量、控制和保护，以及与调度通信等综合性的自动化功能。它由保护测控单元、当地监控单元、现场总线、视频监控单元和通信单元等组成。

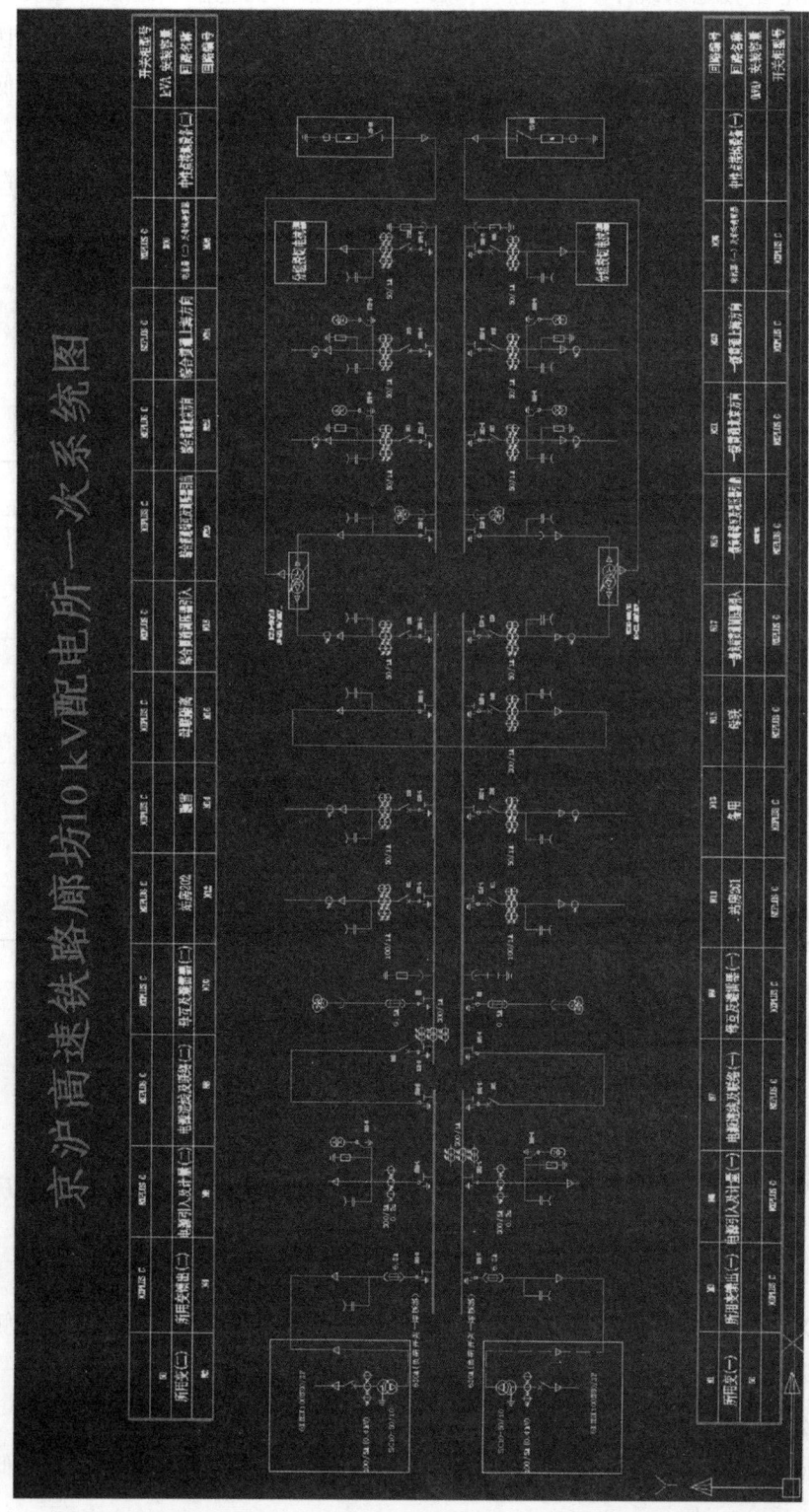

图 3-4 变（配）电所电气主接线图

在低电阻接地系统中，中性点与大地之间用很小的电阻相连，一旦发生单相接地故障，就会产生高达几百安培的接地电流，必须迅速可靠地将这个电流切断，必须设置零序电流保护。由于馈出母线侧采用不接地系统，贯通母线侧采用低电阻接地系统，为确保电网安全运行，取消馈出母线与贯通母线联络开关。

以电缆为主的电力贯通线，发生瞬间接地故障的概率较低，多为永久性故障，由调度指挥备用电源投入，有利于故障处理和恢复正常运行状态，防止扩大故障范围，因此备自投一般运行在退出状态。

变（配）电所继电保护及自动装置配置情况如表 3-1 所示。

表 3-1　变（配）电所继电保护及自动装置配置

单元名称	继电保护	自动装置
电源	电流速断、定时限过电流、低电压	
母联	电流速断	带故障自动闭锁功能的备用电源自投
变压器	电流速断、定时限过电流、温度、过负荷	
调压器	电流速断、定时限过电流、温度、过负荷、零序过电流	
一般馈出线	电流速断、定时限过电流	单相接地信号
贯通馈出线	电流速断、定时限过电流、低电压、零序过电流	一次自动重合闸、备用电源自投、单相接地信号
无功补偿柜	电流速断、过电压、低电压	
母线电压互感器		母线绝缘监察

⑤ 配电所房屋：区间配电所及无站房综合楼的车站配电所单独设置。

⑥ 值班方式：配电所采用无人值班有人值守的工作方式。

2）10/0.4 kV 变电所

① 变电所的设置。

各站、段（所）负荷集中的地方设变电所，车站站房变电所一般与站房综合楼合建。

② 接线型式。

10/0.4 kV 变电所变压器由配电所主母线高压馈出回路直接供电，低压侧采用单母线分段接线并设电容补偿装置。

③ 变电所设备类型及布置。

高压环网开关柜采用 SF_6 负荷开关，变压器采用干式变压器带外罩，低压开关柜采用组合式柜型并配置数字化仪表便于远方监控。10/0.4 kV 变电所内高压环网柜、变压器、低压开关柜布置在同一房间内。

3）10/0.4 kV 箱式变电站

箱式变电站电源由一级负荷贯通线主供，综合电力贯通线备供，主要对区间通信、信号等一级负荷供电。

① 接线型式。

10/0.4 kV 箱式变电站 10 kV 侧进出线回路设高压负荷开关，环网接线，变压器回路采用带熔断器负荷开关保护。箱式变电站内负荷开关均采用电动操作机构纳入 SCADA 系统，实现自动隔离故障电力线路、故障定位、非故障段自动恢复供电等功能。区间 10 kV 电力贯通线路上设置箱式电抗器，补偿贯通线路电容电流。

② 设备类型及布置。

箱式变电站采用中压预装箱式变电站，SF_6 负荷开关，其操作电源采用交流并配置 UPS 装置作为备用电源。沿线区间供电的箱式变电站采用基本统一模式。通信、信号双电源专用箱变与通信基站、信号中继站机房相邻设置，其他箱变独立设置。箱式变电站设高压环网开关间隔和变压器、低压开关、RTU 间隔。

3. 10 kV 电力贯通线

1）10 kV 电力贯通线路的设置方式

高速铁路设置两条 10 kV 电力贯通线：一条称为一级负荷贯通线，另一条称为综合负荷贯通线，分别沿铁路两侧预制电缆槽敷设。

2）高压电缆选择

高压电力贯通线路和站场电力线路宜采用铜芯电缆线路，全电缆电力贯通线宜采用单芯电缆。石太、甬台温、温福等客专贯通线路采用架空与单芯电缆混合方案。其他客专采用全电缆电力贯通线单芯电缆。

3）接地要求

单芯电缆通过电流时，金属护层会产生感应电压，如采取线路两端接地形式，金属护层会产生感应环流，在短路故障或雷击时会出现达线芯电流 50%～95%的环流，不仅危及人身安全，而且降低电缆载流量，造成电缆金属护层发热，加速绝缘老化。因此，10 kV 电力贯通线电缆金属护层宜采用在线路一端或中央部位单点直接接地方式，另一端金属护层应经护层电压限制器接地。电缆金属护层连续长度不宜大于 3 km，且电缆线路的金属护层上任一点的正常感应电压最大值应符合：当未采取能有效防止人员任意接触金属护层的安全措施时，不得大于 60 V；其他情况，不得大于 300 V。

4）电力电缆敷设方式

交流单芯电力电缆宜采用"品"字形敷设或三相全换位敷设方法。

① 路基区段：电力电缆沿两侧预留的电力电缆槽敷设，过轨时穿钢管保护。全线路基地段两侧预留电力电缆槽，电力电缆槽设于水沟内侧的侧沟平台上；电缆过轨时在路基两侧各设置一处电缆手孔井，并考虑过轨钢管弯曲半径满足要求；路基段电力电缆槽与桥梁、隧道电力电缆槽间应设置过渡段，并满足电缆弯曲半径的要求。

② 桥梁区段：电力电缆沿桥梁两侧翼仰板处预留的电力电缆槽敷设；桥梁上考虑预留电力电缆引上引下的锯齿形槽口；电缆引出电缆槽或引下桥梁采用沿设在桥墩上的电缆桥架敷设。

③ 隧道区段：电力电缆沿两侧预留的电力电缆槽敷设；在隧道各综合洞室及照明变电洞室内设置余长电缆腔，并满足电缆弯曲半径的要求；在隧道进出口及各综合洞室及照明变电洞室附近均设置一组过轨钢管。

④ 站场区段：站场内高低压电力线路全部采用电力电缆，一般沿沟敷设，局部地段直埋敷设，过路、过轨时穿钢管保护敷设。

⑤ 变（配）电所电源电缆线路根据城市管网布置、地形等环境因素可采用沿电力电缆沟或直埋、穿管敷设。

4. 高速铁路用电负荷及供电原则

1）电力负荷的分布

① 车站、段（所）负荷主要包括：通信、信号、信息系统、接触网上电动隔离开关操作电源、动车检修设备、综合维修设备、空调、通风、电（铁）梯、给排水、照明等。

② 区间负荷主要包括：信号中继站、无线通信基站、光纤直放站、电力牵引各所用电、隧道照明、通风及监控设备、立交桥排水设备等。

2）电力负荷的等级

电力负荷应根据对供电可靠性的要求及中断供电在政治、经济上所造成损失或影响的程度分为一、二、三级，其中：

一级负荷应包括：与行车密切相关的通信、信号、信息、防灾安全监控设备；动车段（所）运用设备；电力及电力牵引供电各所操作电源；大型、特大型站公共区照明、应急照明及隧道应急照明；大型及重要建筑物火灾自动报警系统设备；特长隧道消防设备等。

二级负荷主要包括：为通信、信号主要设备配置的专业空调；接触网远动开关操作电源；动车组检修；综合检测、工务机械、综合维修、给排水设施等设备；中间站公共区照明；区间视频监控设备；道岔融雪设备；除一级负荷外的其他信息等负荷。

其余用电设备的负荷等级应按现行铁路行业标准《铁路电力设计规范》（TB 10008）及其他相关规程、规范确定。

3）供电原则

① 高速铁路供配电系统应保证各级供配电系统的相互匹配，除发生不可抗拒因素外，其可靠性应符合每天 24 h 的运输需要（含"维修天窗"时间），并应符合不同负荷等级的供电要求。高速铁路供配电系统供电可靠性应符合下列规定：

当供电网络中的一路外部电源停电时，不能影响一级负荷供电。

当供电网络中的一条供电线路停电时，不能影响一级负荷供电。

② 一级负荷应由两路相互独立电源分别供电至用电设备或低压双电源切换装置处，当两路电源中一路电源发生故障时，另一路电源不应同时受到损坏。

动车段（所）应采用两路相互独立可靠的外部电源供电。

有变（配）电所的车站宜按两路相互独立可靠的外部电源设计；无变（配）电所的车站其电源数量可根据负荷性质及容量、外部电源及贯通线路的供电能力，经过技术、经济方面的比较后确定。

车站及区间通信、信号等与行车有关的一级负荷应由电力一级负荷、综合负荷贯通线路提供两路相互独立电源供电，高压接引方式宜为环网接线，并宜独立设置变电所；当供电能力允许时，贯通线路可对难以取得外部电源的其他用电负荷供电。

特大型旅客站房应设应急备用发电机组。

③ 二级负荷：有条件时提供两路高压电源供电，当两路电源供电确有困难时可为一路高压电源供电。

④ 三级负荷：一般采用单回路供电，当供电系统为非正常运行方式时，允许将其切除。

（二）高速铁路电力工程设计主要特点

高速铁路运营具有高速度、高密度、高可靠性的特点，因此高速铁路电力系统设计采用了不同于普速铁路设计的全新理念，体现了我国铁路的现代化水平。

1. 采用线路入地、设备进屋、全程监控的设计理念

我国普速铁路电力系统伴随着国家电网建设和铁路建设得到不断发展，从每个车站分别接引地方电源的"点式"供电，发展到站区、枢纽集中配电的"站区"供电；再发展到以自动闭塞、电力贯通线为骨架，辐射铁路区域内各级用户的"网络"供电，电力系统的供电质量和可靠性不断增强，不再受单路电源停电、线路单点故障的影响。但由于供电网络整体配置水平不高，还存在以下突出的问题：

（1）电力线路主要采用架空线路，设备长期暴露在室外，抗风雨雷电等自然灾

害能力差，遇有恶劣天气故障频发。

（2）电力系统设备整体水平较低，设备故障率较高。

（3）没有远动监控，故障抢修手段落后，故障处理和抢修主要依靠人力，延误故障恢复时间。

高速铁路运营特点对电力供电提出了更高的可靠性要求，在有灾害情况下，应迟于行车相关系统损坏，并且先于行车相关系统恢复。为了提高供电可靠性，高速铁路电力设计采用了线路入地、设备进屋、全程监控的设计理念，提高了铁路供电设备配置水平。其主要优点体现在以下方面。

1）线路入地、设备进屋，提高了系统抵抗自然灾害能力

高速铁路电力系统两回电力贯通线多数采用单芯电缆线路，敷设方式不同于普速铁路电缆直埋敷设方式，采用沿线路两侧电缆槽内敷设方式，实现了线路入地；高速铁路电力变（配）电所设备都布置在室内，采取紧凑型、无人值班设计，区间采用箱式变电站，实现了设备进屋。线路入地、设备进屋的设计，使得高速铁路电力设备运行环境得到极大改善，减少了人为破坏，大大提高了系统抵抗自然灾害的能力。

2）全程监控，提高了供电可靠性

高速铁路电力系统通过 SCADA 系统，对变（配）电所的高压电气设备、交直流操作电源及贯通线路所有高压开关、车站变电所所有高低压开关及供电回路进行全程监控，实现变（配）电所无人值班，配电调度一体化管理，能快速切除故障段并恢复非故障段的供电，有效提高电力系统供电可靠性。

2. 采用大量新技术、新设备、新工艺

（1）高速铁路变（配）电所采用免维护或少维修设备。户内柜气体绝缘开关设备（GIS）具有小型化、使用范围广、可靠性高、安全性好、寿命长及维修工作量较少等优点；所内电气设备实现了无油化；低压开关柜采用高可靠性、模数化、组合式柜，它采用综合自动化系统实现远程监控，减少了维修工作量，提高了电力供电系统运行的安全可靠性。

（2）高速铁路电力电缆采用 YJV62 型交联单芯电缆。和普速线采用的三芯电缆相比，单芯电力电缆制造长度每盘最大长度可达 1.0 km，可以减少 3/4 的中间接头，减少故障点，克服三芯电缆三岔口易出故障的难题等特点，提高了电力设备运行的稳定性。

（3）高速铁路电力系统采用远动智能箱变替代普速铁路的杆上变压器、落地式变压器。箱式变电站集高压开关设备、配电变压器和低压配电装置于一体，实现工厂化生产，占地面积小、减少现场安装、试验工作量，延长设备检修周期，从而提高设备供电可靠性。

第二节　高速铁路电力 SCADA 系统

一、SCADA 系统基本理论

1. SCADA 基本概念

SCADA（Supervisory Control and Data Acquisition）系统，即数据采集与监视控制系统，是以计算机为基础的生产过程控制与调度自动化系统。它可以对现场的运行设备进行监视和控制，以实现数据采集、设备控制、测量、参数调节以及各类信号报警等各项功能。SCADA 系统的应用领域很广，它可以应用于电力系统、给水系统、石油、化工、气象、宇航、原子能及军事目标控制等监控领域。

2. SCADA 主要功能

SCADA 系统具有五遥功能：遥控、遥测、遥信、遥调、遥视。

遥控（YK）：对被控对象进行远距离控制。调度中心运用通信技术，对变（配）电所、箱变等被控对象的设备发送开停或投切的命令，相应被控对象收到指令后执行命令。在高速铁路电力系统中遥控对象主要有电力变（配）电所、电力远动终端。

遥测（YC）：遥测就是对被测对象的某些参数进行远距离测量。如遥测铁路电力系统中变（配）电所、箱变的有功和无功功率、电度、电压、电流等电气参数。这些信息经过采样后，运用通信技术送到调度中心端储存并显示。

遥信（YX）：将被控站的设备状态信号远距离传送给调度端。如采集变（配）电所的设备状态信号及报警信号，断路器、隔离开关的位置状态，继电保护、自动装置的动作状态，开关位置只取"合"或"分"，设备状态只取"运行"或"停止"。信号采集后，运用通信技术送到调度中心端储存并显示。

遥调（YT）：调度端直接对被控站某些设备的工作状态和参数的调整。如调度中心端利用通信技术，对变（配）电所可调节设备的电压、功率因数等进行调节。

遥视（YS）：调度端直接对被控站设备进行远程监视控制。变（配）电所的遥视涉及以下场所和设备：变（配）电所内场区环境；主变压器外观及中性点接地开关；变（配）电所的户外断路器、隔离开关以及接地开关等；变（配）电所的各主要设备间。监控中心进行远程监控、管理和维护。

3. 高速铁路电力 SCADA 系统构成

高速铁路电力 SCADA 系统，由调度端（主站）、通信通道、被控端（被控站）三个部分构成。基本结构如图 3-5 所示。

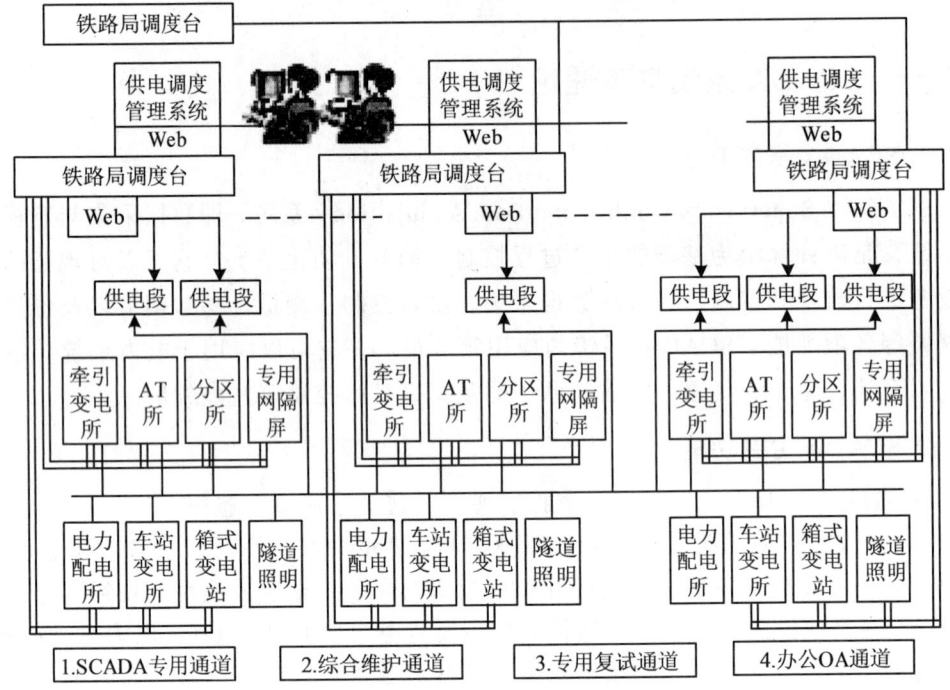

图 3-5　高速铁路 SCADA 系统的基本结构

1）调度端

调度端是整个 SCADA 系统的大脑，一般设于各路局、铁道部调度所。负责协调、组织、指挥、指导电力系统相关工作。调度端完成数据收集、数据处理、控制与调节和人机联系功能，根据运行需要发送 YK、YT 命令。调度端将通道送来的信号进行数据处理后，送至后台服务器中，显示各种图形，制作各种报表、曲线；必要时，将数据送到上一级调度端，数据存储在后台服务器供运行分析使用。其主要结构如图 3-6 所示。

2）通信通道

通信通道是指网络中任意两点或两个节点之间的路径。在高速铁路电力系统中通道主要由单模光纤、485 网线、通信机房等部分组成。通信通道起到了数据的上传及下载作用，是高速铁路电力 SCADA 系统重要组成部分，如图 3-7 所示。

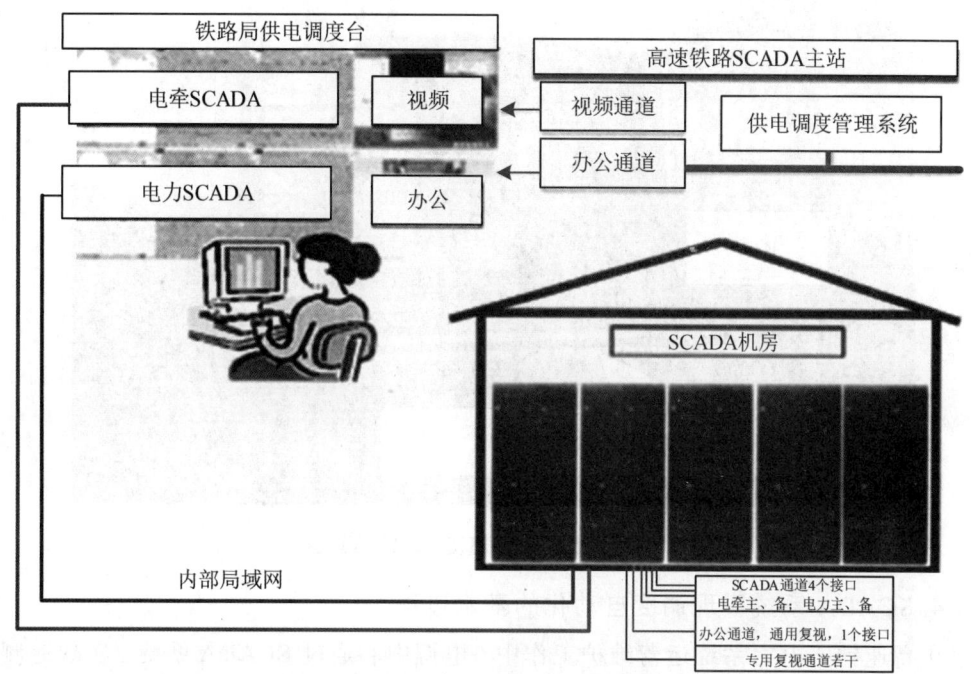

图 3-6　高速铁路 SCADA 系统调度端结构图

3）被控端

被控端也叫被控站，完成 SCADA 数据采集、预处理、接收、及输送执行能力。它主要包括牵引变电综合自动化系统、电力变（配）电所综合自动化系统、电力箱变（RTU）、接触网开关控制站。高速铁路电力系统中的被控站主要是指电力箱变（Remote Teminal Unit）的装置，它主要的功能是实现调度端对箱变的信号、电量的监控及对 RTU 开关的控制，如图 3-8 所示。

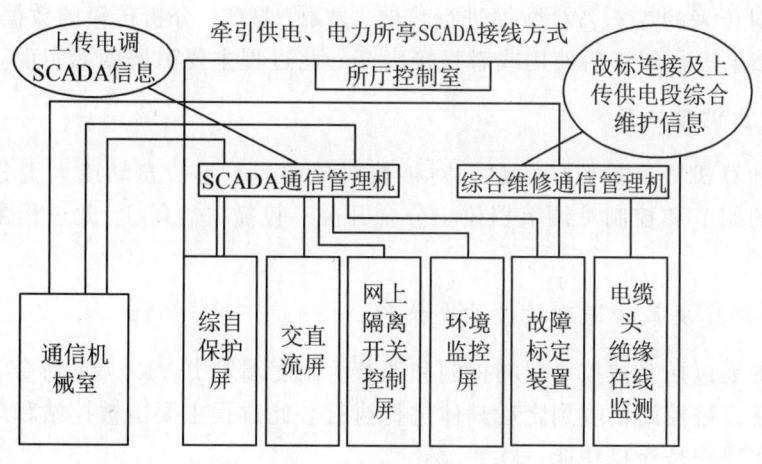

图 3-7　高速铁路 SCADA 系统接线方式图

图 3-8 高速铁路箱变 RTU 示意图

4. SCADA 系统实现调度自动化的基本过程

在高速铁路电力系统运营维护工作中，电调中心通过 SCADA 系统，实现遥测、遥信、遥控功能，将配电值班员、电力线路工现场值班工作统一到调度台，完成设备运行及故障处理、恢复送电等工作。基本的过程如下。

1）采集被控对象信息并将其传送到调度端

RTU 负责采集现场的状态和数据，并将其进行变换后通过远动信道传到调度端，调度端经过一定的变换显示到人机界面上（显示器等）。此过程主要由被控站、现场信息转换机构来实现，实现的是 YC、YX 功能。

2）对远动装置传来的信息进行实时处理

RTU 对传来的 YX、YC 数据进行存储、显示、打印，分析传输的数据是否正确，并对分析结果进行纠正后使用或者直接废弃。此过程主要由调度端实现。

3）做出调度决策

调度计算机根据接收的信息，对被控对象的运行进行自动或人工分析，然后做出适当的调节和控制（调节档位、分合开关、投撤电容等）。此过程主要由调度端实现。

4）将调度决策传送到被控站去执行

调度决策包括对被控对象的控制和调节。调度端发出 YK、YT 命令，经过信道传到被控站，被控站接收到之后具体进行执行。此过程主要由被控站和现场执行机构实施，实现的是遥控功能。

二、高速铁路电力 SCADA 系统现场应用

高速铁路电力 SCADA 系统在正常运行情况下，通过监视电力系统运行情况，优化电力系统运行方式，根据电力系统的网电压合理控制无功负荷和电压水平，改善供电质量，达到经济运行的目的。合理控制用电负荷，提高设备利用率，自动抄表计费，保证抄表计费的及时性和准确性，提高经济效益和工作效率，并可为用户提供自动化的用电信息服务。故障或异常运行时，迅速查出故障区段或异常情况，快速隔离故障区段，及时恢复非故障区域用户的供电。以下介绍高速铁路电力 SCADA 系统具体应用。

1. 调度主站系统

电力 SCADA 系统调度主站是整个系统的核心。由局域网、服务器、通信前置机、操作员工作站、数据文档工作站、UPS、打印机等设备组成。其构成方式一般是采用 10/100 Mbit/s 自适应的双网结构，传输协议为 TCP/IP。目前全国绝大部分高速铁路均采用的是 GM-6000DAS 分布式调度管理自动化系统。它利用显示终端和模拟盘或大屏幕投影显示各变电所的运行状态，具有以下功能：①遥控、遥信、遥测功能；②信息采集和处理功能；③数据归档和统计报表功能；④实现事件顺序记录、事故追忆、事故重演功能；⑤在线自检及在线维护安全保护功能等。调度主站系统运行的安全可靠性，是整个电力 SCADA 系统正常运行的先决条件。

2. 通信通道

高速铁路电力 SCADA 系统，采用铁路专用传输通道，光纤传输介质，1+1 点对点备用形式，10/100 Mbit/s 网络接口，带宽满足信息的传输要求。通信专业与电力专业的分界点一般是在通信机房到电力箱变的光纤终端箱处或网线口处。

3. 电力变（配）电所综合自动化系统监控终端

电力变（配）电所综合自动化系统监控终端一般设置在高速铁路 10 kV 电力配电所内，完成保护、测量、控制等传统四遥功能（遥测、遥信、遥控、遥调）、采集保护动作节点信息或与保护装置通信获取动作保护报告。将配电所的二次设备（包括测量仪器、信号系统、继电保护、自动装置和远动装置等）经过功能的组合和优化设计，利用先进的计算机技术、现代电子技术、通信技术和信号处理技术，实现对全所的主要设备和输、配电线路的自动监视、测量、自动控制和保护，以及与调度通信等综合性的自动化功能。

4. 电力箱变远动监控终端

电力箱变远动监控终端 RTU 设置在高速铁路区间、站场箱变（包括通信、信号、直放站、隧道箱变等）、高压环网柜、10/0.4 kV 低压变电所内，通过三遥功能，实现调度端对被控站设备的监视和控制，在故障情况下通过监视信息及远程操作快速

查找和判别故障。

根据监测设备容量大小，RTU 监测容量配置有所不同。如图 3-9（a）所示为 NK5730-L1 型远动终端，主要应用于监控电力 10/0.4 kV 箱式变电站，采集容量为遥测 72 路，遥信 96 路，遥控 48 路。图 3-9（b）为 NK5730-L2 型远动终端，主要应用于监控电力 10 kV 高压环网柜，采集容量为遥测 24 路，遥信 32 路，遥控 16 路。图 3-9（c）为 NK5730-W4 型远动终端，主要应用于监控电力 400V 低压开关柜，采集容量为遥测 48 路，遥信 64 路，遥控 32 路。

如图 3-10 所示为 GM7-A 型远动终端，采集容量为遥测 75 路，遥信 128 路，遥控 48 路。

（a）NK5730-L1 型 RTU　　（b）NK5730 II 型 RTU　　（c）NK5730-W4 型 RTU

图 3-9　RTU

图 3-10　GM7-A 型 RTU

三、高速铁路电力 SCADA 系统常见故障及处理

电力 SCADA 系统是一个复杂的系统，各个环节相互协调一致才能实现系统的监视控制功能，任一环节出现故障都将影响系统的正常运行。

1. SCADA 系统常见故障类型

根据不同的分类方法，SCADA 系统常见故障有多种。按故障发生的部位可分为调度端故障、被控站 RTU 故障、通信通道故障及被控设备故障；按故障类型可分为遥信故障、遥控故障、遥测故障等。

2. SCADA 系统常见故障处理

不论何种类型故障都需对故障现象进行分析、判断，查找故障原因，最终排除故障。在处理远动设备故障时，最常用的故障分析判断方法是排除法。

一般情况下，调度主控站设置于铁路局调度指挥中心，对调度主控站的故障由调度主控站的专业远动维护人员进行处理，对于软件故障或系统故障则由远动主站系统的厂家维护人员进行处理。通信通道的故障由相应通信段来负责处理。被控站电力箱变远动监控终端（RTU）的故障，由电力维护人员处理。

思考复习题

1. 高速铁路电力系统由哪几部分构成？
2. 高速铁路用电负荷供电原则有哪些？
3. 高速铁路 10/0.4 kV 变电所设备类型及布置特点是什么？
4. 高速铁路电力系统设计采用哪些全新理念？主要优点是什么？
5. 高速铁路电力系统采用了哪些新技术、新设备、新工艺？
6. SCADA 系统主要特点是什么？
7. SCADA 系统各子系统功能有哪些？
8. SCADA 系统有哪些应用？
9. 高速铁路 SCADA 系统中主控站的主要作用是什么？
10. 高速铁路电力箱变远动监控终端（RTU）主要设置在哪些场所？
11. 简述远动系统的四遥功能。
12. 与普速铁路相比，高速铁路供电 SCADA 系统有什么不同？
13. 高速铁路供电 SCADA 系统的调度端有什么功能？
14. 高速铁路供电 SCADA 系统的执行端（被控端）有哪些对象？
15. SCADA 专用通道能否允许外接任何设备？为什么？

第四章 高速铁路变配电系统

通过对本章的学习，读者需要掌握高速铁路牵引供电系统的组成及牵引供电方式；掌握铁路变配电系统的运行方式；熟悉高速铁路变（配）电所、分区所、AT所主接线形式及高压一次设备的结构、工作原理、特点和技术参数；掌握高速变（配）电所二次回路作用、原理及微机保护的基本原理；了解变（配）电所综合自动化系统的结构、特点；熟悉变（配）电所综合自动化系统的功能；了解高速铁路SCADA系统的功能和结构组成。

第一节 供电系统概述

一、高速铁路供电系统组成

铁路供电系统按功能划分由电气化牵引供电系统、变（配）电系统两部分组成。

（一）牵引供电系统

牵引供电系统向电力机车（动车组）提供电源，其负荷称为牵引负荷，其供电可靠性直接影响行车，是重要的一级负荷。图4-1是电力机车（动车组）受电示意图，牵引变电所相当于牵引供电系统的电源，但它本身须通过高压输电线取电于区域变电所或发电厂，经牵引变压器降压后送到铁路轨道上方的接触网上，电力机车（动车组）利用车顶的受电弓从接触网获得电能，牵引列车运行。

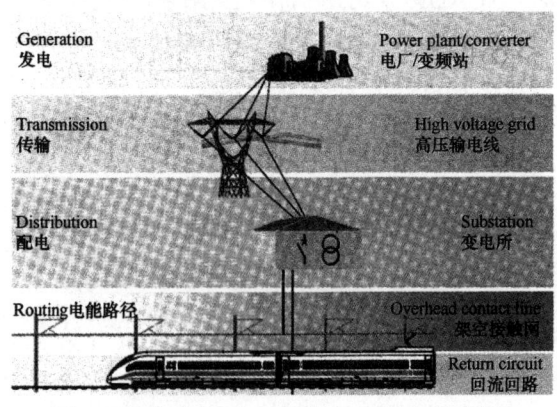

图4-1 电力机车（动车组）受电示意图

（二）铁路变配电系统

它向牵引负荷以外所有的铁路负荷提供电源，包括信号系统、生产、车站、供水系统以及生活等铁路用电负荷，其供电可靠性根据负荷的性质有不同的要求，如与行车密切相关的通信、信号、运营调度系统等负荷是特别重要的一级负荷。

二、牵引供电系统组成及牵引供电方式

（一）牵引供电系统工作原理

我国电力牵引供电系统采用工频、单相的交流电，接触网额定电压为 25 kV。图 4-2 是牵引供电系统工作原理示意图，从电路原理看，我国普速、高速铁路采用的牵引供电系统工作原理是相同的，可简化为"牵引变电所（电源）—馈电线（供电线）—电力机车（负荷）—回流设备（由钢轨、大地和回流线等构成）—牵引变电所（电源）"电路。可见，与一般电路相比，牵引供电系统电路中最独特的部分是"回流设备"。

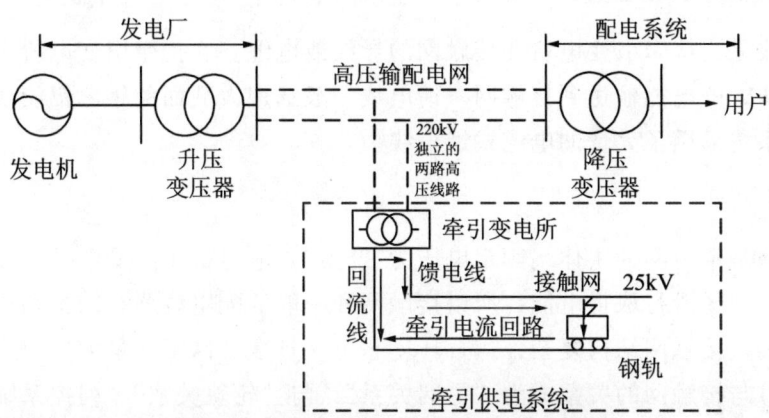

图 4-2　牵引供电系统工作原理示意图

（二）牵引供电系统组成

图 4-3 是牵引供电系统组成的示意图，下面对它的主要组成部分做简单介绍。

1. 高压输电线路

牵引负荷是重要的一级负荷，为保证高铁牵引供电系统具有更高的供电可靠性和足够大的容量，要求电力系统送至高铁牵引变电所的高压输电线，采用电压等级为 220 kV 及以上的独立的双回路线路，并互为热备用。高压输电线路由国家电力部门修建并管理，以牵引变电所的进线高压铁塔靠变电所一侧的耐张线夹为分界点。

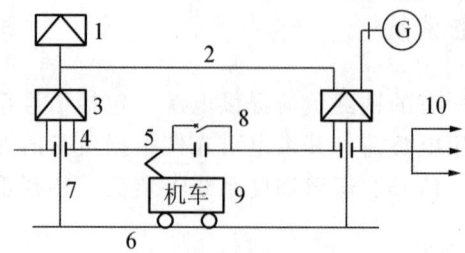

图 4-3 电气化铁道牵引供电系统组成

1—区域变电所或发电厂；2—高压输电线；3—牵引变电所；4—馈电线（或供电线）；
5—接触网；6—钢轨；7—回流线；8—分区所；9—电力机车；10—开闭所

2. 牵引变电所

牵引变电所的功能是将电力系统送来的高压电变换成 27.5 kV 的电压，然后再向铁路沿线的牵引网供电。

3. 牵引网

牵引网包括馈电线、接触网、钢轨、大地和回流线。

1）馈电线（供电线）

馈电线是连接牵引变电所和接触网的导线或电缆。它把牵引变电所主变压器二次侧 27.5 kV 的电能输送到接触网。馈电线一般选用大截面的钢芯铝绞线，但高铁牵引供电系统采用了大量的电缆式馈电线。

2）接触网

接触网是牵引网的主体，额定电压为 25 kV。电力机车的受电弓通过对接触网密切接触并顺畅滑行取得电能，所以接触网和一般的配电线路在结构和材料上均有很大的区别，接触网结构复杂，运行环境恶劣，日常维修工作量大，短路故障也较多。受电弓与接触网的关系成为"弓网关系"，与"轮轨关系""列控系统"共同构成高速铁路的三大核心技术。

3）钢轨、大地和回流线

在牵引供电系统中，钢轨是牵引电路的组成部分，它和大地将牵引电流引回牵引变电所，但钢轨和大地是不能将全部的电流引回牵引变电所的，如果单纯由它们完成这个工作，不仅会降低牵引变压器的容量利用率，对通信线路也缺乏必要的防护作用。在牵引供电系统中，为了利于牵引电流能流回牵引变电所，一般设架空回流线，它和接触网的支柱同杆架设，既有利于牵引电流的回流，通过和其他一些设备的配合（如 AT 供电方式），又能大大降低牵引负荷电流对通信的干扰作用。

4. 分区所

我国牵引供电系统均采用单边供电方式,两个牵引变电所之间采用分相绝缘器进行绝缘,每个供电分区(供电臂)只由一个变电所供电。在复线单边供电方式中,均在供电分区的末端设置分区所,其作用如图 4-4 所示。供电臂末端采用断路器,将接触网上下行同相并联供电;用并联的隔离开关和分相绝缘器将相邻的接触网隔离开来,当一个牵引变电所因故停电时,隔离开关闭合,可由另一个变电所对停电变电所的供电臂实行临时越区供电。复线分区所的设置具有十分重要的意义,它不但可以提高供电臂末端的电压水平,当接触网发生故障时,还可以通过馈线断路器和分区所断路器的配合动作,切除事故区段,缩小事故范围。

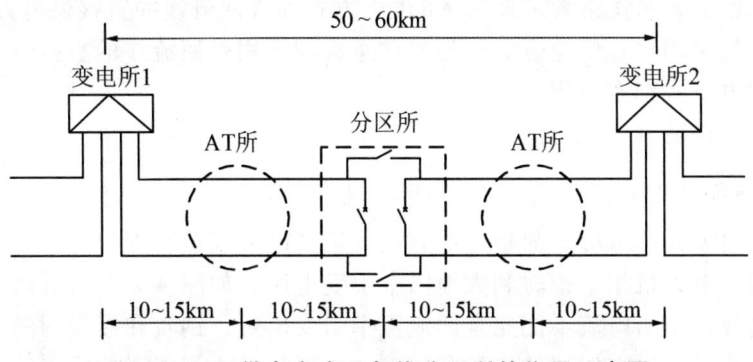

图 4-4 AT 供电方式下复线分区所的作用示意图

5. 开闭所

开闭所的主要作用是增加牵引变电所的馈电线数目,将长供电臂分段,降低牵引变电所的复杂程度。它不进行电压变换,类似一个配电所,可以由它向牵引变电所的大宗负荷如枢纽站、电力机务段供电。为保证开闭所供电的可靠性,一般从相邻变电所的供电臂上引入两路电源。

6. 电力机车

我国高速铁路主要采用 CRH(China Railway High-speed)动车组系列机车。机车受电弓将接触网电压引入机车变压器降压整流,将交流电转换为直流电,再将直流电逆变为电压和频率可调的三相交流电,供给三相异步牵引电动机,实现牵引运行,这种"交-直-交"变频电力机车,具有功率大、速度高、功率因数高的特点,并能降低牵引负荷对通信信号的干扰,是中国高速铁路走向世界的代名词。

(三)牵引供电方式

交流电气化铁道不对称的单相负荷在牵引网附近的空间中产生不平衡的磁场,对架空的弱电线路(主要是通信线路)可能造成严重的影响。一方面,牵引网的高电压将会在通信线路上产生较高的感应电压,严重到足以危及设备或人身安全;另一方面，牵引网中大量的高次谐波将破坏通信线路的正常工作，例如出现杂音干扰，降低了通信信号的质量。如何降低对弱电线路的干扰，是早期选择牵引供电方式的主要考虑因素，常用的有带架空回流线直接供电方式、BT（吸流变压器）供电方式、AT（自耦变压器）供电方式。

20 世纪 90 年代后期，随着我国电气化铁路的提速、通信干扰的光缆化及通信技术的进步，牵引供电方式的选择主要考虑因素是：供电能力、接触网架设环境和电磁兼容要求等条件，BT 供电方式因不适宜于高速电气化铁路逐渐被淘汰，带架空回流线直接供电方式和 AT 供电方式逐步得到普及性运用，AT 供电方式已成为我国高速铁路牵引供电方式的首选。

目前，各国高速铁路大多采用 AT 供电方式和带回流线的直接供电方式。其中，日本、法国均采用 AT 供电方式；德国和意大利采用带回流线的直接供电方式；西班牙两种供电方式都有应用。

下面介绍这两种供电方式。

1. 带回流线的直接供电方式（DN 供电方式）

直接供电方式，也称为简单供电方式，该供电方式没有专门的回流线，牵引电流经接触网、电力机车、钢轨和大地回牵引变电所，如图 4-2 中虚框内牵引供电系统所示。这样，牵引电流不能完全回流至牵引变电所，钢轨和接触网的电流大小不相等，既影响了牵引变压器的容量利用率，也因其对于相邻通信线路的合成磁场不为零，对临近的通信线路产生严重的电磁干扰，所以直接供电方式没有得到应用。

为了减小直接供电方式的这种负面影响，在直接供电方式中加设架空回流线，每隔一定距离用吸上线将钢轨中的回流引入架空回流线上。架空回流线和接触网同杆架设，流过它们的电流方向相反、大小差值减小，对通信线路有一定的防护作用，同时，牵引电流回流效率也大大提高。这种供电方式称为"带回流线的直接供电方式"，简称"DN 供电方式"，图 4-5 为其接触悬挂结构示意图，图 4-6 为其电路示意图。

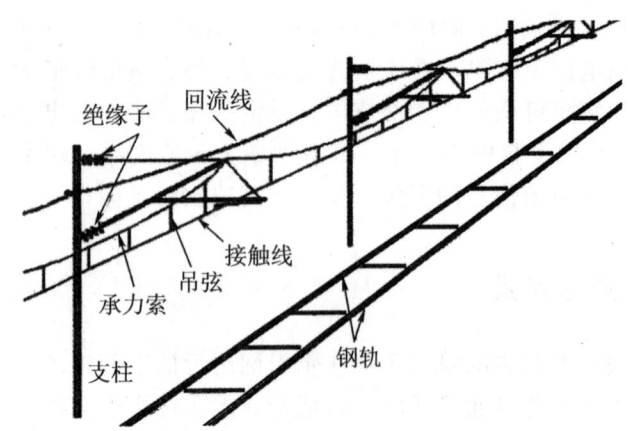

图 4-5 DN 供电方式结构示意图

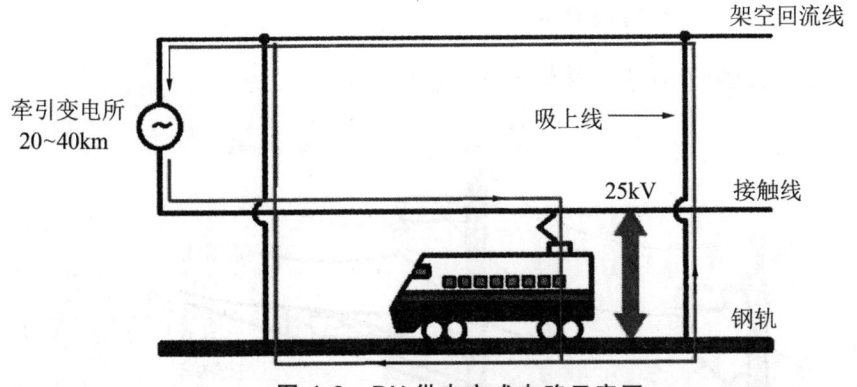

图 4-6　DN 供电方式电路示意图

DN 供电方式，具有牵引网结构简单、单位阻抗小、接触线硬点少、利于机车的高速行驶等优点，虽然对相邻的通信线路仍有较高的要求，但随着通信技术的发展，这个缺点已经不再限制其被广泛应用，因而具有较强的生命力。我国最早在广深准高速铁路采用 DN 供电方式，此后在广珠城际、海南东环铁路等客运专线中也采用了这种供电方式。

2. AT 供电方式

AT 供电方式是自耦变压器供电方式的简称，这种供电方式对通信线路具有良好的防护措施，并且具有接触网电压高，线路电能损耗和电压损失低，供电臂距离较长，适合带高速、大功率的牵引负荷等优点。AT 供电方式最早在日本高速电气化铁路得到应用，我国 1985 年开通的京秦铁路首次采用 AT 供电方式，现已成为我国高速电气化铁路首选的供电方式。传统的 AT 牵引供电系统一般采用单线或两端并联的复线 AT 供电方式，我国高速铁路采用的是全并联 AT 供电方式。

1）工作原理

图 4-7 为 AT 供电方式电路示意图。从图中可以看到，牵引变电所牵引侧电压为 2×27.5 kV，其绕组两端分别接至接触导线和正馈线，其中性点则与钢轨相连接。为保证接触导线和正馈线之间的电压水平达到 55 kV，AT 供电方式每隔 10~15 km，在接触网与钢轨之间并联接入一台自耦变压器，其中性点与钢轨相连，自耦变压器将牵引网的电压提高 1 倍，而供给电力机车的额定电压仍为 25 kV，称为 AT 所。

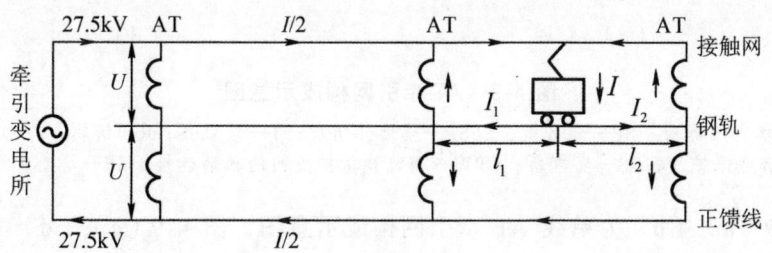

图 4-7　AT 供电方式电路示意图

2）AT 供电方式牵引网的构成

图 4-8 为 AT 供电方式接触悬挂结构示意图。

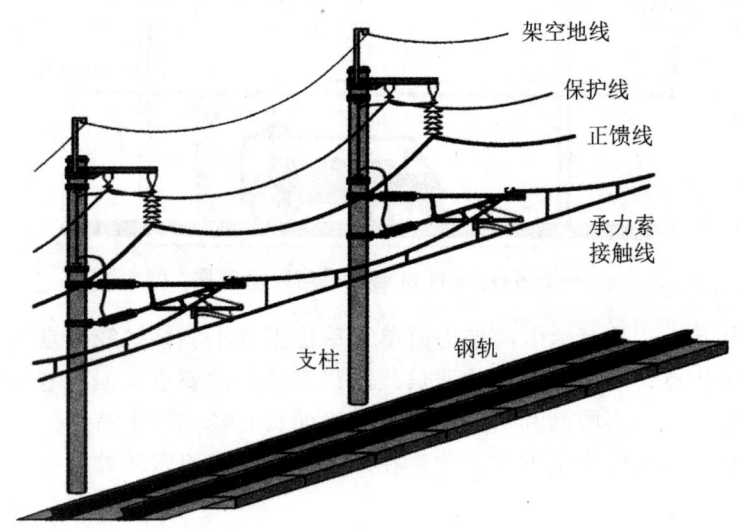

图 4-8　AT 供电方式结构示意图

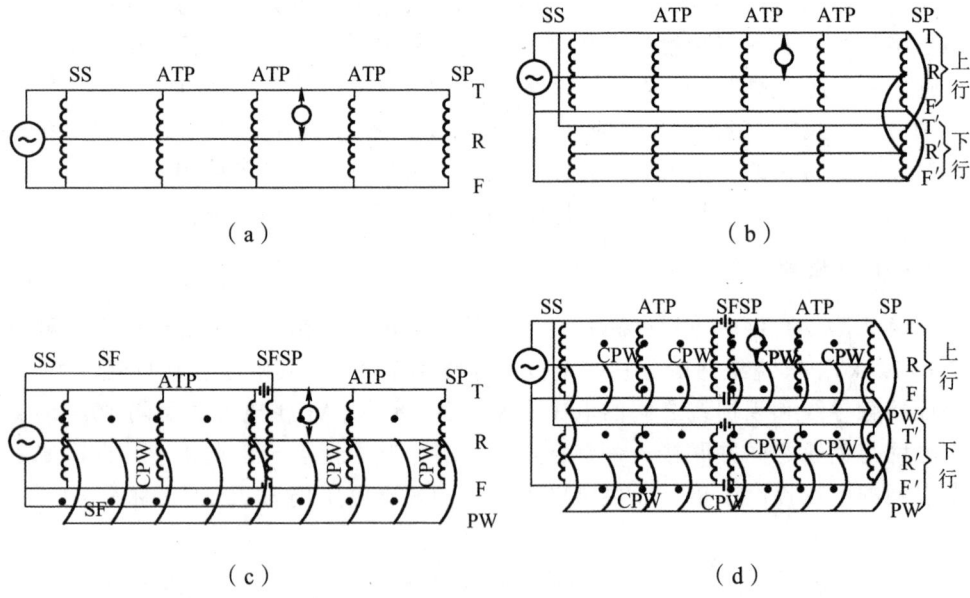

图 4-9　AT 牵引网构成示意图

ATP—自耦变压器所；SP—分区所；SFSP—辅助开闭所；T—接触线；R—钢轨；F—正馈线；
PW—保护线；SS—变电所；CPW—钢轨和保护线间的辅助连接；SF—单馈电线

图 4-9（a）、（b）为单线 AT 牵引网构成示意图，图 4-9（c）、（d）为复线 AT 牵引网构成示意图。在图 4-9（a）、（c）中，AT 牵引网仅由接触悬挂、轨道和正馈

线构成；图 4-9（b）、（d）中，AT 牵引网除了接触悬挂、轨道和正馈线之外，还有保护线、横向连接线、辅助连接和横向连接（复线）。

我国采用图 4-9(b)、(d)式的 AT 牵引网构成方式，上下行牵引网的接触线（T）、钢轨（R）和正馈线（F 或 AF）在变电所出线处及 AT 所处通过横连线并联起来，称为全并联 AT 供电方式牵引网。AT 的中性点引出线除直接与钢轨连接外，还与一条专门架设的保护线相连，设置保护线的目的主要是为了避免将接触网支柱的接地部分直接与轨道相连，以提高信号轨道电路的工作可靠性。当牵引网发生短路故障时，又可为短路电流提供一条良好的金属通路，便于继电保护动作。AT 处采用横向连接线 CPW 实现轨道、保护线和 AT 中点的连接，通过放电器（SD）将 AT 的中性点与大地相连，其接线如图 4-10 所示。对多雷地区，除了保护线外，还应加设架空避雷线，每隔 200 m 作一次接地，其接地电阻不大于 30 Ω。

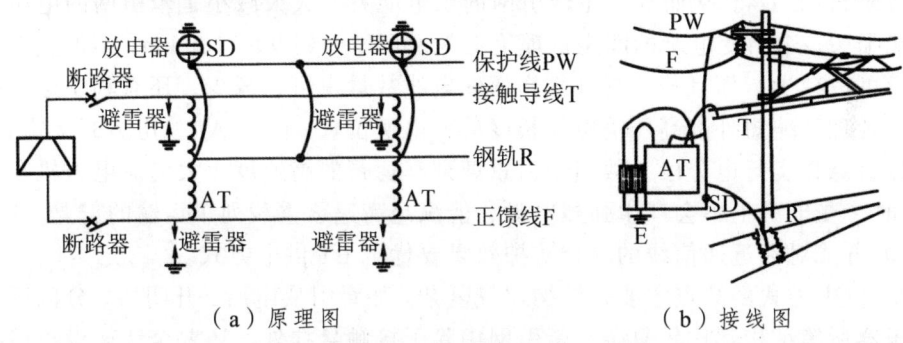

图 4-10　AT 供电回路的绝缘保护图

与不并联的 AT 供电方式相比，全并联 AT 供电方式具有线路载流能力大、供电区段长、适应高速等优点。

3）AT 供电方式下的开闭所

AT 牵引网供电臂一般较长，可达 50~60 km，一般为了满足重要的区段站、编组站或电力机务段供电需要，在所在站、段设置开闭所进行分段，可减小牵引网故障时的停电范围。

4）AT 供电方式下的分区所

复线区段分区所的作用主要是使上、下行牵引网实现并联供电，以改善牵引供电条件。此外，无论是单线区段还是复线区段，当相邻牵引变电所因故全障所停电时，可通过分区所的联络开关实现越区供电。

① 接触网正常运行方式。

正常情况下，我国高速铁路采用的是全并联 AT 供电方式：接触网上下行在 AT 所处和末端的分区所处并联，实现全并联运行。

② 事故情况下运行方式。

牵引变电所故障，退出运行，由相邻变电所越区供电时，须对行车加以限制，限制行车分为两种情况：维持追踪间隔时分不变，限制行车速度；维持行车速度，加长追踪间隔时分。如某牵引变电所越区供电时，最长供电臂约为 54 km，牵引网综合载流量为 1 525 A（导线最高工作温度为 100 ℃），从接触网载流量分析，初近期如维持 4 min 追踪间隔不变，速度不应超过 275 km/h，如维持 350 km/h 速度不变，追踪间隔时分应不小于 7 min，远期如维持 3 min 追踪间隔不变，速度不应超过 231 km/h。

5）AT 供电方式的优缺点

AT 供电方式的一个极为可贵的优点是，它无需提高牵引网的绝缘水平即可将供电电压提高一倍。在相同的牵引负荷条件下，接触悬挂和正馈线中的电流大致可减少一半。AT 供电方式牵引网单位阻抗（归算至 27.5 kV 侧）约为 BT 供电方式牵引网单位阻抗的 1/4。从而提高了牵引网的供电能力，大大减小了牵引网的电压损失和电能损失。牵引变电所的间距从理论上来说可增大到 90～100 km，不但变电所需要数量可以减少，而且相应的外部高压输电线数量也可以减少，还有利于选择既方便运营管理又缩短外部高压输电线长度的变电所位置。由于 AT 供电方式无需在 AT 处将接触悬挂实行电分段，故当牵引重载列车运行的高速度、大电流电力机车通过 AT 处时，受电弓上不会产生强烈电弧，能满足高速、重载列车运输的需要。同时，AT 供电方式对邻近通信线的综合防护效果要优于 BT 供电方式。

AT 供电方式的缺点主要是结构比较复杂。如牵引变电所、开闭所、分区所和自耦变压器所等结构都比较复杂。牵引网中除了接触悬挂外，还要全线架设正馈线，同时还有保护线 PW、横向连接线、辅助连接、横向连接、放电器等，所以 AT 供电方式的工程投资要大于 DN 供电方式，相应的施工、维修和运行也比较复杂。

三、高速铁路变配电系统组成及供电方式

（一）高速铁路变配电系统与普速铁路变配电系统的区别

1. 高速铁路变（配）电所安全可靠性显著提高

高速铁路变（配）电所采用免维护或少维修设备，减少维修工作量，户内高压开关采用气体绝缘开关柜或组合电器（简称 GIS 柜或 GIS 组合电器），具有小型化、可靠性高、安全性好、寿命长及维修工作量少等优点；所内电气设备实现了无油化；采用综合自动化系统实现远程监控，自动化程度高、信息处理速度快、信息量大，为无人值班创造了条件，大大提高了铁路变配电系统运行的安全可靠性。

2. 高速铁路沿线电力线路回路的名称和功能特点

普速铁路，沿线两回 10 kV 电力线路一般称为自动闭塞电力线路和电力贯通线

路。电力贯通线路作为沿线与行车有关的用电负荷（除自动闭塞信号设备外）的主供电源，兼做自动闭塞信号设备的备用电源。自动闭塞电力线路作为自动闭塞信号设备的主供电源及沿线其他一级用电负荷的备用电源。

高速铁路着重考虑电力供电的安全性、可靠性和可维护性。相比于普速铁路，高速铁路沿线的通信、信号等与行车密切相关的一、二级负荷增大，全线车站用电负荷较大，区间用电负荷点多而分散，各点容量较小，平均 2~3 km 就有一个负荷点，宜采用两回 10 kV 电力贯通线路供电。高速铁路采用一级贯通和综合贯通两回线路供电，两路贯通线的电源取自各变（配）电所设置的调压器馈出的专用母线段，不仅可以保证供电可靠性和电能质量，而且相对经济。沿线与行车有关的通信、信号、综调系统等由一级贯通线主供，综合电力贯通线备供，一级贯通线电缆截面面积为 70 mm^2（京沪高铁）；沿线客专的其他用电负荷及各牵引所的所用电源由综合电力贯通线提供 10 kV 电源，综合负荷电力贯通线电缆截面面积为 95 mm^2（京沪高铁）。

为提高高速铁路电力配电所电源的可靠性，在条件成熟的地区可建立 110/10 kV 变电所。

3. 高速铁路沿线电力线路回路的路径及敷设方式

普速铁路中两回 10 kV 电力线路，自动闭塞电力线路和电力贯通线路均为架空线路（部分受地形所限制的区段可改为电缆线路），线路路径基本在铁路限界以外，环境条件复杂，诱发故障成因较多，运行维护、事故抢修易受外界因素影响。

在我国目前已经开通运行或在建的武广、郑西、石太、京石、石武、京津、京沪、合武等高速铁路的两回 10 kV 贯通线路，一级贯通线路均采用电缆方式；综合贯通线路除石太、郑西客运专线采用架空与电缆线路混合方式，其余线路均采取和一级电力贯通线路相同的敷设方式。一级贯通线和综合贯通线采用单芯电缆沿铁路两侧预制的电缆槽敷设，沿线区间、车站等负荷均从两回贯通线上各接取一回电源。电缆蛇形敷设于沿线路两侧路肩设置在电缆槽内，且同信号、通信电缆之间设置了实体隔断。同架空线路相比，不仅运行环境得到改善，提高了供电可靠性和安全性，而且减少了故障处理和更新改造等维修工作量。

4. 高速铁路变配电系统多采用低电阻接地形式

我国普速铁路 10 kV 电力贯通线绝大多数采用架空线路，线路电容电流不大，10 kV 供电系统一般采用中性点不接地系统。高速铁路 10 kV 电力贯通线绝大多数采用电缆线路，当发生单相接地故障时，故障相的电容电流较大，以武广高铁为例，每千米 10 kV 电缆故障相的电容电流为 1~1.5 A，约为架空线路的 30 倍。线路单相接地电容电流过大，电网安全运行受到威胁，因此在 10 kV 供电系统中采用中性点不接地系统已是不可能了。

关于配电网络中性点接地方式，目前国内外中压配电网络普遍采用了消弧线圈接地和低电阻接地方式为主，比如德国、法国、俄罗斯等国采用消弧线圈接地方式，美国采用低电阻接地方式。我国北京、天津、上海、广州、深圳等特大城市采用低电阻接地方式，其他城市一般采用消弧线圈接地方式。

1）两种接地方式的比较

中性点经消弧线圈接地方式，运行可靠，对瞬间故障能自动熄弧，能够准确自动选线，减少63%的架空线系统跳闸率，适合架空线系统采用。

中性点经小电阻接地方式，单相接地的异常过电压能抑制在2.8倍相电压以下，继电保护的选择性和灵敏度较好，供电可靠性较高。缺点是故障点地电位高，对人身及设备安全不利。对通信、电子设备干扰大。以电缆线路为主的10 kV供电系统，由于发生瞬间故障的概率较低等原因，宜采用中性点经低电阻接地运行方式。

2）高速铁路供电系统接地方式及接地电阻阻值

① 10 kV全电缆线路的贯通线系统采用低电阻接地方式（大电流接地系统）。

② 10 kV混架的电源线路及全电缆的站馈线路仍采用不接地方式（小电流接地系统）。

③ 低压动力照明采用三相四线制，接地形式主要采用TN-S（系统中的中性线N线与保护线PE线合并为PEN线）或TN-C-S系统（系统中的N线与PE线部分合并，部分相互独立）。插座回路及插座箱均设漏电开关。所有电气设备不带电的金属外壳均与PE线可靠连接。

④ 电力接地值的要求：10 kV及以上变（配）电所，接地电阻≤1 Ω；10 kV变电所及箱式变电站，接地电阻≤4 Ω；低压配电系统接地电阻≤4 Ω。

（二）高速铁路变配电系统的构成及负荷特点

1. 系统构成

高速铁路变（配）电系统主要由从地方电网接引的110 kV及10 kV高压电源线路、110/10 kV变电所、10 kV配电所、沿线两路10 kV电力贯通线路、站场及区间高、低压电力线路、车站10/0.4 kV变电所、10/0.4 kV箱式变、室外动力照明、电气设备防雷接地等构成。高速铁路变配电系统与牵引供电系统通过远动系统纳入SCADA系统统一调度。图4-11为铁路变配电系统组成示意图。

2. 负荷分布

（1）站、段（所）负荷主要包括：车站设备、通信、信号、信息系统、接触网上电动隔离开关操作电源、动车段（所）设备、综合维修设备、给排水等。

（2）区间负荷主要包括：信号中继站、通信基站、光纤直放站、电力牵引各所用电、隧道照明及监控设备、接触网上电动隔离开关操作电源、立交桥隧道排水设备等。

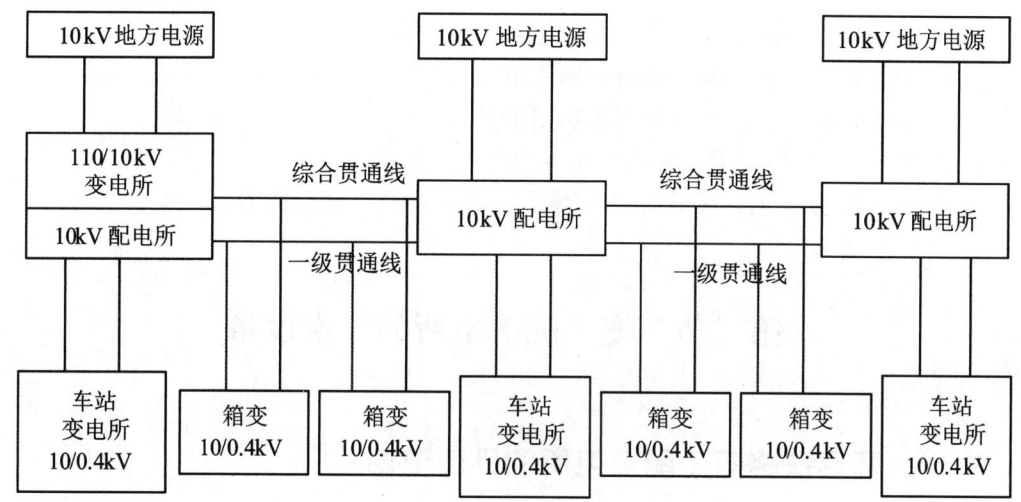

图 4-11 铁路变配电系统组成示意图

3. 用电负荷等级及供电原则

1）用电负荷等级

一级负荷主要包括：与行车密切相关的通信、信号及信息系统的主要设备；电力牵引各所用电；大型中间站公共区照明供电负荷；隧道、车站及有关大型建筑应急照明防灾报警系统等。其中一级负荷中特别重要的负荷有：与行车密切相关的通信、信号、运营调度系统。

二级负荷主要包括：为通信、信号主要设备配置的专用空调和人员密集场所的车站候车室及贵宾候车空调；动车组检修设施；综合维修工区；检测中心；给排水设施；站、段（所、场）接触网上电动隔离开关操作电源等。

其余负荷原则上为三级负荷。

2）用电负荷供电原则

一级负荷供电：两路相对独立电源分别供电至用电设备或低压双电源切换装置处，当两个电源中一个电源发生故障时，另一个电源不应同时受到损坏。其中与行车密切相关的通信、信号、运营调度系统等一级负荷中特别重要的负荷采用两路 10 kV 贯通线供电。

二级负荷供电：有条件时提供两路高压电源供电，当两路电源供电确有困难时可为一路高压电源供电。

三级负荷供电：一般采用单回路供电，当供电系统为非正常运行方式时，允许将其切除。

4. 电压等级和质量

（1）铁路变配电系统采用 110 kV、35 kV、10 kV 或 380/220V 电压供电。

（2）电压波动幅度应不超过额定电压的百分数规定：
① 35 kV 及以上，电压偏差为额定值的 ±10%。
② 10 kV 及以下，电压偏差为额定值的 ±7%。
③ 220 V，电压偏差为额定值的 -10% ~ +7%。
④ 行车信号、通信变压器二次端子，电压偏差为额定值的 ±10%。

第二节　变（配）电所的一次设备

一、高速铁路变（配）电所的外部电源

1. 牵引供电系统

电力牵引为一级负荷，牵引变电所应由两路互为独立的电源供电，当任一路故障时，另一路应能正常供电。高速铁路牵引变电所外部电源的电压等级一般要求为 220 kV 及以上，以满足高速铁路负荷大的特点。200 ~ 250 km/h 的客运专线也有采用 110 kV 电源，如广珠城际等线路。

2. 铁路变配电系统

高速铁路变配电系统应优先从地方电网引入外部电源，当技术经济合理时，可与牵引变电所共用 220（110）kV，也可与地方电网协商单独接引相互独立的两路 220（110）kV 外部电源。对特大型客站，应设柴油发电机组作为应急电源。

二、变（配）电所的主接线

（一）变（配）电所的主接线的作用及画法

变（配）电所的设备可分为一次设备和二次设备。一次设备是变（配）电所的主体，也称为高压电气设备，它包括各种电压等级的开关、变压器、互感器、母线、电缆和电抗器等。将这些设备按照一定的关系连接起来，组成一次接线，即变（配）电所的主接线。简单地说，根据用户负荷的供电要求，电源怎样进入变（配）电所、又如何向下一级负荷供电，就构成了变（配）电所的主接线。变（配）电所的主接线设计方案对变（配）电所安全运行、电气设备的选择、配电装置的布置和电能质量等起着决定性的作用。

由于电力系统为三相对称系统,三相连接的方法、所接的电气设备基本上一样,所以电气主接线图通常以单线图来表示,即用一条线代表三相,使其简单清晰。而对于有的元件,例如互感器,不一定三相全部装设,故表示互感器的局部电路图用三线图表示。这样,变电所的电气主接线就可以直观清晰地表示出变电所的结构特点、运行性能、使用电气设备的多少及其前后排序等。

我国铁路供电图纸中采用的电气元件文字符号比较混乱,虽然国家早就推荐使用国标,但大部分的图纸仍采用旧的文字符号,或者国际符号和旧符号混用,为了便于学习者阅读变(配)电所的原始图纸,在表 4-1 中对变(配)电所高压设备的文字符号、主要特点与作用进行说明,表 4-2 是变(配)电所高压设备的国际图形符号。

表 4-1 变(配)电所高压设备的文字符号、主要特点与作用

分类	名称	旧文字符号	国标文字符号	主要作用
变换电器	牵引变压器	B	T	变换电力系统的电压,使之便于传输和应用
	电力变压器			
	电流互感器	LH	TA	变换电路中的电流和电压,使之便于用于测量、保护和控制
	电压互感器	YH	TV	
开关电器	断路器	DL	QF	关合和开断正常和故障电路,具有良好的灭弧能力
	隔离开关	G	QS	关合和开断无负荷的电路,具有明显的分断点,没有灭弧功能
	负荷隔离开关	F	QL	关合和开断正常运行的电路,具有明显的分断点,具有一定的灭弧能力
保护电器	熔断器	RD	FU	避免电气设备因短路故障或过负荷遭受损坏的电气设备
	电抗器、滤波器	DK	LC	限制电气设备承受的短路电流;过滤高次谐波
	避雷器、放电器	BL	F	限制电气设备承受的过电压,保护用电设备
补偿电器	电容器	DR	C	补偿变配电系统中的无功功率,提高系统的功率因数
GIS 组合电器、GIS 开关柜				将断路器、隔离开关、电流互感器、电压互感器等按一定的接线装配成一个整体

表 4-2　变（配）电所高压设备的图形符号

图　形	电气元件名称	图　形	电气元件名称
G	发电机，电力系统	三相母线	汇流母线
（三相/单相变压器符号）	三相变压器 单相变压器	（避雷器/放电器符号）	避雷器 放电器
		（二绕组/三绕组电压互感器符号）	（二绕组） 电压互感器 （三绕组）
（熔断器符号）	熔断器	（电流互感器符号）	（两个铁芯，副绕组） 电流互感器 （一个铁芯，两个副绕组）
（断路器符号）	断路器 小车式断路器	（电缆密封终端头符号）	电缆密封终端头
（隔离开关符号）	隔离开关 电动隔离开关 带接地闸刀的隔离开关 三位置隔离开关	（抗雷绕组符号）	抗雷绕组
		（电抗器符号）	电抗器

（二）牵引变电所、AT 所、分区所的主接线

我国高速电气化铁路牵引供电系统多采用 AT 供电方式，本节选取牵引变电所等主接线示例，均为 AT 供电方式下的主接线形式。

我国高速电气化铁路牵引变电所、分区所、AT 所、开闭所均按无人值班设计，适当考虑值守、检测、维护工作时的生活条件。

1. 牵引变电所主接线

我国高速电气化铁路牵引变电所的主接线主要有以下特点。

1）高压侧接线方式

在牵引变电所两路电源均非常可靠的条件下，牵引变电所高压侧通常采用线路变压器组接线。两路变压器组设备和接线完全相同，正常工作时，一台运行，另一台备用，虽然两路变压器组在高压侧没有联系，但两路外部电源处于热备用状态，完全可以满足牵引变电所的用电可靠性需要，因简化了高压侧的设备，在高铁牵引

变电所得到了广泛采用。

牵引变电所电源侧亦可采用分支接线，在两回进线之间设置两台隔离开关的跨条，实现电源进线与变压器直列或交叉供电的运行方式，提高运行方式的灵活性。我国目前已经实施的高速铁路中，京沪、郑西、京津、合武等牵引变电所采用线路变压器组接线方式；武广、京石、石武等采用分支接线。

图 4-12 为武广高铁某牵引变电所（高压侧）主接线图，采用分支接线，接有两路 220 kV 电源线路，主变压器（简称主变）按设置两台单相接线的主变设计，为固定全备用方式。正常时由一路电源通过任一台主变向两段独立的牵引母线供电，各隔离开关和断路器的运行状态如下。

① 直列运行方式：两路 220 kV 电源线路进线隔离开关 1011、1021 合闸，互为热备用；跨条隔离开关 1001（电动）分闸，1002（手动）合闸；主变 1T（或 2T）前的断路器 101（或 102）合闸。

② 交叉运行方式：220 kV 进线隔离开关 1011（或 1021）合闸；跨条隔离开关 1001（电动）、1002（手动）合闸；主变 2T（或 1T）前的断路器 102（或 101）合闸。

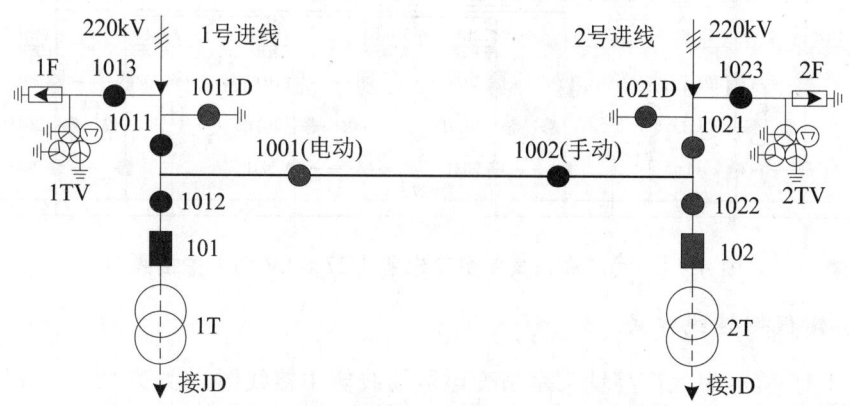

图 4-12　武广高铁某牵引变电所（高压侧）主接线图

2）27.5 kV 侧接线方式

图 4-13 所示为常用的单母线隔离开关分段接线形式，这种接线方式适用于有一个工作电源和一个备用电源的变（配）电所。为了母线检修的安全，设有两组母线分段隔离开关。这种接线一般正常运行时是不分段的，只有当电源、母线检修或故障时才分段运行。各段母线应分别各设一组电压互感器和避雷器。

图 4-14 为武广高铁某牵引变电所 27.5 kV 侧主接线图。武广高铁采用 AT 牵引供电方式，变电所采用单相主变，主变二次侧母线电压为 55 kV（2×27.5 kV），一端接 T 母线，另一端接 F 母线。图 4-13 与图 4-14，看似不同，但实际上采用的都是单母线分段接线形式。图 4-14 中，两段母线（T1-F1 与 T2-F2）没有联系，但主变二次侧各设置了两组断路器，主变 1T 通过 201、203 两组断路器分别向两段母线

（T1-F1 与 T2-F2）供电，主变 2T 通过 202、204 分别向两段母线（T1-F1 与 T2-F2）供电，每一段牵引母线均可方便地从两台主变获取电源，操作更加方便安全，供电可靠性更高。

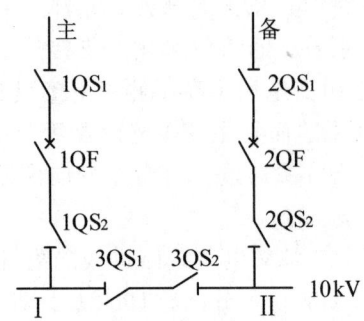

图 4-13　单母线隔离开关分段接线

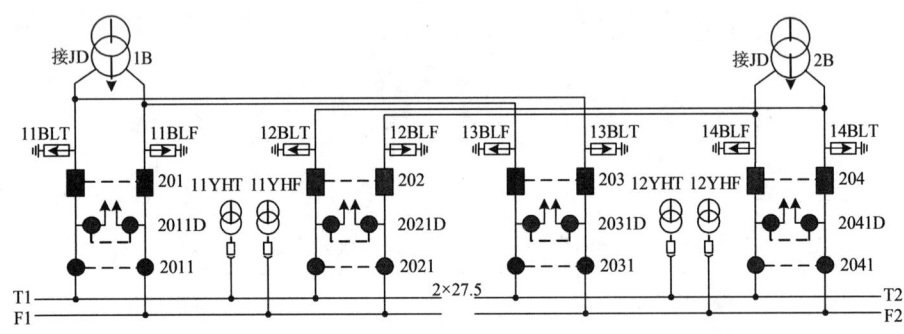

图 4-14　武广高铁某牵引变电所（27.5 kV 侧）主接线图

3）馈线侧接线方式

图 4-15 所示为武广高铁某牵引变电所馈线侧主接线图。主变 1T 工作时，通过 211、213 两组断路器分别向两段母线（T1-F1 与 T3-F3）供电，212-214 四组断路器同时工作，向上下行供电臂同时送电。断路器采用上下行互为备用方式，断路器 211 与 212，通过电动隔离开关 3101 达到互为备用的目的，当任何一组断路器出现故障时，另外一组均可向上下行供电臂同时供电，此时应注意馈线断路器的容量问题，可通过改变继电保护的整定值，达到运行的需求；也可适当降低列车运行速度，满足一组断路器故障状态下的列车运行。

2. AT 所主接线

AT 供电方式每隔 10~15 km 设置一个 AT 所，AT 所的位置有 3 种：供电臂首端，不单独设置 AT 所，置于牵引变电所内；供电臂之中，设置 AT 所，或者设置 AT 开闭所；供电臂末端，设置 AT 分区所。

AT 所中的主要设备是自耦变压器及其开关设备等，AT 中点经中性线（N）与接触网保护线（PW）相连后接至钢轨，两个引线端子分别接至接触网和正馈线。

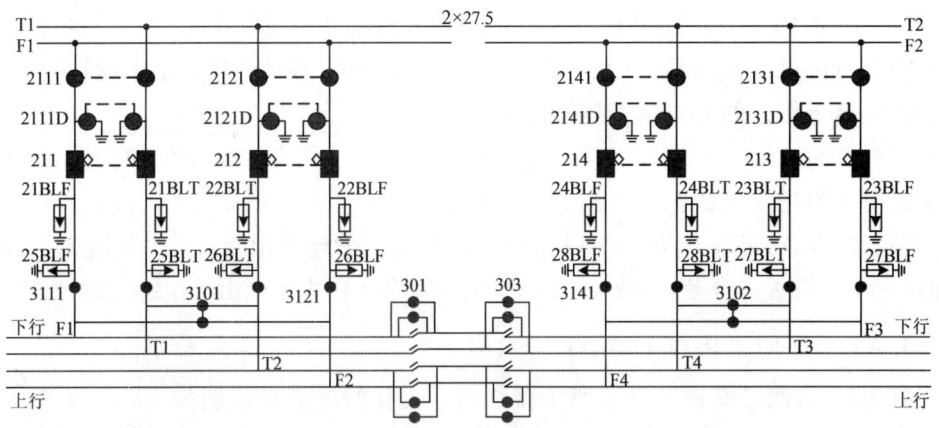

图 4-15 武广高铁某牵引变电所（馈线侧）主接线图

图 4-16 为武广高铁某 AT 所主接线图，工作情况简单说明如下。

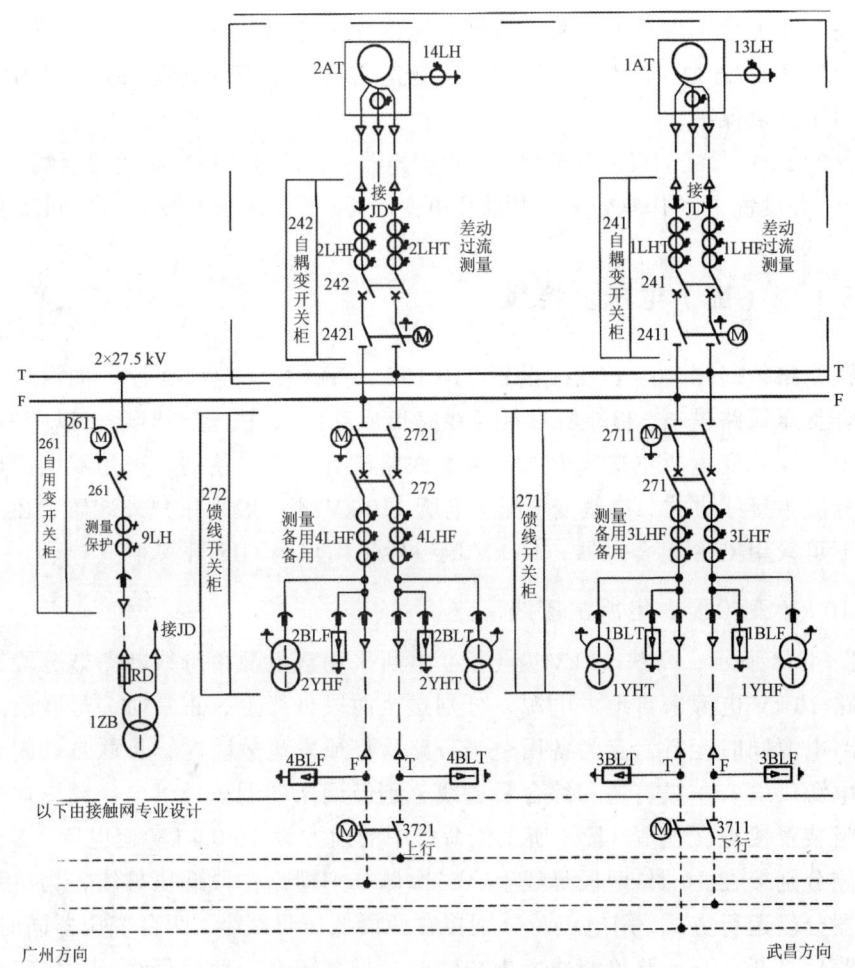

图 4-16 武广高铁某 AT 所主接线图

（1）图 4-16 中，两组断路器（241、242）和电动隔离开关（2411、2421）从接触网接入两台自耦变压器（1AT、2AT），AT 中性点与钢轨相连。正常运行时，一台自耦变压器工作，两台自耦变压器互为备用。

（2）每回 27.5 kV 馈线上均设有氧化锌避雷器，用于过电压保护；设有电压互感器，用于测量及保护。

（3）27.5 kV 母线上设一台单相所用电变压器；另外从 10 kV 电力贯通线上引一回电源入所，并设置一台 10/0.4 kV 三相所用电变压器（图中未画出），二者之间互为备用。

3. AT 分区所主接线（与 AT 所共建）

图 4-17 为武广高铁某分区所主接线图，工作情况简单说明如下。

（1）在每个供电臂上、下行接触网之间用两组断路器相连。正常运行时，断路器均闭合，实现上下行并联，两个供电臂之间设置带有隔离开关的跨条以实现越区供电。

（2）在两台断路器内侧设有两台自耦变压器，每台自耦变压器通过双极断路器和电动隔离开关接于进线上，两台自耦变压器互为备用。

（3）每回 27.5 kV 馈线上均设有氧化锌避雷器，用于过电压保护；设有电压互感器，用于测量保护。

（4）27.5 kV 母线上设一台单相所用电变压器；另外从 10 kV 电力贯通线上引一回电源入所，并设置一台 10/0.4 kV 三相所用电变压器（图中未画出），二者之间互为备用。

（三）变（配）电所主接线

高铁线路每间隔 40~60 km 设置 110/10 kV 变（配）电所 1 座，向沿线一级贯通和综合贯通线路供电，相邻所对贯通线路形成互供条件，需要时还可以跨所供电。高铁 110/10 kV 变电所主接线方式与普速铁路没有太大的差别，采用双电源单母线断路器分段主接线方式，高铁变（配）电所 110 kV 侧一般采用户外装置，在用地困难情况下可采用 GIS 组合电器；10 kV 侧一般采用户内 GIS 开关柜。

1. 10 kV 变（配）电所主接线

如图 4-18 所示，高铁 10 kV 变（配）电所采用双电源单母线断路器分段运行方式，两路 10 kV 电源来自地方电源，分别送至两段母线上，正常时，母联断路器打开，两路电源同时运行，互为备用；当一路检修或发生故障时，母联自动闭合，由另一路电源供电。一级贯通和综合贯通线分别经调压器调压后供电。调压器中性点经小电阻装置接地。各站、段（所）负荷集中的地方设 10/0.4 kV 变电所，2 台变压器一次侧分别接在 10 kV 两段母线上，二次侧分别馈出一段低压母线，为单母线真空断路器分段运行方式，用电负荷分别接在两段低压母线上，两台变压器同时运行，母联断路器打开。当一路检修或发生故障时，母联闭合，两段母线一、二级负荷由另一台变压器供电。低压侧 0.4 kV 母线设电容补偿装置（图中未画出）。

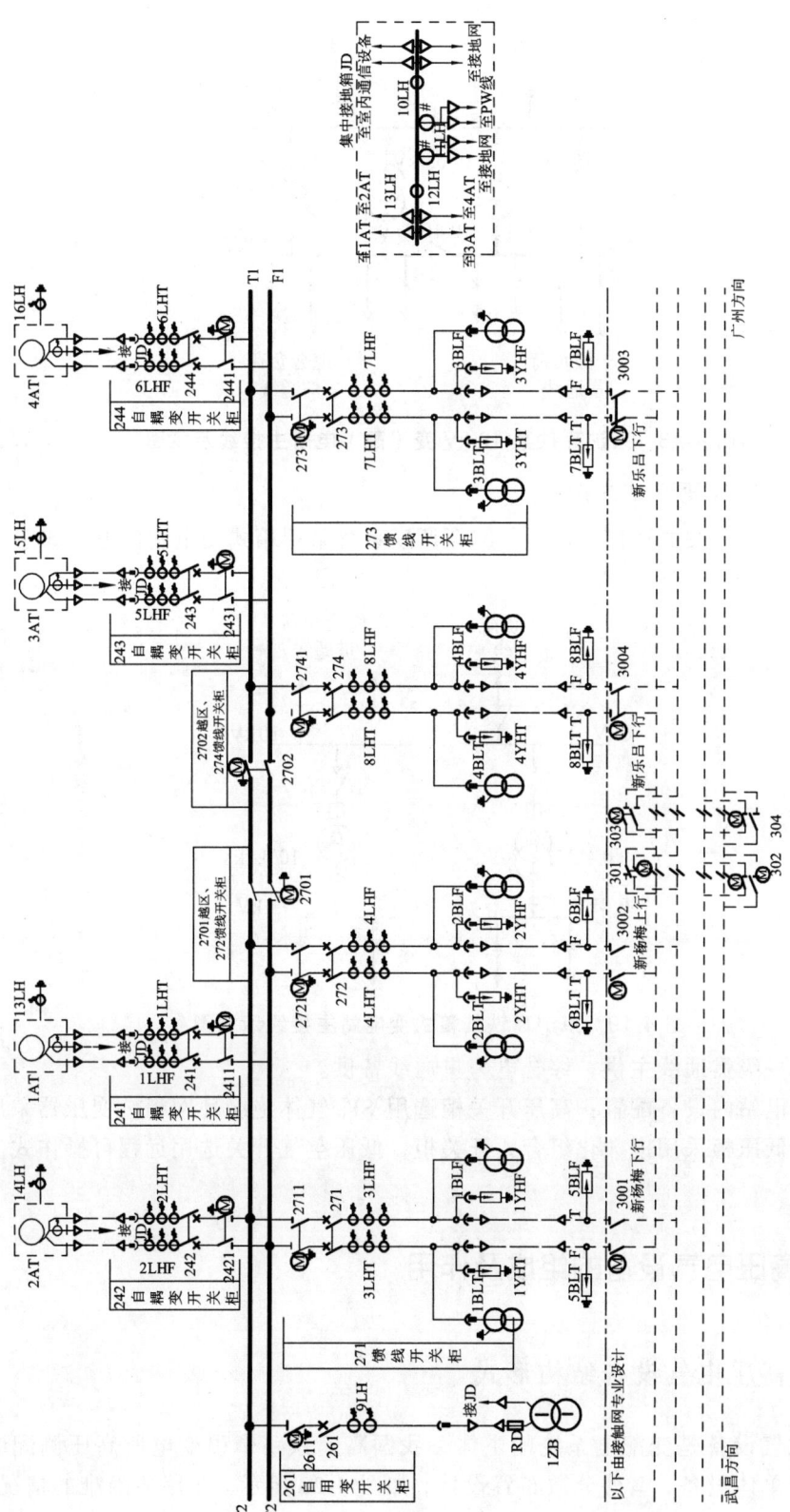

图 4-17 武广高铁某分区所主接线

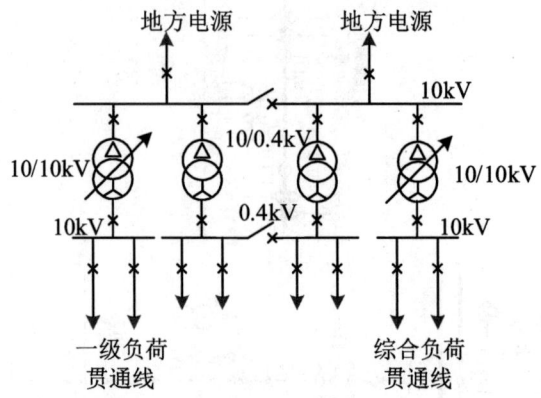

图 4-18　京沪高铁某 10 kV 变（配）电所主接线示意图

2. 10 kV 箱式变电站主接线

沿线与行车有关的通信、信号、综合调度系统采用箱式变电站供电，如图 4-19 所示。

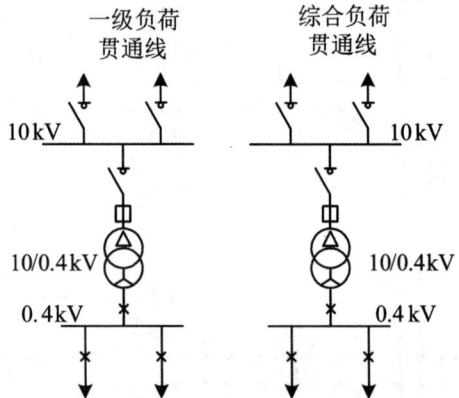

图 4-19　京沪高铁某箱式变电站主接线示意图

电源由一级贯通线主供，综合电力贯通线备供。

箱式变电站内设备配置：高压开关柜选用 SF_6 气体绝缘环网柜。变压器采用干式变压器，低压柜采用模数化组合式开关柜，低压空气开关选用远程可操作式。

三、高压电气设备的组成及作用

（一）高压电气设备结构形式

高压电气设备是变配电系统的主体，我国高速铁路牵引变电所高压侧配电设备多数采用单体设备，室外分散布置设计，如图 4-20 所示。在用地困难的情况下，进线电源侧采用 GIS 组合电器，可户内或户外集中布置，如图 4-21 所示。牵引变电所、分区所、AT 所、开闭所 27.5 kV 侧开关设备采用 GIS 开关柜，速度 200～250 km/h 的客专 27.5 kV 侧采用户外单体设备布置方式或空气开关柜方式，如图 4-22 所示。表 4-3 为我国高速铁路牵引变电所高压电气设备结构形式。

表 4-3 我国高速铁路牵引变电所高压电气设备结构形式

序号	220 kV 侧	27.5 kV 侧
1	采用单体设备，户外分散布置	GIS 开关柜，户内布置
2		馈线柱式 SF_6 断路器，户外布置
3	采用 GIS 组合电器，户外集中布置	GIS 开关柜，户内布置
4	采用 GIS 组合电器，户内集中布置	

图 4-20 牵引变电所高压侧采用单体设备室外设备布置实景图

图 4-21 牵引变电所进线电源侧 GIS 组合电器实景图

图 4-22 牵引变电所 27.5 kV 侧 GIS 开关柜实景图

（二）变压器

变压器是变（配）电所中最重要的一次设备，其主要功能是变换电压和传输电能，将一次侧的电能通过电磁能量转换的方式传输到二次侧，同时根据应用的需要将电压升高或降低，完成电能的输送和分配。

高铁牵引变电所通常采用 220（110）/27.5 kV 的油浸自冷式变压器，作为牵引变压器。高速铁路牵引变压器接线形式，应根据各地电网的具体情况和牵引变压器的容量综合确定。主要接线形式有：V/V、V/X 和纯单相，具体接线方式见图 4-23 ~ 图 4-25。

1）V/V 接线

如图 4-23 所示的 V/V 接线的变压器，可以减轻牵引负荷带来的三相电压不平衡度，在直供方式的高铁牵引变电所得到大量采用。图 4-23 的 V/V 接线中，原边绕组接入三相电力系统的 A、B 相。副边绕组出线端子分别接到上下行牵引母线上，通过馈电线向变电所两侧供电臂的牵引网供电。

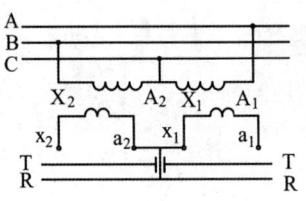

图 4-23 V/V 接线

2）V/X 接线

我国高速铁路 AT 供电方式中的牵引变电所使用最多的是 V/X 接线牵引变压器，有三相 V/X 和两台纯单相变压器组成 V/X 接线两种形式。由于高铁线路牵引负荷大，单台牵引变压器安装容量大，制造和运输均困难，目前多采用两台纯单相变压器组成 V/X 接线，如图 4-24 所示。两台单相变压器的原边线圈做 V 形连接形成与高压电网连接的三个输入端，副边线圈的四个端点形成 X 形连接的四个输出端子，副边线圈各引出中间接地点，为 X 的中心点。其中连接接触网的次边绕组是 T 绕组，接正馈线的次边绕组是 F 绕组。该接线形式由两台各具有独立磁路、电路、油箱和散热组件的单相变压器组合而成。此接线方式具有纯单相变压器的大部分优点，并且在超大容量时不会给变电所设计带来困难。

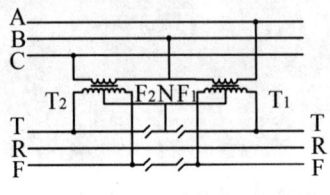

图 4-24 V/X 接线图

3）纯单相接线

如图 4-25 所示为纯单相接线，我国哈大铁路最早全部采用纯单相接线，武广高铁牵引变电所在广东境内采用纯单相接线，设置两台单相牵引变压器，固定全备用。

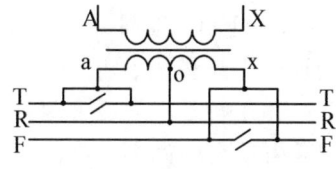

图 4-25　纯单相接线

单相接线采用副边绕组带中点抽头的单相牵引变压器。原边绕组接入三相电力系统的 A、B 相。副边绕组出线端子 a、x 分别接到 2 段 2×27.5 kV 牵引母线上。2 组牵引母线分别通过馈电线向变电所两侧供电臂的牵引网供电。在 AT 供电方式中，单相变压器都已经集成了自耦变压的功能，从而减少了二次出口侧的自耦变压器，简化了牵引供电系统的接线和设备投资。

（三）高压断路器与高压隔离开关

高压断路器具有专门的灭弧装置、有很强的灭弧能力，是一种具有开关和保护双重作用、性能完善的高压开关。

高压隔离开关是没有灭弧装置的开关电器，在分闸时有明显的断口，合闸情况下能可靠地通过线路的额定电流和短路电流。因为高压隔离开关不具备灭弧功能，所以一般与高压断路器配合使用，在断路器和电动隔离开关的自动控制电路中，必须设置接点闭锁，避免隔离开关带负荷操作。

高压隔离开关主要有手动和电动两种。电动操作机构的作用：可实现远程操作，提高操作人员的安全性；可实现自动控制，便于实现无人值班；易于实现开关间的电气闭锁，提高操作人员的安全性，防止误操作。

高压隔离开关有带接地刀闸和不带接地刀闸两种。高压隔离开关的接地刀闸相当于临时挂接的地线，高压隔离开关及其接地刀闸，一般设机械闭锁，在实际使用中一般采用手动操作的方式。

（四）高压熔断器与高压负荷开关

高压熔断器是一种保护电器，在过载和短路情况下通过熔体熔断而切断电路。主要由金属熔体、支持熔体的触头装置和外壳组成。它必须和其他电器配合使用。在变配电系统中，通常用来保护电压互感器和自用变压器等设备。高压负荷开关能切断负荷电流，不允许切断短路电流。在铁路变配电系统中常与熔断器一起使用，负荷开关起控制作用，熔断器则起短路保护作用。

(五) GIS 组合电器与开关柜

GIS 组合电器与开关柜是成套电器装置，是将断路器、三位置开关（隔离开关、接地开关）、电流互感器、电压互感器、避雷器、母线、进出线套管、电缆终端等主要电气元件（图形符号如图 4-26 所示），按照一次主接线的要求，依次组成一个整体，高压带电部分均封闭于接地的金属体内，并充以一定压力的 SF$_6$ 气体作为绝缘介质。110 kV 及以上称为 GIS 组合电器，封装了两路断路器及其他设备；27.5 kV 及 10 kV 称为 GIS 开关柜，一般由单个断路器（单极或多极）及其他设备组合而成，如图 4-27 所示。

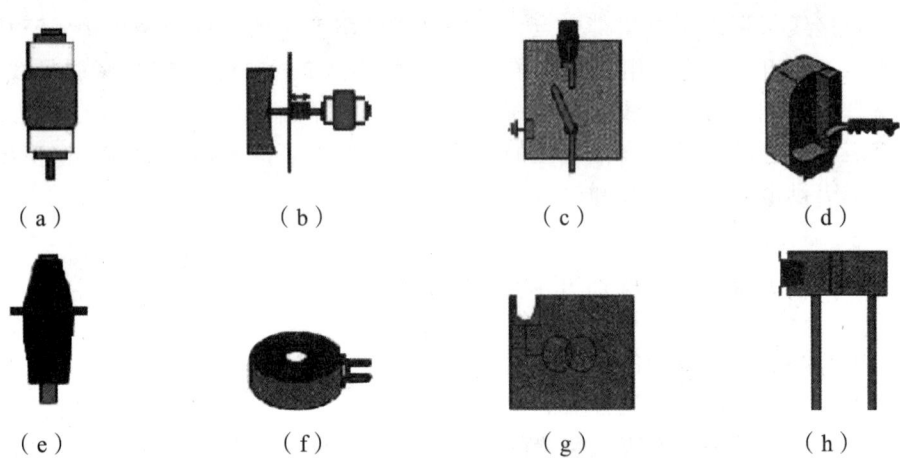

图 4-26　GIS 主要组合电气元件图形符号示意图
（a）—真空灭弧室；（b）—三位置开关；（c）—驱动装置；（d）—焊接密封隔室；
（e）—套管；（f）—电流互感器；（g）—真空灭弧室；（h）—电缆连接

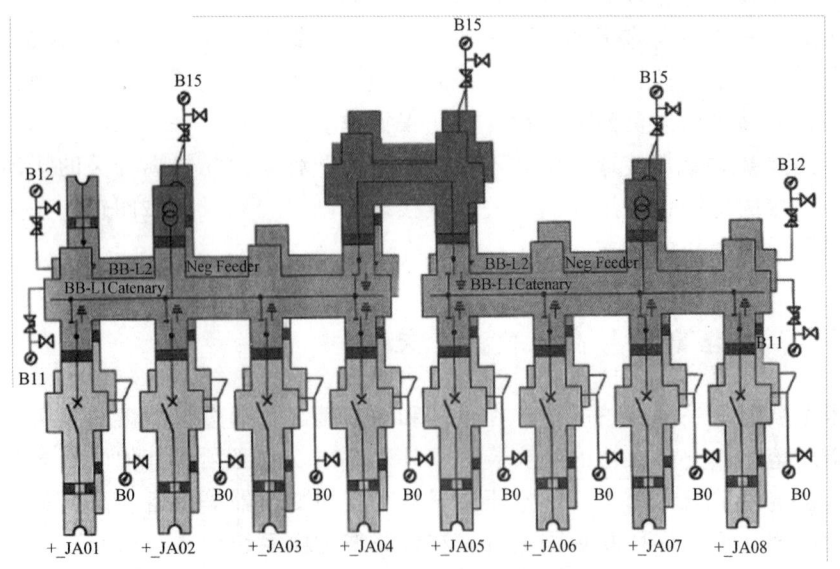

图 4-27　27.5VGIS 开关柜结构示意图

1. GIS 的特点

1）小型化

因采用绝缘性能卓越的 SF_6 气体作为绝缘和灭弧介质，能实现小型化，占地面积小。组合电器的占地面积只有普通配电装置占地面积的 10%～20%，所占空间只有普通配电装置的 1%～10%，电压等级越高，效果越明显。

2）可靠性高

由于带电部分全部密封于惰性气体 SF_6 中，坚固的金属外壳（钢板或铝板）可靠接地，大大提高了设备运行的可靠性。此外 GIS 设备被牢固地安装在基础预埋件上，设备重心低，强度高，具有优良的耐振性能。

3）安全性好

带电部分完全封闭，没有触电危险。SF_6 气体为不能燃烧的气体，无火灾危险。

4）杜绝对外部的不利影响

全封闭设备噪声小。对电磁和静电实现屏蔽，对外不产生电磁干扰。

5）安装周期短

可在工厂内进行整机装配和试验合格后，以单元或间隔的形式运达现场，可缩短现场安装工期，提高可靠性，扩建非常方便。

6）维护方便，检修周期长

可连续十几年不需要检修，平时维护工作主要是监视 SF_6 气体的压力和定期测定气体含水量，检修工作量及费用较小。

2. GIS 的主要设备品种及其组合元件

我国高铁线路采用的 GIS 柜主要有西门子、ABB 公司等合资产品，设计原理相似，在 SF_6 气室结构上及工艺方面存在差异，如图 4-28 所示。

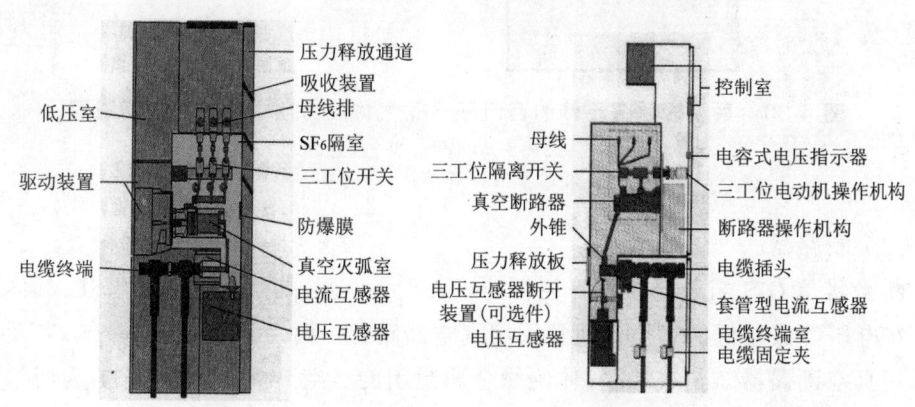

（a）西门子 NXPLUS C 型 GIS 柜　　（b）ABB ZX0 型 GIS 柜

图 4-28　GIS 柜（10 kV）结构示意图

（1）GIS柜气室工艺。

GIS柜气室的密封性能是衡量其品质的重要指标。从图4-28可以看到西门子、ABB GIS柜的主要设备（真空断路器、三工位开关）均设置在SF_6气室内，与外部的接口主要有套管、三工位机构驱动轴、断路器机构驱动装置，压力释放板或防爆膜。

西门子NXPLUSC开关柜对外部接口处理上采用激光完全焊接技术密封（见图4-29），不采用橡胶密封圈密封，气体泄漏率低于0.1%，远低于国家标准。在SF_6气体压力监视设计是非接触性的，依靠磁耦合元件相互作用于气室内外压力元件和指示装置，反映气室内SF_6气体压力变化情况，工作原理如图4-30所示。

ABB ZX0型GIS柜气室主要也是通过激光焊接密封，但对外接口上与西门子有差异，是通过绝缘垫刷胶螺钉固定处理的，并且留有气室充气装置，通过充气装置利用移动气体压力检测表进行日常检查气体压力变化，ABB ZX0型GIS柜上没有单独的压力监测装置。

图4-29　西门子NXPLUSC型GIS柜套管采用激光焊接

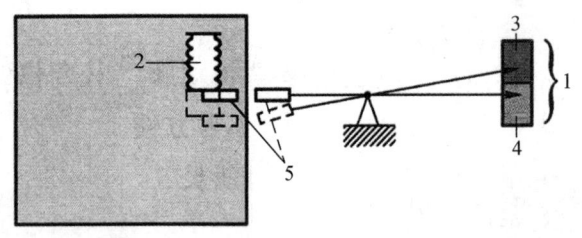

图4-30　采用磁耦合元件的西门子SF_6气体压力监视装置原理示意图
1—准备就绪指示；2—压力元件；3—红色指示：未就绪；
4—绿色指示：就绪；5—磁耦合

（2）断路器。

断路器是GIS组合电器和开关柜的核心设备，可采用性能优良的SF_6气体断路器，在电压等级较低的场合，通常采用真空断路器。西门子、ABB在35 kV及以下均采用真空断路器，构成SF_6气体绝缘金属封闭的真空开关柜。图4-31为西门子、ABB真空断路器灭弧室剖面图，图中静触头直接与外壳相连，动触头与连接螺栓连接，与真空灭弧室内的金属波纹管形成通向气体室的真空密封连接。

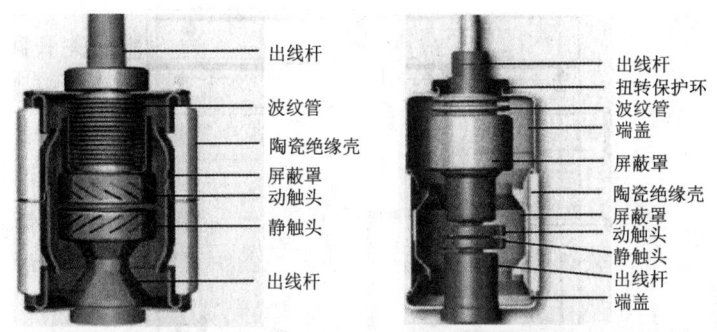

（a）西门子 3AH55 型真空断路器　（b）ABB VD4X0 型真空断路器

图 4-31　西门子、ABB 真空断路器灭弧室剖面图

ABB 触头采用螺旋状结构，可减少触头热应力，减小触头的烧蚀，提高断流能力。西门子采用新型材料 Cr-Cu 合金和独特的触头结构，提高了耐电弧能力和降低了弧压降，确保了稳定的开断电流，如图 4-32 所示。

纵向磁场触头　　扩散型电弧电流分布

  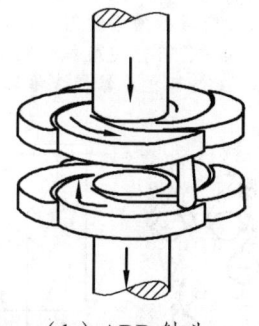

横向磁场触头　　聚集型电弧电流分布

（a）西门子　　　　　　　　　　　　（b）ABB 触头

图 4-32　西门子、ABB 真空断路器触头

(3) 断路器操作机构。

断路器操作机构功能原理基本一样，只是结构形式有所差别，均属于弹簧储能、机械防跳类型和具有手动、电动功能。

(4) 三工位开关。

三工位开关将隔离开关和接地开关融为一体，是配合 GIS 开关柜而设计的，具有结构简单、操作可靠、性能高、调试简单、重量轻等优点。三工位开关装置设在 SF_6 气室中，操作机构在气室外，其功能是连接、隔离、接地。西门子、ABB 的 GIS 柜中的三工位开关原理、结构基本一样，图 4-33 为 NXPLUS C 开关柜（10 kV）三工位开关控制面板，图 4-34 为 NXPLUS C 开关柜三工位开关四种工作状态。

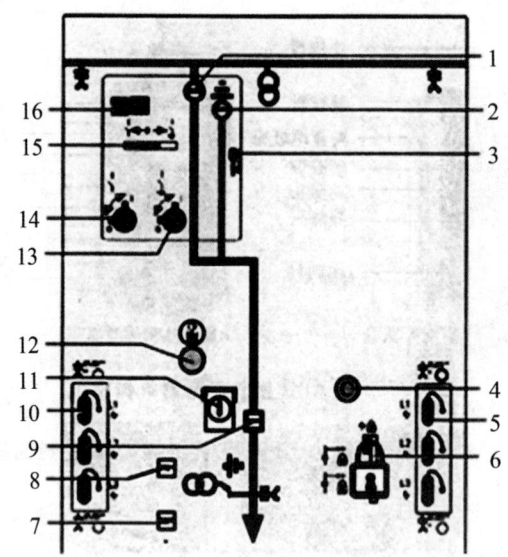

图 4-33　NXPLUSC 开关柜三工位开关控制面板

1—三工位开关的位置指示器("隔离"功能)；2—三工位开关的位置指示器("接地/准备接地"功能)；3—应答杆；4—断路器的 OFF 按钮；5—电压检测系统的测试插座，馈线；6—"馈线接地"的锁定装置；7—断路器的操作计数器；8—断路器"弹簧储能"指示器；9—断路器的位置指示器；10—电压检测系统的测试插座，母线（可选）；11—断路器的 ON 按钮；12—断路器的手动储能；13—接地开关操作开孔（"接地、准备接地"功能）；14—负荷开关操作开孔（"隔离"功能）；15—用于释放操作开孔的控制门（仅可在应答杆 3 推到下面的情况下才可操作）；16—准备就绪指示器

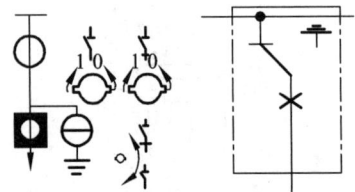　　　　　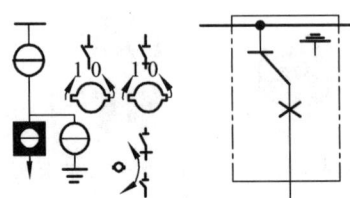

（a）三工位隔开关合闸-断路器合闸　　　（b）三工位隔离开关分闸-断路器分闸

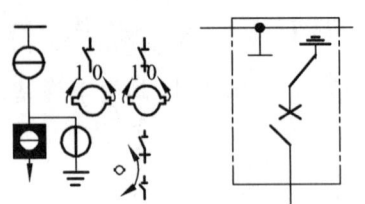　　　　　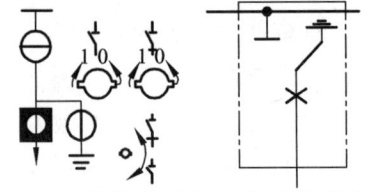

（c）三工位隔离开关准备接地-断路器分闸　　（d）三工位隔离开关接地-断路器合闸

图 4-34　NXPLUS C 开关柜三工位开关四种工作状态

下面以该设备为例说明三工位开关的工作情况。

① 三工位开关和断路器可以实现电气联锁。

通过二次联锁回路实现：

a. 仅当断路器处于分位，三工位开关才允许操作；

b. 三工位开关操作时，断路器不允许合闸。

② 三工位开关和断路器可以实现机械联锁，联锁关系如表 4-4 所示。

表 4-4 三位置开关和断路器机械联锁关系

图 4-34	隔离位置	接地位置	断路器	操　　作
（a）	分	分	分	隔离母线：允许进行三工位隔离开关和断路器的操作
（b）	合	分	合	连接母线：无法操作三工位隔离开关，允许操作断路器
（c）	分	合	分	接地就绪：无法进行三工位隔离开关隔离操作，允许操作断路器
（d）	分	合	合	馈线接地：无法操作三位置隔离开关，允许操作断路器

③ 应用三工位开关实现馈线接地的操作顺序：

a. 断路器分闸。

b. 三工位隔离开关分闸。

c. 三工位接地开关合闸。

d. 监测线路侧带电状态（通过电容电压显示器显示），确认回路已失电。

e. 断路器合闸，回路接地。

（5）电压互感器与电流互感器。

GIS 开关柜中的电压互感器、电流互感器根据需求可选为母线型和线路型，结构特点如下。

① 电压互感器。

a. 环氧树脂绝缘。

b. 分为电容式和电磁式两种。电容式主要用于电压等级较高的场合。NXPLUSC 开关柜配用电磁式压互，因带有金属涂层而可以触摸。

c. 一般没有隔离开关控制。

d. 插入式。

e. 布置在开关柜气箱的外面。

② 电流互感器。

a. 设计为穿芯式电流互感器，主电路相当于一次绕组，环形铁芯作为二次绕组。

b. 由于电缆接头和母排为单极设计，因此布置在开关柜气箱的外面。

c. 采用不承受介电应力的环氧树脂部件。

（6）高压 HRC 熔断器组件。

高压 HRC 熔断器一般和三工位负荷开关组合使用，作为变压器或电机之前的短路保护。

① 高压 HRC 熔断器组件结构见图 4-35。

② 高压 HRC 熔断器组件特点：

图 4-35 高压 HRC 熔断器构成

1—熔断器仓；2—高压 HRC 熔断器；3—熔断器滑块（可抽出）；
4—套管连接；5—装配夹；6—带密封的盖；7—脱扣机构；
8—用于使弹簧储能操作机构脱扣的导杆

  a. 高压 HRC 熔断器符合 DIN 43625(主要尺寸)，"中等"型号配有撞针 60282-1。
  b. 单极绝缘。
  c. 高压 HRC 熔断器和三工位负荷开关配套，符合标准 IEC 62271。
  d. 使用相应的高压 HRC 熔断器（例如西门子、3GD1 型）时，热撞针脱。
  e. 不受气候影响，免维护，熔断器盒为环氧树脂绝缘。
  f. 熔断器组件布置在开关柜气箱下部。
  g. 熔断器组件通过焊接套管以及连接排连接到三工位负荷开关/真空接触器。
  h. 只有当馈线接地时，才可以更换熔断器。

  （7）避雷器：避雷器一般采用金属氧化物避雷器。金属氧化物避雷器体积小、保护性能优良的特点很适合 GIS。

  （8）母线：母线的布置形式主要有三相共筒式和分相式两种。三相共筒式是将三相母线封闭于一个金属圆筒内；分相式是将三相母线分别封闭在三个金属圆筒内。

  （9）充气套管与电缆密封终端：组合电器的进出线与架空线路连接采用充气（SF_6）套管，进出线与电缆的连接则采用电缆密封终端。

3. GIS 运行注意事项

1）密封不良的危害

  GIS 中电力设备应密封良好。设备密封不良有毒气体分解物会从设备中逸出，这时如无适当的通风，则由于其密度大，会充满管沟或密闭小室而使工作人员窒息。用 SF_6 气体做绝缘的电力设备的耐压值，除了与气体及极间距离有关外，还明显地受到电极材料、电极表面粗糙度、电极面积和导电微粒污染等因素的影响，另外固体支撑绝缘子也会引起气体中局部电场的畸变，使 SF_6 气体的放电特性发生变化。

2）操作过电压的危害

  在 GIS 中开关操作时，会产生快速暂态过电压，可能导致 GIS 和邻近设备的绝缘事故。例如：当 GIS 隔离开关切合小电容电流时，有时会引起对外壳的击穿事故；GIS 中开关操作或接地故障均有可能造成 GIS 外壳电位的暂态升高，引起接地外壳对支持构架放电。

3）水分杂质的危害

水分是 SF_6 气体中危害最大的杂质。水分主要有以下几种来源：新 SF_6 气体中的水分、充气管路中的水分、安装时带入的水分、固体材料析出的水分和运行中大气渗入的水分。SF_6 气体含水量过高，会导致灭弧室材料腐蚀，导致机械操作失灵。

（六）高压互感器

220 kV 电压互感器采用电容式互感器，如图 4-36 所示。220 kV 电流互感器采用干式或者油浸式电流互感器，220 kV 干式电流互感器实景图如图 4-37 所示。

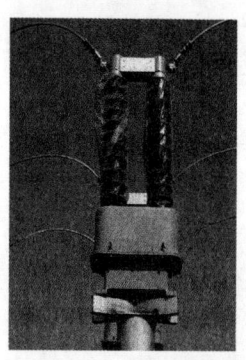

图 4-36　220 kV 电容式互感器实景图　　图 4-37　220 kV 干式电流互感器实景图

（七）配电系统电容补偿装置

电能用户在电网高峰时的负荷功率因数，高压用户应不低于 0.9，其他用户功率因数不低于 0.85，农业用户不低于 0.8 电力电容器是最常采用的功率因数补偿装置。在高速铁路牵引供电系统中，因采用交-直-交型电传动，系统基本不存在功率因数低的问题，牵引变电所不设置电容补偿装置，但预留了滤波装置的安装位置。部分高速铁路变配电系统，在 10 kV 或者 0.4 kV 母线上设置电容补偿装置，如图 4-38 所示。

（八）防雷设备

1. 避雷器

避雷器是一种保护电器，用来防止雷击产生的过电压波沿线路侵入变（配）电所或其他建筑物内，破坏设备的绝缘。避雷器应与被保护设备并联，装在被保护设备的电源侧，用来限制电气设备绝缘上承受的过电压。避雷器除限制雷电过电压外，还能限制一部分操作过电压，功能上可以称之为过电压限制器。

2. 接闪器

接闪器是专门用来接受直接雷击的金属物体。接闪器的金属杆称为避雷针，接闪器金属线称为避雷线，或称架空地线。接闪器金属带称为避雷带。接闪金属网称为避雷网。

避雷针是变（配）电所常用的设备，一般采用镀锌圆钢或镀锌钢管制成，通常安装在电杆或构架、建筑物上。它的下端要经引下线与接地装置相连接。避雷针的功能实质是引雷作用，它能将雷电吸引到避雷针本身，然后经与避雷针相连接的引下线与接地装置将雷电流泄放到大地中去，使被保护物免受直接雷击。

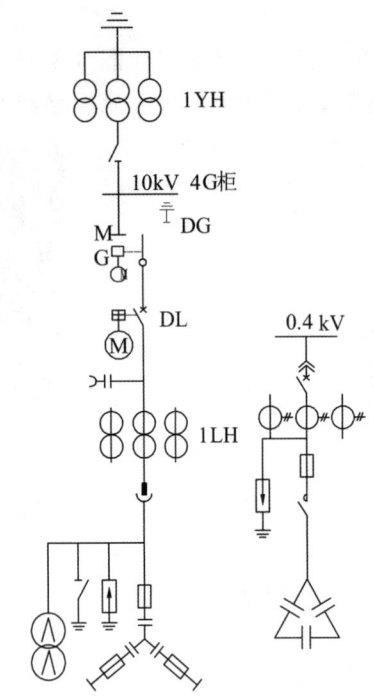

图 4-38 10 kV、0.4 kV 电容补偿接线图

第三节 变（配）电所的二次设备

一、变（配）电所二次设备的基本原理

（一）变（配）电所二次设备的主要功能

传统的变（配）电所二次设备由控制、信号、继电保护及自动装置、测量及监察装置等部分组成，也包括电流互感器、电压互感器的二次绕组引出线和所用直流操作电源系统。二次设备所构成的电路，称为二次接线或二次回路，用二次回路接线图（简称二次接线图）进行描述。

二次设备是变（配）电所必不可少的组成部分，是变（配）电所安全、经济、稳定运行的重要保证。二次设备的主要功能如表 4-5 所示。

表 4-5　二次设备的主要功能

设备名称	功　能
控制系统	对一次系统的开关设备进行就地或远方分、合闸操作，有"远方""屏控""当地"三种控制形式，同一时间只能选择其中之一作为控制方式 1. 当地：在开关设备的实际安装地点进行控制操作 2. 屏控：在主控制室内，通过控制开关（或计算机）发出命令，对几百米内可电动的开关设备进行控制。 3. 远方：在远方调度中心，通过调度端、信道及出口执行端对可电动的开关设备进行控制
信号系统	能反映事故状态和不正常运行状态，提醒运行人员注意 1. 当一次系统发生事故时，系统发出的信号即为事故信号 2. 当供电系统处于不正常运行状态时，系统发出的信号即为预告信号
继电保护及自动装置系统	1. 能自动、快速、有选择性地切除故障设备，减小设备损坏程度，保证电力系统的稳定性，增加供电的可靠性 2. 即时反映一次系统的不正常工作状态，提示运行人员关注和处理 3. 馈出线设一次重合闸装置；双电源设备用电源自动投入装置 4. 断路器将一次系统分隔为各种独立的电气单元（也称为元件），如变压器、线路等。相应的就有了各种电气单元的继电保护装置，如变压器保护、母线保护、线路保护等 5. 对重要的一次设备设置主保护和后备保护
测量及监察系统	1. 指示或记录一次系统的运行参数，作为一次系统运行情况、故障处理机经济核算的依据。 2. 由各种电气测量仪表、监测装置等设备构成，常见的有电流、电压、频率、功率、电能等电气量的测量和交直流绝缘监察
操作电源系统	1. 向二次系统提供工作电源，断路器的跳、合闸操作电源，其他设备的事故电源等 2. 操作电源均采用 110 V（或 220 V）直流电源，一般由蓄电池及浮充电系统构成

（二）继电保护的基本工作原理及要求

继电保护装置是变（配）电所最重要的二次设备，高速铁路变（配）电所均采用综合自动化技术，用微机实现继电保护功能。

在牵引变电所中，常用电流差动保护和瓦斯保护作为主变压器的主保护；用三段（或两段）距离保护和电流保护作为接触网的主保护；在铁路变配电系统中，常用电流保护构成主变压器的主保护，用两段电流保护作为电力线路的主保护。

1. 继电保护的基本工作原理

当供电系统发生故障或出现不正常运行状态时，系统的电气量将有着显著的变化。例如：电流增大、电压降低、电流与电压的相位角发生变化等。继电保护装置就是利用这些变化来反应故障并构成对电力系统的保护。常用的保护有：电流保护、电压保护、距离（阻抗）保护等。

1）电流保护原理

电流保护是最简单、应用最广的保护。传统的电流保护通过电磁型电流继电器实现，电磁型电流继电器主要由电磁铁、线圈和接点三部分构成，它通过线圈电流的变化控制电磁铁的电磁力，当电流达到整定值时，电磁铁的电磁力使断路器脱口跳闸。根据被保护对象的特点，电流保护通常被设计成过电流保护、电流速断保护、低电压启动的过电流保护、零序电流保护等。过负荷保护也是电流保护的一种，一般只作用于信号。

现以图 4-39 所示的电流保护为例说明继电保护的基本原理。在图 4-39 中可以看到，电力线路的一次设备与保护装置依靠电流互感器 2 和断路器 1 联系在一起，当线路正常运行时，线路只有负荷电流，电流互感器二次侧电流（流入电流继电器的电流）I_k 较小，不足以启动继电器，继电器的接点不吸合，保护装置不动作。当线路上的某一点，如 k 点发生短路故障时，I_k 增大，足以使继电器启动，其常开接点闭合，并经断路器的辅助常开接点 6 接通断路器的跳闸线圈 5，断路器迅速跳闸，继电保护装置切除故障线路。

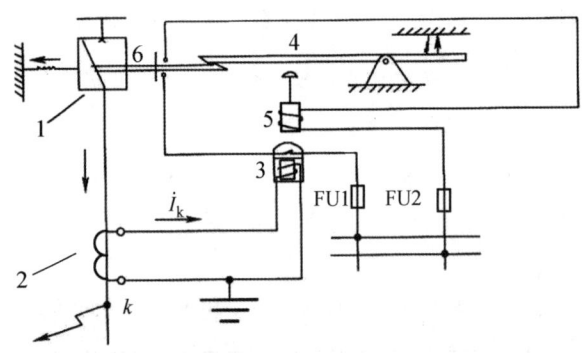

图 4-39 电流保护的基本原理示意图

1—断路器；2—电流互感器；3—电流继电器；4—脱扣器；
5—断路器跳闸线圈；6—断路器辅助常开触点

随着微机保护的发展，图 4-39 所示的电流保护装置已经被微机保护所代替，微机保护常用原理框图来诠释其保护原理。图 4-40 为过电流的原理框图，当流过被保护对象的电流大于整定值时，保护装置启动，经过延时元件的延时，保护装置使断路器跳闸，并给出信号。

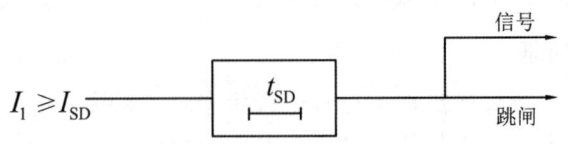

图 4-40 过电流保护原理框图

I_1—流过被保护对象的电流；I_{SD}—装置的整定电流；t_{SD}—装置的整定时间

2）纵联差动保护原理

差动保护是变压器内部套管及引出线上发生短路故障时的主保护，不需与其他保护配合，可无延时地切断内部短路，使变压器高低压两侧断路器跳闸。规程要求，10 000 kV·A 及以上单独运行的变压器、6 300 kV·A 及以下单独运行的重要变压器、2 000 kV·A 及以上用电流速段保护灵敏度不符合要求的变压器，必须采用纵联差动保护作为变压器的主保护。变压器纵联差动保护在原理构成上利用了变压器原次边的电流差，是电流保护的一种形式。此保护单相原理图如图 4-41 所示。

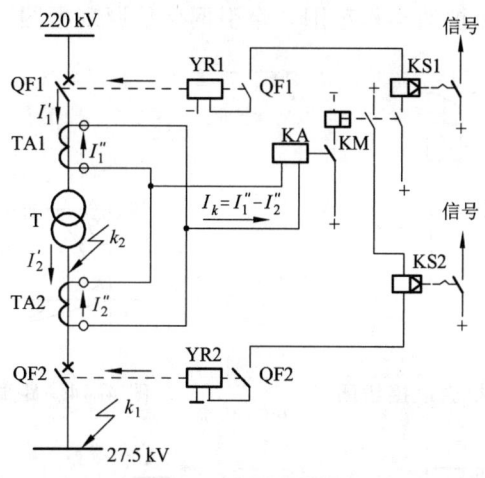

图 4-41　变压器纵联差动保护单相原理图

在图 4-41 中，只要适当选择变压器的原次边电流互感器的变比，满足 $K_{i1}/K_{i2} = K_{T2}/K_{T1}$，就可以分析得到下面的结果。

① 变压器正常运行时，流过差动继电器的两电流相位相同、大小相等，即 $I_k = I_1 - I_2 = 0$，继电器不动作。

② 保护范围外部（如 k_1 点）短路故障时，虽然两个互感器的次边电流都是数值较大的短路电流，但流入电流差动继电器的两电流仍然保持相位相同、大小相等，即 $I_k = I_1 - I_2 = 0$，继电器不动作。

③ 差动保护范围内（如 k_2 点）发生短路故障时，流入差动继电器的电流 $I_k = I_1$（单侧电源时）或 $I_k = I_1 + I_2$（双侧电源时），数值都较大，继电器动作，保护装置使变压器两侧的断路器跳闸。

图 4-42 为差动保护的原理框图，当被保护范围发生短路故障时，变压器两侧差动电流的电流大于整定值，保护装置启动，使断路器跳闸，并发出信号。

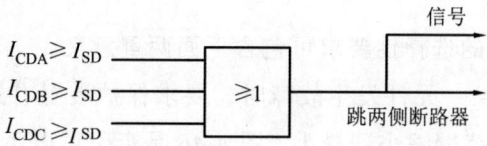

图 4-42　变压器纵联差动保护原理框图

3) 距离保护

距离保护（或阻抗保护）是反应短路点至保护安装处的距离（或阻抗）的一种保护装置。因为阻抗 $Z=\dot{U}/\dot{I}$，所以阻抗继电器可用测量继电保护安装处的母线电压和线路电流来实现，能同时反应系统中的电流增大和母线电压降低，具有灵敏度高的突出优点。距离保护的原理如图 4-43 所示。图中 Z 为阻抗继电器。在牵引供电系统中，阻抗保护通常采用多边形特性，如图 4-44 所示。根据牵引负荷的特点，为了提高阻抗保护的躲负荷能力，在阻抗保护中增加自适应判断，即根据电流中的谐波含量自动调节阻抗保护的动作范围。牵引网保护原理框图，如图 4-45 所示。

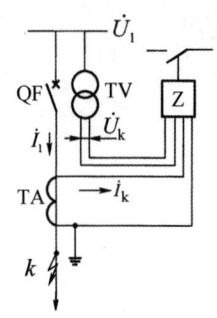

图 4-43 距离保护原理接线图

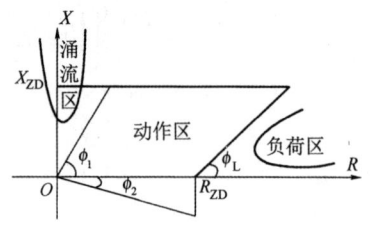

图 4-44 距离保护多边形特性

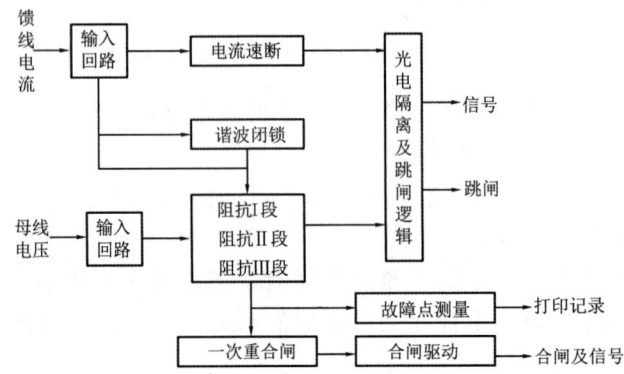

图 4-45 牵引网保护原理框图

2. 对继电保护装置的基本要求

一套完整的继电保护装置，通常应具备以下四种技术性能，即选择性、速动性、灵敏性和可靠性。

1) 选择性

对继电保护装置的选择性要求可包含下面两重意义。

① 当电力系统某一元件发生故障时，要求保护装置有选择性地只切除故障元件，将电力系统故障范围缩小到最小。图 4-46 是牵引供电系统示意图，用该图可解

释继电保护的选择性要求,当图中接触网 k-2 点发生短路故障时,按照选择性的要求,距离短路点最近的断路器 213 先跳闸,从而保护牵引母线上仍有工作电压。

② 由于某种原因,距离短路点最近的保护装置或断路器拒绝动作时,相邻元件的保护装置应起后备作用。保护装置的这种后备作用是十分重要和必不可少的。例如:在图 4-46 中,当 k-2 点发生短路故障时,若馈线保护装置或断路器 213 拒绝动作时,变压器保护装置使断路器 101 和 201 跳闸。这种后备作用可防止故障范围的进一步扩大。

2)速动性

保护装置的速动性,就是要求继电保护装置能以最短的时间将故障元件从电网上切除。保护装置的速动性要求可减轻电气设备受短路电流损坏的程度,对防止故障的进一步扩大,提高电力系统自动重合闸动作的成功率有很大的帮助。

3)灵敏性

保护装置的灵敏性,是指在保护范围内发生故障和不正常状态时,保护装置的反应灵敏程度。设计保护装置时,应保证被保护对象在任何一点发生故障时,保护装置均能灵敏反应,使断路器能可靠跳闸。

4)可靠性

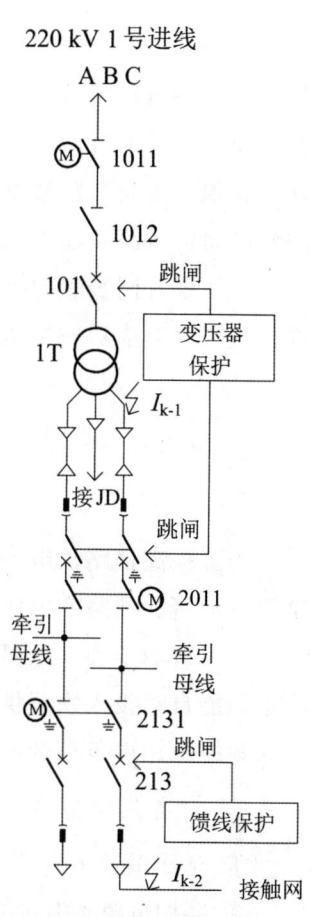

图 4-46 继电保护选择性要求示意图

保护装置的可靠性,是指被保护范围内发生故障时,保护装置的可靠程度。保护装置的可靠性包含两种含义:在保护装置应该动作的情况下,不因保护装置本身的某种原因而拒绝动作,即不拒动;在保护装置不应该动作的情况下,不因保护装置本身的某种原因而动作,即不误动。

保护装置的可靠性直接影响到电力系统的安全、可靠运行。为了提高保护装置的可靠性,必须注意以下几点:

① 提高保护装置安装和调试的质量,加强平时的维护管理。

② 保护装置应当采用质量高、动作可靠的保护元件。

对继电保护装置的四个基本要求是相互联系的,也是相互制约的,一套完善的保护装置应该采用最优方案,合理处理四个基本要求之间的关系。

(三) 变（配）电所自动装置工作原理及要求

1. 自动重合闸装置

铁路供电系统运行经验表明，接触网和电力线路的故障大多是瞬时性的，这些故障在断路器跳闸后，大多能自动并快速消除。例如雷击闪络或鸟兽造成的线路短路故障，在雷闪过后或鸟兽烧死以后，线路大多能恢复正常运行。因此，如采用自动重合闸装置使断路器重新合闸，迅速恢复供电，可大大提高供电的可靠性，避免因停电而给铁路运输带来的巨大损失。

自动重合闸装置的重合成功率随着重合次数的增加而显著降低，对架空线路来说，一次重合成功率可达 60%～90%，而二次重合成功率可达 15%，三次重合成功率仅 3% 左右。因此铁路供电系统中在馈线采用一次重合闸。

2. 备用电源自动投入装置

1）概　述

为了提高铁路供电系统的可靠性，保证对牵引负荷等重要负荷的不间断供电，牵引变电所、铁路变电所常采用备用电源自动投入装置。

在具有两个独立电源的变电所，若其中一个电源不论何种原因而断开的，另一个电源能自动投入恢复供电，这种装置就叫备用电源自动投入装置。备投装置可以大大地缩减用电负荷的停电时间，降低值班人员的工作量和减少误操作的可能性。

2）对备用电源自动投入装置的基本要求

① 工作电源不管什么原因（故障或误操作）失压时，应可靠地动作。

② 备用电源必须在工作电源已经断开，且备用电源有足够高电压时，才允许投入。

③ 备用电源自动投入装置的动作应尽量快，以缩短停电时间和利于牵引电机的自启动。

④ 只允许备用电源自动投入装置动作一次，以避免将备用电源投入永久性故障上去。

二、变（配）电所二次接线图及其阅读方法

（一）变（配）电所二次接线图的类型

变（配）电所二次接线图的类型主要有三种：二次回路归总式原理接线图、二次回路展开式原理接线图和二次回路（屏面、屏后）安装图。归总式原理图是将二次回路与有关一次设备画在一起，因难以表达复杂的电路关系，变（配）电所一般

不采用。二次回路展开式原理接线图和二次回路安装图是变（配）电所重要的技术资料，是工作人员进行设备检查、维护和故障排除的主要依据。

（二）变（配）电所二次接线图的读图方法

1. 熟悉一次设备

二次设备是为一次设备服务的，熟悉变（配）电所的一次主接线即各种一次设备，才能读懂二次接线图。

2. 熟悉二次设备工作原理

首先，对变（配）电所要有总体的了解。在了解变电所一次设备和一次主接线的基础上，要了解二次回路总的概况。例如：二次系统采用了哪种形式的综合自动化系统结构；继电保护及自动装置的配置方式；主控制室屏柜布置；二次电缆的走向即排列；电流互感器的分配等。这些方面主要是通过布置图和解释性图纸来说明。

对变电站一次、二次系统有了总体的了解后，就要按电气设备的单元，逐个去看二次回路接线图，例如主变压器、馈线、电容器等。每个电气单元的二次回路接线图都包括屏面布置图、原理接线图和安装接线图。

3. 二次回路展开式原理接线图看图示例

二次回路展开图可以清晰地表示各电器元件的内部连接，是变（配）电所设计、调试和维护的必备图纸，也是变（配）电所使用最多的图纸。二次回路展开图由若干张图纸组合而成，按二次回路的性质可分为：交流电流回路、交流电压回路和直流回路。图 4-47 至图 4-49 是牵引变压器二次保护回路展开式原理接线图，从图中可以看到展开图的特点如下：

（1）交流电流、电压回路和直流回路分开表示，电路清晰明了，不易混淆。

（2）为了方便和清晰地阅图，整个图中同一元件的线圈和接点，用相同的符号表示；接点除了符号外，另标注下标区分同一元件的多个接点。

（3）回路的排列按动作的顺序由左到右、从上到下排列，并在每一个回路的右边列表说明各回路的用途，为阅图者提供了很大的方便。

对展开图的阅读，一般先从交流电流回路开始，然后看交流电压回路，最后看直流回路。对于熟练的读者来说，可以直接从图中找到自己需要了解的回路，从后往前推。展开图的阅读方法如下。

1）交流电流回路

交流电流回路的电源是电流互感器的二次电流，交流电流回路是按 A、B、C、

N 从上到下依次排列，如图 4-47 所示，当 1B 出现短路故障时（如主变套管发生短路），保护装置 WBH-892Z（1X）启动。

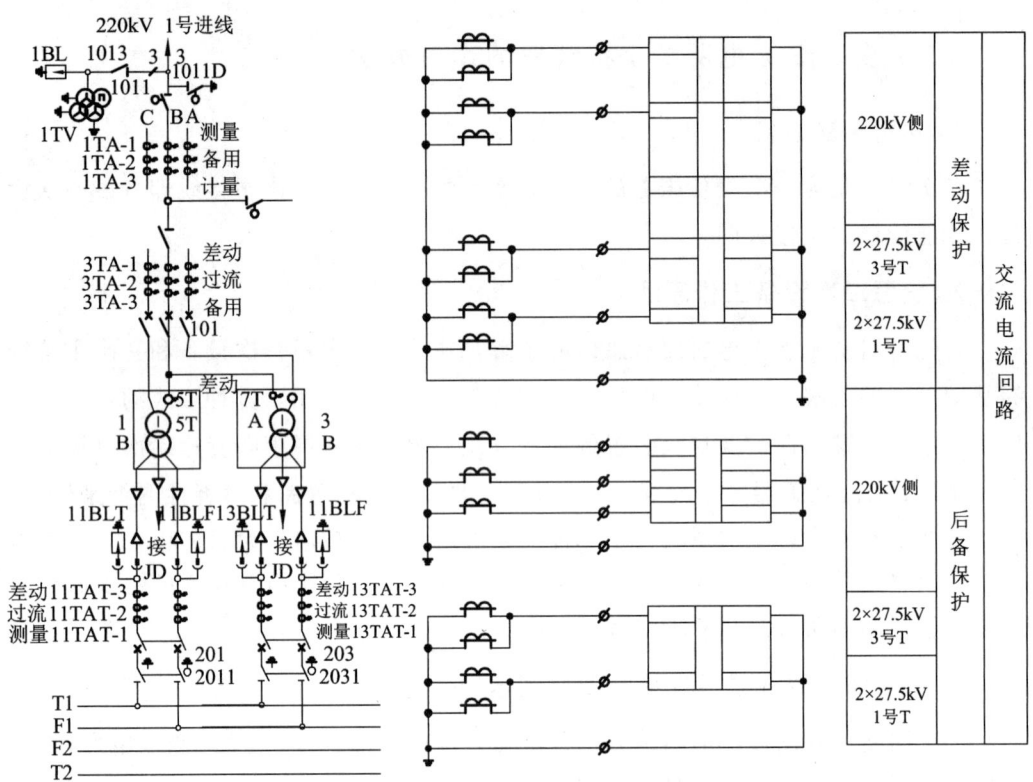

图 4-47　牵引变压器继电保护二次回路展开式原理接线图——交流电流回路

2）直流回路

直流回路的电源是变电所的直流操作电源"±KM（±WC）"，当"+KM（+WC）"…→"-KM（-WC）"回路能导通时，该回路中的继电器线圈得电，继电器动作。

如图 4-48 所示，当 1T 出现短路故障时（如主变套管发生短路），保护装置 WBH-829Z（1X）启动，图 4-49 直流回路中的接点 BCJ1 闭合，启动 101 断路器的跳闸回路，101 断路器跳闸。

直流回路的动作顺序是：

① 断路器跳闸："+KM"→$1ZK_{3-4}$→WBH-892Z（1X）-3d2→WBH-892Z（1X）-3d4→连接片 1TLP→WBH-892H（2X）-5z6→WBH-892H（2X）-5d4→101 断路器集中控制箱，断路器跳闸线圈→$1ZK_{1-2}$ "-KM"。

② 断路器分闸位置绿灯亮："+KM"→$1ZK_{3-4}$→LD 灯→101 断路器集中控制箱，断路器辅助常闭接点→"-KM"。

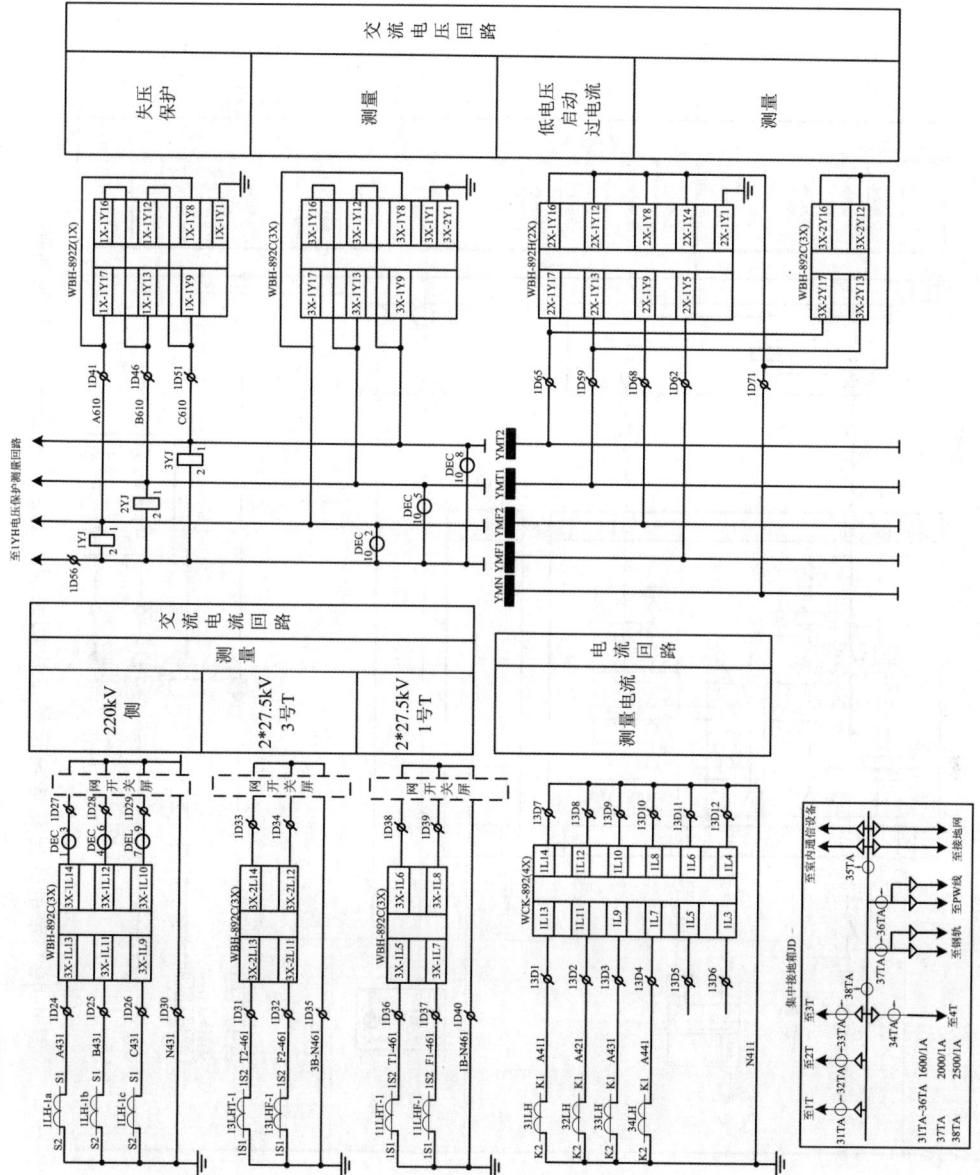

图 4-48 牵引变压器继电保护二次回路展开式原理接线图——交流电流、电压回路

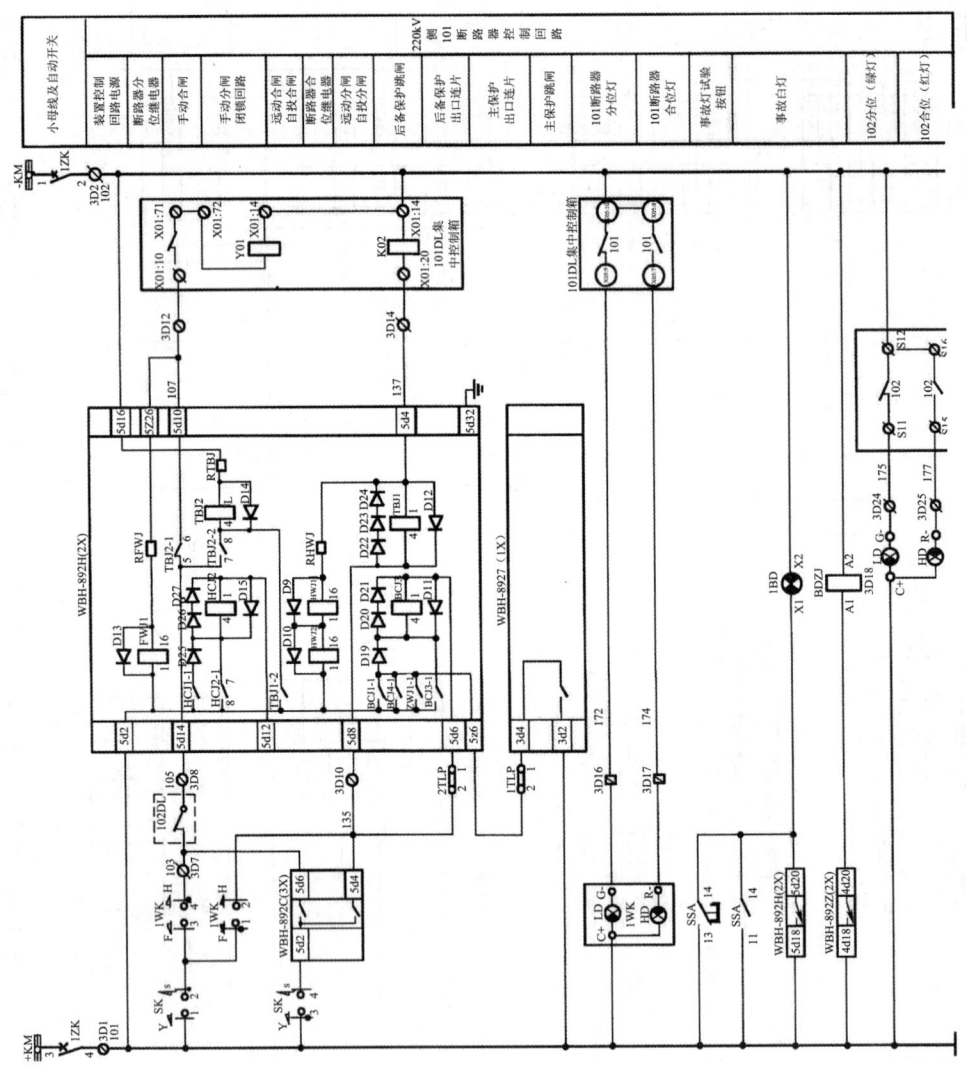

图 4-49 牵引变压器继电保护二次回路展开式原理接线图——直流回路

4. 二次回路安装图

所谓安装图，是供二次回路安装时使用的。安装图通常包括屏面布置图和屏后接线图两种。

牵引变电所常用到的屏面布置图有主变保护测控屏面布置图、馈线保护测控屏面布置图等。屏面布置图是加工制造屏柜和安装屏柜上设备的依据。屏面每个元件的排列布置是根据运行操作的合理性，并考虑运行维护的方便而确定的。因此，应按一定的比例进行绘制，并标注有具体尺寸，在图中还列有设备表。通过这些图纸可以看到这些屏面都装有哪些设备，它们是如何排列和安装的。通过图中的设备表可以了解所装设备的型号、技术参数和安装数量。

屏面布置图是用来表示各元件在平面布置的位置，因此要标注各元件相互间的距离，以便在屏面安装。

屏后接线图可以详细地表示各元件的连接方式，是安装配线的依据。屏后接线图是以展开图为依据绘制的，图中各元件的编号和展开图是完全相同的。

屏后接线图采用"对应标号法"绘制，所谓"对应标号法"就是A1-1 与 B1-2 连接，在 A1-1 的旁边标示 B1-2，在 B1-2 的旁边标示 A1-1，方便安装者辨认。如图 4-50（b）是二次原理展开图局部示意图，安装设备时，具体怎么配线，就需要用图 4-50(a)所示的屏后接线图进行表示，即在 SK-2 的旁边标示 1WK-1，在 1WK-1 的旁边标示 SK-2，表示在原理图中 1WK-1 与 SK-2 相连。

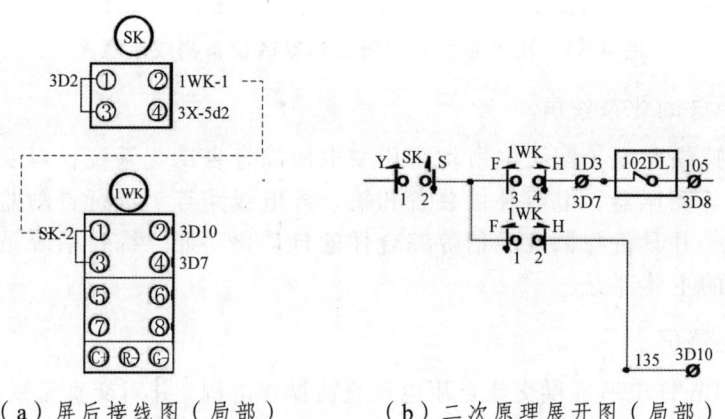

（a）屏后接线图（局部）　　（b）二次原理展开图（局部）

图 4-50　屏后接线图表示方法示意图

第四节　变（配）电所综合自动化系统

一、高铁变（配）电所二次设备的构成

图 4-51 虚框内是高铁牵引变电所控制室的二次设备构成示意图，由综合自动化系统屏、交直流屏、网上隔离开关控制屏、环境监控屏、故障标定装置及电缆头绝缘在线监测系统构成，二次设备的信息通过 SCADA 通信管理机上传给调度；故障标定装置和电缆头绝缘监测信息通过综合维修通信管理机上传给供电段。

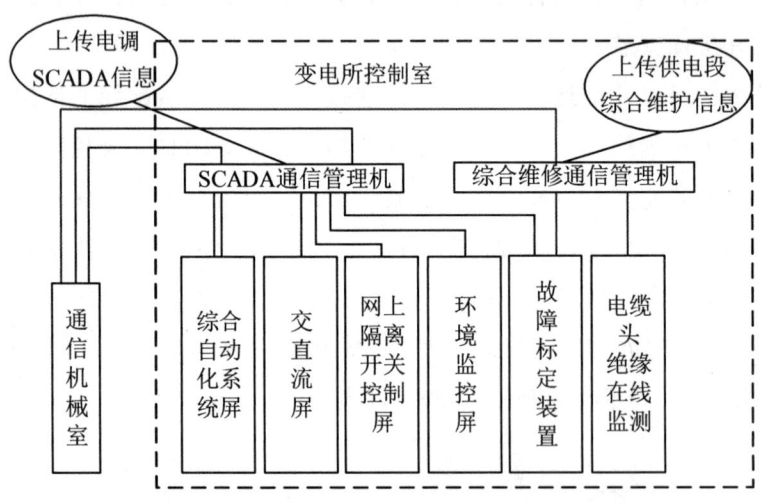

图 4-51　高铁牵引变电所控制室的设备构成示意图

1. 综合自动化系统屏

我国高速铁路变（配）电所均采用变电所综合自动化系统，对变（配）电所的主要设备（变压器、电容补偿装置和输、配电线路等）进行自动监视、测量、控制和保护，并具备与调度通信等综合性的自动化功能。综自系统是变（配）电所二次设备的主体部分。

2. 交直流屏

它向变（配）电所提供交流自用电和直流操作电源，并对交直流系统进行控制、保护和测量监视。

3. 网上隔离开关控制屏

对接触网网上隔离开关进行远方控制，并采集网上隔离开关的状态信号。

4. 环境监控屏

实时监测变（配）电所工作环境，如：温度，动物误入电缆沟，人员非法进入，电缆沟进水，烟雾，明火，空调工作状况等，当工作环境出现异常时，可及时显示、报警，并可通过通信网络将数据上传，方便地实现了无人值守、远程集中监控的目的。

5. 故障标定装置及电缆头绝缘在线监测

故障标定装置可实现对接触网的故障点进行准确定位。电缆头绝缘在线监测可通过温感原理实现对电缆头绝缘情况的实时监测。

二、变电所综合自动化系统的结构形式

变电所综合自动化系统普遍采用（结构）分层（功能）分布式形式，可分散安装，也可集中安装。按每个设备（例如：一条馈出线或一台变压器或一组电容器等）为对象，集保护、测量、控制为一体，设计在同一机箱中，构成一个保护测控装置。对于 6~35 kV 的配电线路，可以将这个一体化的保护、测量、控制单元分散安装在各个开关柜中，然后由监控主机通过光纤或电缆网络，对它们进行管理和交换信息，这就是分散式的结构。至于高压线路保护装置和变压器保护装置，仍可采用集中组屏安装在控制室内。实际上，各国的习惯不同，西欧国家习惯于将保护装置安装在控制楼中，理由是环境好，检修方便。这种将线路的保护和测控单元分散安装在开关柜内，而高压线路保护和主变压器保护装置等采用集中组屏的系统结构，称为分散和集中相组合的结构，这是我国高铁变（配）电所综合自动化系统的主要结构形式。

不管是什么结构形式的综自系统，变电所的一、二次设备可大致分为 3 层结构。

1. 站级管理层

站级管理层协调间隔层设备完成所内自动化控制功能，并实现与远程控制中心的"四遥功能"。

站级管理层设备主要包括：计算机设施、通信设备、音响报警等设备，在通信设备上设置与控制中心的接口、管理维护计算机接口。

2. 网络通信层

所内通信网络采用现场总线或以太网方式，通过组网完成所内数字化信息传输。

3. 间隔设备层

采用保护测控一体化设备，这不仅减少了保护与监控之间的接口，减少了故障点，而且系统集成度高，可靠性也随之增强。同时保护测控一体化设备简化了与一次设备之间的接口，实现了数据信息共享、减少硬件重复配置。

间隔层设备通过与一次开关设备、CT/PT 设备接口，完成对所内供电设备的控制、监视、测量及保护功能。

间隔层设备由站级管理层设备管理，并通过所内通信网络实现所内集中监控、数据集中处理及远程通信功能。

我国高速铁路变（配）电所现主要采用交大许继 TA-21 型安全监控及综合自动化系统和天津凯发 DK-3500 型电气化铁路牵引供电综合自动化系统。各种型号的变（配）电所自动化产品，因为设计理念上的差异，在人机界面和辅助功能方面会有较大的不同，但针对具体对象（如主变、牵引网等）采用的保护测控原理基本是相同的，学习者对其中的任一种设备进行深入学习后，很容易了解和应用类似的产品。

现以交大许继公司研制的 TA-21 型综合自动化系统为例，介绍变电所综合自动化系统的基本功能。该设备应用在武广高铁等线路上，有一定的代表性。

三、牵引变电所安全监控及综合自动化系统

（一）系统结构

TA-21 型牵引变电所综合自动化系统的结构如图 4-52 所示，它由保护测控单元、当地监控单元、现场总线、视频监控单元和通信单元等组成。

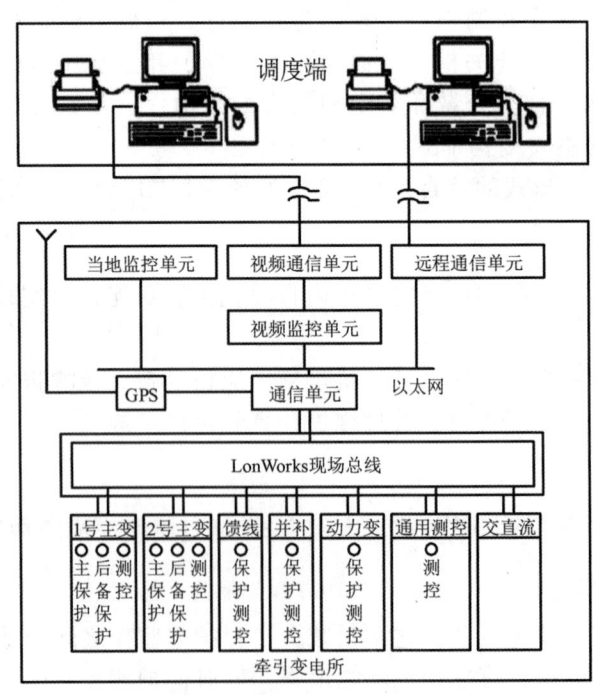

图 4-52　TA-21 型牵引变电所安全监控及综合自动化系统结构图

1. 间隔层设备，保护测控单元

保护测控单元由主变保护测控单元、馈线保护测控单元、并联补偿保护测控单元、动力变保护测控单元和通用测控单元等主要部分构成。各保护测控单元可分散安装，也可集中组屏。

2. 网络通信层，通信单元

它在以太网和现场总线之间实现规约转换，同时为全所提供时间基准（GPS）。LonWords 现场总线为双环光纤网，是实现综合自动化系统功能的核心。调度中心通过通信单元与保护测控单元通信，实现四遥功能。

3. 站级管理层，监控单元

它包括当地监控单元和视频监控单元。当地监控单元可就地完成调度中心的操作，不考虑双机备用。视频监控单元与自动灭火系统一起，组成变电所安全监控系统，实现第五遥（遥视）功能。为保证图像传输的实时性，要求为视频提供单独的 2 M 光纤口。在远动通道故障时，可临时征用视频通道，而视频主机置于"转发"模式，先保证"四遥"功能。

（二）保护测控单元

保护测控单元对主变压器、馈线等主要设备进行自动监视、测量、控制和保护。

1. 主变保护测控单元

1）功能（见表 4-6）

牵引主变压器是牵引变电所重要的一次设备，为保证其正常运行，对每一台主变设置一套保护测控单元，按主变主保护、主变后备保护、主变测控三套独立装置设计，完成一台牵引主变压器的保护、测量、控制、应急选线控制、备用电源/主变自投等功能。每套装置作为一个节点与 LonWords 现场总线交换信息。

2）备用电源自动投入装置的动作情况说明

图 4-53 为武广高铁某牵引变电所（高压侧）主接线图，采用带跨条的分支接线，两路进线电源互为备用，备用电源自动投入功能模块设置在主变测控单元中，各种运行方式的自投动作说明如表 4-7 所示。

表 4-6 主变保护测控单元功能

装置名称	保护功能	测量功能	控制功能	遥信功能
WBH-892 主变主保护测控装置	1. 差动速断保护 2. 二次谐波闭锁的三段式比率差动保护 3. 失压保护	1. 高压侧线电压 2. 高压侧三相电流 3. 低压侧两相电流 4. 高/低压侧差电流	1. 高压侧断路器分/合闸 2. 低压侧断路器分/合闸 3. 进线电动隔离开关分/合闸	1. "当地/遥控"方式开关位置信号 2. 控制回路断线 3. 断路器位置信号 4. 隔离开关位置信号
WBH-892H 主变后备保护测控装置	1. 低电压启动的高压侧三相过流保护 2. 低电压启动的低压侧单相过流保护 3. 低压侧过电压保护 4. 零序过电流保护 5. 零序过电压保护 6. 反时限过负荷保护 7. 低压侧 PT 断线检测 8. 重瓦斯保护 9. 轻瓦斯保护 10. 温度（Ⅰ、Ⅱ段）保护 11. 压力保护 12. 油位保护	1. 高压侧三相电压 2. 高压侧三相电流 3. 高压侧有功功率 4. 高压侧无功功率 5. 高压侧功率因数 6. 低压侧母线电压 7. 低压侧各相电流 8. 低压侧有功功率 9. 低压侧无功功率 10. 系统频率 11. 负荷录波 12. 故障录波 13. 断路器分/合闸统计	4. 变压器中性点电动隔离开关分/合闸 5. 变压器中性点电动隔离开关分/合闸 6. 装置信号复归 7. 保护软压板投/退	5. 低压侧断路器手车位置 6. 电动隔离开关控制回路断线 7. 机构故障信号 8. 装置不良告警 9. 保护动作信号
WBH-892C 主变测控装置		1. 高压侧三相电压 2. 高压侧三相电流 3. 低压侧单相电压 4. 低压侧单相电流 5. 地回流 6. 轨回流 7. 变压器绕组温度、油温 8. 系统频率	1. 备用电源/主变自投功能 2. 高、低压侧断路器和电动隔离开关控制功能	1. 相关断路器、隔离开关位置信号 2. 监视断路器、主变工作状态的信号 3. 自投动作信号 4. 装置工作状态信号

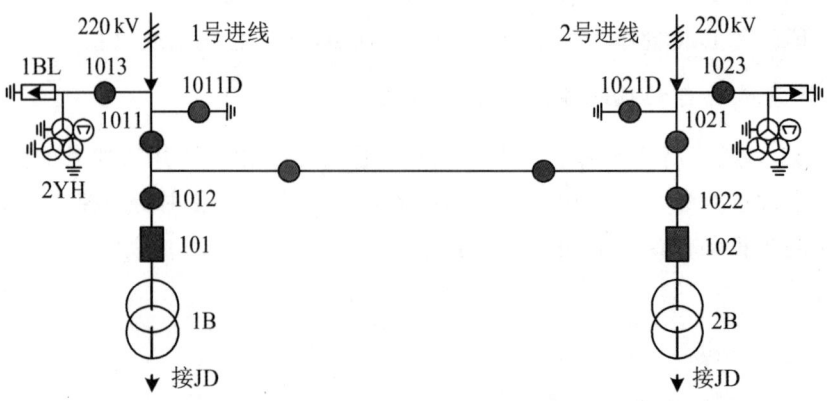

图 4-53 武广高铁某牵引变电所（高压侧）主接线图

表 4-7 自投动作说明一览表

运行方式	故障类型	逻辑控制字	结果
1号进线+1B	进线失压	进线失压备投倒直列	2号进线+2B
		进线失压备投倒交叉	2号进线+1B
	主变故障	主变故障备投倒直列	2号进线+2B
		主变故障备投倒交叉	1号进线+2B
2号进线+2B	进线失压	进线失压备投倒直列	1号进线+1B
		进线失压备投倒交叉	1号进线+2B
	主变故障	主变故障备投倒直列	1号进线+1B
		主变故障备投倒交叉	2号进线+1B
1号进线+2B	进线失压	注1	2号进线+2B
	主变故障	注1	1号进线+1B
2号进线+1B	进线失压	注1	1号进线+1B
	主变故障	注1	2号进线+2B
1号进线+1B（热备用方式）	进线失压	进线失压备投倒直列	2号进线+2B
		进线失压备投倒交叉	2号进线+1B
	主变故障	注1	2号进线+2B（热备用）
2号进线+2B（热备用方式）	进线失压	进线失压备投倒直列	1号进线+1B
		进线失压备投倒交叉	1号进线+2B
	主变故障	注1	1号进线+1B（热备用）

注1：备自投无论是倒直列还是倒交叉，结果都是一样。

① 直列运行方式下，220 kV 进线电源故障（或检修）。

当某一路 220 kV 进线电源因故障（或检修）停电退出运行时，此时该线路失压，失压保护装置动作（或手动分闸），切除由其供电的牵引变压器，并将其进线电源隔离开关分闸，退出该路进线电源。备用电源自投装置动作（或手动合闸）合上另一路变压器前的断路器，使另一路 220 kV 进线电源向全所供电，实现直列供电运行。

② 变压器故障（或检修）。

倒闸可以实现直列供电运行：当运行中的牵引变压器 1T（或 2T）出现故障（或检修）时，保护装置动作（或手动分闸），将 1T（或 2T）前的断路器 101（或 102）分闸，使之退出运行。备用电源自投装置动作（或人工合闸），牵引变压器 2T（或 1T）前的断路器 102（或 101）合闸，投入运行。

倒闸可以实现交叉供电运行：当运行中的牵引变压器 1T（或 2T）出现故障（或检修）时，保护装置动作（或手动分闸），将 1T（或 2T）前的断路器 101（或 102）分闸、220 kV 进线隔离开关 1011（或 1021）分闸，使之退出运行。备用电源自投装置动作（或人工合闸），将跨条隔离开关 1001 和备用牵引变压器 2T（或 1T）前的断路器 102（或 101）合闸，投入运行。

2. 馈线保护测控单元

馈线保护测控单元的功能配置如表 4-8 所示。馈线保护采用阻抗保护和电流速断保护作为主保护，基本原理在本章第三节已经做了介绍。电流增量保护、过电流保护、反时限过负荷保护/接触网发热保护作为后备保护。

表 4-8 馈线保护测控装置功能

设备名称	保护功能	测量功能	控制功能	遥信功能
WKH-892 馈线保护测量装置	1. 三段距离保护 2. 电流速断保护 3. 电流增量保护 4. 过电流保护 5. 反时限过负荷保护/接触网发热保护 6. 自动重合闸	1. 27.5 kV 母线电压 2. 馈线电流	1. 断路器分/合闸 2. 电动隔离刀闸分/合闸 3. 装置信号复归 4. 保护软压板投/退 5. 重合闸软压板投/退	1. 断路器、隔离开关位置信号 2. 断路器、电动隔离开关控制回路断线信号 3. 各种保护动作信号 4. 装置工作状态信号 5. 装置不良警告

1）电流增量保护

当牵引网发生高阻接地故障时，故障电流可能小于最大负荷电流，阻抗保护和电流速断、过电流保护不能动作。此时应该设置电流增量保护，电流增量保护的原理框图如图 4-54 所示。

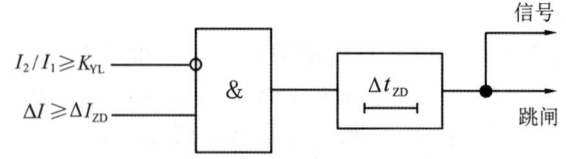

图 4-54 电流增量保护原理框图

ΔI——当前和一周前馈线电流之差；ΔI_{ZD}——电流增量保护整定值；
K_{YL}——二次谐波闭锁整定值；Δt_{ZD}——电流增量保护的动作延时

2）反时限过负荷保护

当接触网因长期大电流发热达到一定程度时，跳开馈线断路器，以保证行车安全。

3）其他保护测控装置的功能（表 4-9 至表 4-11）

表 4-9 补偿装置保护测控装置功能

设备名称	保护功能	测量功能	控制功能	遥信功能
WBB-892 并补保护测控装置	1.电流速断保护 2.过电流保护 3.过电压保护 4.低电压保护 5.差电流保护 6.差电压保护 7.谐波过电流保护 8.谐波阻抗保护	1.母线电压 2.并联电容补偿支路总电流	1.断路器分/合闸 2.电动隔离刀闸分/合闸 3.装置信号复归 4.保护软压板投/退	1.断路器、隔离开关位置信号 2.断路器控制回路断线信号 3.各种保护动作信号 4.装置工作状态信号

表 4-10 动力变保护测控装置功能

设备名称	保护功能	测量功能	控制功能	遥信功能
WDB-892 动力变保护测控装置	1.电流速断保护 2.过电流保护 3.失电压保护 4.反时限过电流保护 5.瓦斯保护 6.温度保护	1.母线电压 2.变压器进行电流	1.断路器分/合闸 2.电动隔离刀闸分/合闸 3.装置信号复归 4.保护软压板投/退	1.断路器位置信号 2..断路器控制回路断线信号 3.各种保护动作信号 4.装置工作状态信号

表 4-11 通用测控装置功能

设备名称	测量功能	控制功能	遥信功能
WCK-892 通用测控装置	1.气温 2.温度 3.风速 4.变电所有功电度 5.变电所无功电度 6.动力变有功电度	1.电动隔离开关控制 2.断路器控制	1.交、直流盘工作状态信号 2.自动装置动作信号 3.变电所事故信号 4.变电所预告信号 5.隔离开关位置信号 6.断路器位置信号

（三）监控单元

1. 当地监控单元

当地监控及通信处理系统作为牵引变电所综合自动化系统的一部分，负责采集与显示牵引变电所内的测控、保护单元的各种测量、保护信息，实现对牵引变电所内的各种开关的分/合控制、信号复归、保护装置的复归与定值整定，并实现相应的报表处理、曲线显示、流水打印等信息处理功能。

当地监控及通信处理系统由当地监控主机、流水及报表打印机、通信处理单元（含远程通信）及 GPS 组成。

2. 视频监控单元

远程视频（图像）监控系统，是牵引变电所安全运行的重要设备之一，它既可作为变电所综合自动化系统的一个组成单元，也可作为一套完整的独立视频监控系统。

远程视频监控系统由一个监控中心、所辖的多个执行端（前端设备）以及通信信道组成。各执行端将采集的信号通过铁路信道发送到监控中心。本系统与自动消防系统配合，即构成变电所视频监控及自动消防系统。系统监测信号主要包括摄像机输出的视频信号，各种烟感、温度、门禁、光电传感器的报警信号，控制信号包括对摄像机的控制以及对自动消防系统的控制等。

四、综合自动化系统中的微机保护单元

继电保护装置是电力系统中对可靠性要求非常严格的设备，在综合自动化系统中，保护测控装置中的继电保护单元宜相对独立，其功能不依赖于通信网络或其他设备。各保护单元要有独立的电源，保护的输入应仍由电流互感器和电压互感器通过电缆连接，输出跳闸命令也要通过常规的控制电缆送至断路器的跳闸线圈，保护的启动、测量和逻辑功能独立实现，不依赖通信网络交换信息。保护装置通过通信网络与保护管理机传输的只是保护动作信息或记录数据。为了满足无人值班的需要，也可通过通信接口实现远方读取和修改保护整定值。

（一）微机保护的功能

微机保护系统中的各保护单元，除了具有独立、完整的保护功能外，还必须满足以下要求。

（1）满足保护装置速动性、选择性、灵敏性和可靠性的要求，它的工作不受监控系统和其他系统的影响。为此，要求保护系统的软、硬件结构要相对独立，而且各保护单元，例如变压器保护单元、线路保护单元、电容器保护单元等，必须由各自独立的 CPU 组成模块化结构；主保护和后备保护由不同的 CPU 实现，重要设备的保护（如变压器保护），最好采用双 CPU 的冗余结构，保证在保护系统中一个功能部件模块损坏，只影响局部保护功能而不能影响其他设备的保护。

（2）具有故障记录功能。当被保护对象发生事故时，能自动记录保护动作前后有关的故障信息，包括短路电流、故障发生时间和保护出口时间等，以利于分析故障。

（3）具有与统一时钟对时功能，以便准确记录发生故障和保护动作的时间。

（4）存储多种保护整定值。

（5）当地显示与多处观察和授权修改保护整定值。对保护整定值的检查与修改要直观、方便、可靠。除了在各保护单元上要能显示和修改保护整定值外，考虑到无人值班的需要，通过当地的监控系统和远方调度端，应能观察和修改保护整定值。同时为了加强对整定值的管理，避免差错，修改整定值要有校对密码措施，以及记录最后一个修改整定值者的密码。

（6）通信功能。变电所综合自动化系统中的微机保护系统应该改变常规的保护装置不能与外界通信的缺陷。各保护单元必须设置有通信接口，便于与保护管理机等连接。

（7）故障自诊断、自闭锁和自恢复功能。每个保护单元应有完善的故障自诊断功能，发现内部有故障，能自动报警，并能指明故障部位，以利于查找故障和缩短维修时间，对于关键部位故障，例如 A/D 转换器故障或存储器故障，则应自动闭锁保护出口。如果是软件受干扰，造成"飞车"的软故障，应有自启动功能，以提高保护装置的可靠性。

（二）微机保护装置的硬件结构

目前微机保护装置一般采用多 CPU 结构，一个 CPU 完成保护、测量和控制等功能，一个 CPU 完成人机接口和通信功能。多 CPU 微机保护装置的硬件结构如图 4-55 所示。多 CPU 微机保护装置的硬件一般包括以下四个部分。

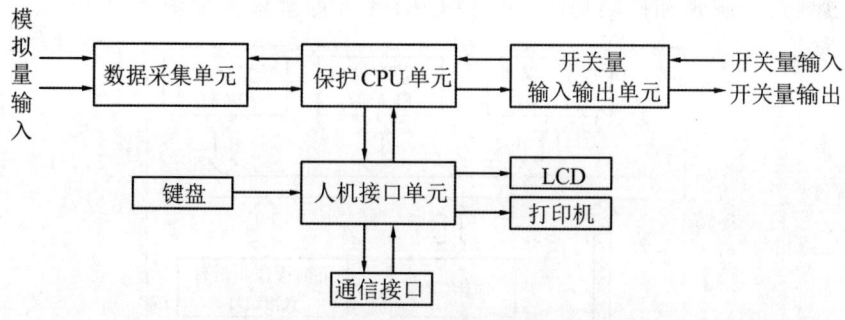

图 4-55　微机保护装置硬件原理示意图

1. 数据采集单元

数据采集单元又称为模拟量输入单元，主要包括电压形成、模拟量滤波、采样保持（S/H）、多路转换（MPX）以及模数转换（A/D）等功能块，完成模拟输入量准确地转换为微型机能够识别的数字量。

1）电压形成回路

微机保护装置从被保护对象的电流互感器、电压互感器或其他变换器上取得电压、电流等信息，但这些互感器的二次数值、输入范围对典型的微机电路却不适应，需要降低或进行变换。一般采用中间变换器将互感器的输出信号变换为±5V 或±10V 范围内的电压信号。交流电压信号可以采用电压变换器；而将交流电流信号变换为成比例的电压信号，可以采用电流变换器。

2）模拟量滤波回路

模拟量滤波回路的作用是滤除电流、电压信号中的高频分量（故障发生时，常含有 2 kHz 以上的高频分量），同时可以降低微机保护装置的采样频率，降低对微机保护装置的硬件要求。模拟量滤波回路有无源滤波器和有源滤波器两种。无源滤波器的特点是结构简单、可靠性高，能耐受较大的过载和浪涌冲击。但它对谐波分量衰减过大。有源滤波器的特点是滤波器特性比无源滤波器好，但元器件参数变化对滤波器的特性影响较大。

3）模数转换回路

模数转换回路的作用是将模拟量信号转换为数字信号，根据模数转换原理的不同，模数转换器件主要有两类：基于逐次逼近原理的模数转换器件（AD）、基于电压-频率转换的模数转换器件（VFC）。

2. 保护 CPU 单元

保护 CPU 单元主要包括微处理器（MPU）、只读存储器（ROM）或内存单元（FLASH）、随机存储器（RAM）、定时器、并行接口以及串行接口等。保护 CPU 系统执行编制好的程序，对由数据采集系统输入的原始数据进行分析、处理，完成继电保护的测量、逻辑和控制功能。保护 CPU 单元原理框图如图 4-56 所示。

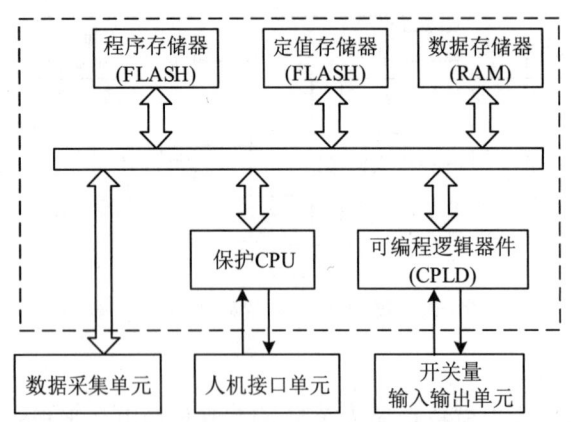

图 4-56 保护 CPU 单元原理框图

3. 开关量输入/输出单元

开关量输入/输出单元由保护 CPU 的并行接口、光电隔离器件以及有触点的中间继电器等组成，完成各种保护的出口跳闸、信号、外部触点输入等功能。

4. 人机接口与通信 CPU 单元

人机接口与通信 CPU 主要完成人机会话功能以及网络通信功能，其原理框图如图 4-57 所示。

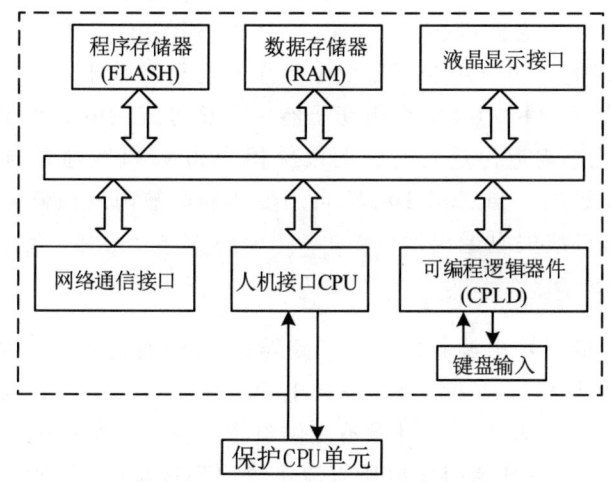

图 4-57　人机接口单元原理框图

5. 对微机保护硬件的要求

（1）高可靠性。可靠性和抗干扰能力一直是微机保护研究的最重要内容之一，涉及硬件和软件的多个方面。实践证明，总线不出芯片的设计思想为提高可靠性起到了非常重要的作用。

（2）开放性。硬件平台对于未来硬件的升级应具有开放性，即随着硬件技术的发展，能够容易地对硬件进行局部或整体的升级而不影响对外接口的保护，从而始终保证微机保护装置硬软件性能的先进性。

（3）通用性。不同类型的保护装置应尽可能具有相同的硬件平台，因而可以减少备品、备件数量，减少现场调试时间，缩短产品开发周期和减少硬软件的工作量。

（4）灵活性和可扩展性。硬件平台应该适用于不同保护装置的不同需求，对于现场的不同保护应用和对资源的不同需求，可增减相应的模块，完全不必对硬件及软件重新设计。

（5）模块化与智能化状态检测。模块化硬件结构能够充分满足上述硬件平台的要求和特点，装置的硬件数量总体上减少，相互通用，功能模块技术成熟，经历更多的检验与现场考验，因而可靠性更高。硬件模块化的一个重要特点是，装置内部各模块均具有智能化，因而对于实现装置内部各模块全面完善的自检与互检提供了可能。

五、交直流系统

变（配）电所的交直流系统包括交流自用电系统和直流系统，交流自用电系统向变（配）电所的照明、动力等负荷供电，直流系统提供变（配）电所的操作电源。

1. 交流自用电系统

对于采用单相接线变压器的高铁牵引变电所，自用电系统设有两段单相 220 V 和一段三相 380/220 V 交流母线，分别由接引 27.5 kV 的 T 母线的单相自用变压器和铁路 10 kV 线路的三相自用变压器供电。正常运行时单相 27.5 kV 自用变压器向两段单相母线供电，三相 10 kV 自用变压器给三相母线供电。当单相 27.5 kV 自用变压器因故障或检修需退出运行时，两段单相 220 V 母线通过自动投切装置，由 10 kV 自用变压器供电。当三相 10 kV 自用变压器因故障或检修需退出运行时，三相 380/220 V 交流母线失电退出运行。

2. 直流系统

变（配）电所的操作电源是供高压断路器跳/合闸回路、继电保护装置、信号回路、监控回路，以及其他二次回路所需的电源。变（配）电所对操作电源的可靠性要求很高，容量要求足够大，尽可能不受供电主系统运行的影响。

图 4-58 是武广高铁某牵引变电所直流系统原理接线图。该所直流系统采用智能型直流屏及两组 100 A·h 铅酸免维护蓄电池，额定电压为 110 V。设置两套故障时能自动切换、具有稳压稳流性能的晶闸管整流装置，以对蓄电池组进行强充电、均衡充电、浮充电及供给正常负荷。

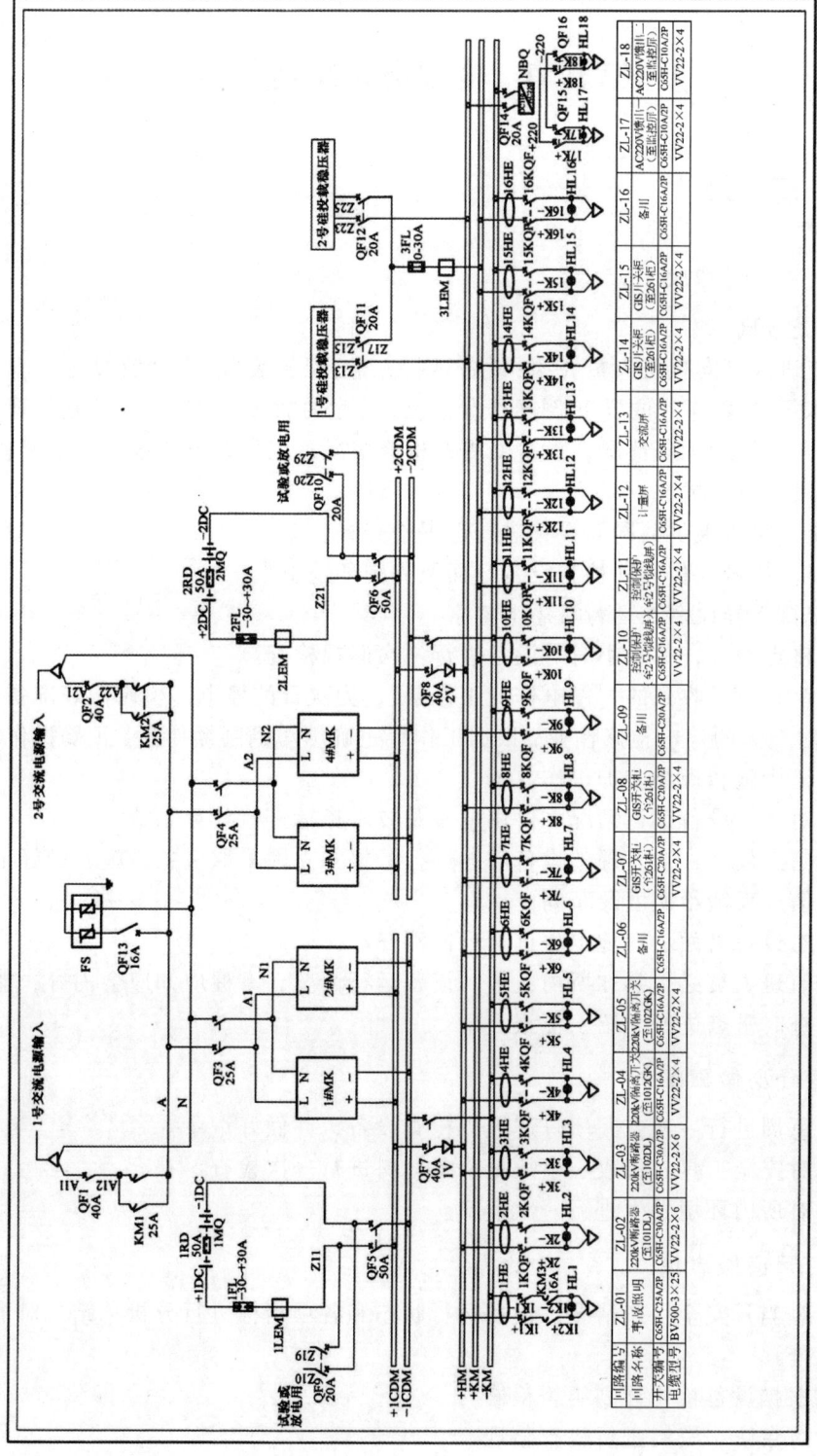

图 4-58 武广高铁某牵引变电所直流系统原理接线图

第五节　变配电系统运营

一、值　班

1. 每日必做事情

（1）交接班。

① 交班人员向接班人员介绍：设备运行方式；保护装置、自动装置运行情况（检查确认 BK 开关盒连片位置）；倒闸作业情况；发生的故障、设备异常及其处理情况；断路器跳闸、保护动作情况；设备变更及检修情况；工作票、电报接收情况；安全工具、仪表、备品情况；

② 交、接班人员共同对设备进行巡视检查；

③ 交、接班人员共同检查设备盘面及周围环境卫生；

④ 交接无异议后在运行日志上签字。

（2）整点抄表，每 6 小时对设备进行一次巡视检查。

（3）审查当天收到的"停电作业工作票"，为次日的停电、检修做好准备工作。

（4）对当天的停电检修作业，根据工作票正确填写倒闸操作票、正确操作设备，并做好安全措施和现场监护工作。

（5）对当日设备运行情况，供用电量及技术指标进行计算总结。

（6）信息处理：对发现的设备问题进行汇报并立即采取应急措施，做好记录并按规定将信息反馈给调度及车间。

（7）对设备盘面、环境卫生进行一次清扫。

（8）值班人员必须熟知所内人员、设备运行情况，掌握应知应会内容，能在上级部门检查时重点进行介绍、汇报。

2. 每旬必做事情

（1）每周进行一次夜间闭灯巡视以检查设备，并做好记录。

（2）对安全工具、仪表、事故抢修备用料进行一次检查、补充。

（3）对所内环境卫生进行一次清扫。

3. 每月必做事情

（1）对当月安全生产情况、设备运行状态和各项指标进行分析总结，对下月工作进行安排。

（2）根据设备检修计划组织检修。

（3）对台账、资料进行检查整理。

（4）对到期安全工具送检或更换。

(5)每月对盘面、盘内（低压）进行一次大清扫。

4. 每半年必做事情

每半年对所内高压柜、调压器、电容等室内设备进行一次大清扫。

5. 变（配）电所应具备的技术资料

(1)变（配）电所运行日志。
(2)变（配）电所年度预防性试验报告。
(3)变（配）电所各回路保护整定值表。
(4)高压断路器跳闸记录。
(5)调度命令和电话命令记录。
(6)设备检修记录。
(7)事故、故障统计记录。
(8)停电通知记录。
(9)用户用电设备分类统计表。
(10)配电所履历簿。
(11)安全用品及仪表试验记录。
(12)备品材料台账。
(13)停电作业工作票、倒闸作业票、安全工作命令记录簿。
(14)变（配）电所平面全图。
(15)设备一、二次接线图。
(16)供电系统图。
(17)房屋及设备平面布置图。
(18)低压屏平面布置图。

二、倒　闸

1. 停电作业工作票

(1)签发和发出时间。

"停电作业工作票"的签发是在办完或已落实停电通知，有批准的要点计划，有开工条件的前提下，方能办理工作票的签发手续。

① 签发和发票时间："停电作业工作票"必须在工作前一天 16:00 点以前签发完毕，并交给有关人员。若距离较远，工作票不能提前一天交给有关人员，签发人根据签发好的工作票，16:00 以前先用电话（传真、电子邮件）通知，受话人必须做好记录，执行时以正式工作票为准。

② 应急工作可当天签发，但必须在"停电作业工作票"的左上角注明理由，否则按违章统计。

③ 事故紧急处理可不签发工作票和倒闸作业票，操作后记入运行日志并及时上报。

（2）停电工作票的填写与执行。

① 编号要求：按签发的单位月累计进行编号，如：3-1 表示三月第一号。

② 单位名称：作业单位全称。

③ 工作票签发人及手续：

a. 工作票签发人的条件和责任。

工作票签发人由工长、调度员、主任、技术人员或段总工程师指定人员担任，其责任是：

ⅰ）确定工作的必要性；

ⅱ）采用正确、完备的安全措施；

ⅲ）正确指派各项工作人员。

b. 工作部门及外单位，在供电段供电设备上作业时，需要提前与供电段有关部门联系，由供电段有关部门按规定签发工作票。

④ 工作执行（领导）人、许可证、签发人的要求、职责及关系：

a. 工作领导人由主任、技术人员或工长担任，负责统一指挥两个以上工作组的同时作业和总的作业安全；

b. 工作执行人：由熟悉设备、工作熟练、责任心强、有一定组织能力的人员担任，其责任是：

ⅰ）检查现场安全措施是否完备；

ⅱ）向工作组员正确布置工作，说明停电区段和带电设备的具体位置；

ⅲ）监护工作组员的安全，检查工作质量，按时完成任务。

c. 工作监护人：由配电值班员或能独立工作、熟悉设备和有一定工作经验的人员担任，其责任是：

ⅰ）在现场不断监护工作人员的安全；

ⅱ）发现危机人身安全的情况时，应立即采取措施，坚决制止继续作业；

ⅲ）一旦发生意外情况，应迅速采取正确的救援措施。

d. 工作许可人：由配电值班员或能独立工作、熟悉设备和有一定工作经验的人员担任。在线路停电作业时，由工作执行人指定工作许可人完成有关安全措施，其责任是：

ⅰ）完成作业现场的停电、检电、接地封线等安全措施；

ⅱ）检查停电设备有无突然来电的可能；

ⅲ）向工作执行人报告允许开工时间。

⑤ 工作地点及任务要填写明确：

a. 配电所以一个或几个电气连接部分为单位，如：xx 配电所 xx 母线段（或柜）停电检修等。

b. 电力架空（电缆）线路，停电及作业地段，需注明线路的名称、分支线名称、起止杆号、箱变名称及编号，双回路电力线路应注明各回路名称及编号。

⑥ 计划工作时间、许可开工时间、发布开工时间、收工或接到工作已结束通知时拆除安全措施时间、恢复送电时间等要准确到"分"。

⑦ 安全措施：

a. 应、已采取安全措施要求对照表如表 4-12 所示。

表 4-12　应、已采用安全措施要求对照表

应采取安全措施（签发人填写）	已采取安全措施（许可人填写）
（1）停电：应停用的柜名和应断开的线路隔离开关、断路器编号，包括填写前已停运的柜名和有返送电可能的供电设备 （2）检封：明确检电、设置接地封线的地点、数量 （3）明确加锁、挂牌、设防护的具体地点、数量和种类 （4）其他	（1）已停运的柜名和应断开的线路隔离开关或断路器编号 （2）已在指定地点检电、设接地封线，编号数量。 （3）已在指定地点加锁、挂牌、设防护的数量和种类 （4）其他

b. 经配电所停电，需做安全措施的外线作业，外线作业组所做的安全措施，除填入执行（领导）人携带的"停电作业工作票"内，仍应由许可人或执行（领导）人用电话等方式通知值班员填入配电所工作票内。

c. 几点说明：

ⅰ）恢复送电按"倒闸作业票"进行，均不填入本栏内；

ⅱ）"禁止合闸，有人工作！"标示牌，简化记录为"禁止合闸"牌；

ⅲ）一级（或综合）贯通线路停电作业，若分成几个独立小区段进行检修，当完成第一区段任务后，其余各区段，按转移工地办理，独立检修小区段采取的安全措施应分别在工作票内；

ⅳ）已采取措施的一栏，可提前打印出，但"已"必须在操作后填写；

ⅴ）远动区段一级（或综合）贯通线路开口及倒闸作业应优先采用高压远动开关进行操作；

ⅵ）高、低压接地封线应分别编号；

ⅶ）单台变压器检修时，必须首先进行放电。一次侧为母线排和负荷开关连接形式，可在一次侧母线排上挂接地封线；一次侧为绝缘皮和跌落保险连接形式，可在一次侧连接变压器的接地端短接线接地。

⑧ 停电作业工作票程序示意图如图 4-59 所示。

对图 4-59 中停电作业工作票几个名词的定义：

a. 开工：工作组员被允许在设备上进行作业（许可人设置或撤除安措不能视为正式的施工安全检修作业）；

b. 完工：工作组员在设备上完成作业；

c. 收工：完工后工作组员进行清理工具、材料，工作执行人检查工作质量，工作组员全部从作业设备上撤离；

d. 工作结束：工作组"收工"后撤除工作组自行设置的安全措施；

e. 工作总结：工作结束，非本工作组自行设置的安全措施也全部撤除（即内、外线所做的安措全部撤除），具备送电条件。

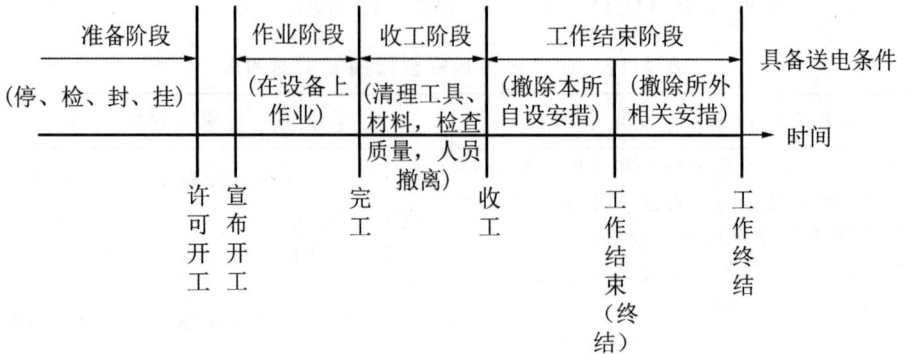

图 4-59 停电作业工作票程序

⑨ 许可开工制度、工作结束和送电制度，按铁运〔1999〕103 号有关规定办理；

⑩ 工作票保存：工作结束后由作业班组保存半年。

2. 安全工作命令记录簿

（1）以口头或电话命令执行时，应填入安全工作命令记录簿；

（2）安全工作命令记录簿应用范围：在下列设备上作业，按口头或电话命令执行，应填入安全工作命令记录簿：

① 单一电源供电的低压线路停电作业；

② 测量接地电阻、悬挂杆号牌、检修树枝、测量电杆裂纹、打绑桩和杆塔基础上的作业；

③ 低压电缆上的作业；

④ 拉、合线路高压开关、配电变压器一、二次开关和变（配）电所内开关的单一操作；

⑤ 其他情况由各段自定。

（3）编号：按各单位月累计进行编号。

3. 倒闸作业票

（1）"倒闸作业票"应根据工作票或调度命令由操作人填写，由工长或监护人签发。停、送电应分别填写"倒闸作业票"；

（2）倒闸作业票的具体说明：

① 单位：倒闸作业操作单位；

② 编号：按操作单位顺序编号；

③ 倒闸作业的目的：除应写明倒闸原因外，还需写明停（送）电；

④ 倒闸作业的根据：应根据工作票、电话命令或事故处理要求进行；

⑤ 倒闸作业的时间：应写明倒闸作业的开始时间和结束时间，计时准确到"分"；

⑥ 倒闸操作内容及顺序：

a. 倒闸作业票应根据工作票或调度命令由操作人员填写，由工长或监护人签发。每项倒闸操作作业工作票只能填写一个操作任务；

b. 停电操作必须按照断路器、负荷侧开关、电源侧隔离开关顺序操作。送电操作顺序与此相反；

c. 倒闸作业前，应按倒闸作业票记载的倒闸顺序与模拟图核对相符，如有疑问，不得擅自更改，应向电力调度或值班长报告，查清情况后再操作。远动倒闸操作由值班调度完成。倒闸作业必须由两人进行：一人操作，一人监护，每完成一项做一记号"√"。全部操作完毕后进行复查，并报告发令人；

d. 操作机械传动的隔离开关和绳索传动的柱上断路器时，应戴绝缘手套。操作非机械传动的隔离开关、跌落式熔断器和摘挂跌落式熔断器保险管时，应使用绝缘拉杆、戴绝缘手套，雨天应使用有防火罩的绝缘拉杆；

e. 更换变压器高压侧熔丝时，应先切断低压负荷，不准带负荷拉开 100A 及以上的无消弧装置的低压开关。雷电时禁止倒闸作业（远动装置除外）或更换熔丝；

f. 以下项目应填入倒闸作业票：ⅰ）应拉合的断路器和隔离开关；ⅱ）检查断路器和隔离开位置；ⅲ）检查接地线是否拆除；ⅳ）装、拆接地线；ⅴ）安装和拆除控制回路以及电压互感器回路的保险；ⅵ）切断保护回路和检验是否确无电压等；ⅶ）其他需要检验、确认的项目；

g. 在发生人身触电时，可不经许可立即断开断路器和隔离开关。在未拉开有关开关做好安全措施以前，抢救人员不得直接触及带电设备和触电人员，不得进入遮拦；

h. 以下工作可不用倒闸作业票：ⅰ）事故紧急处理的操作，操作后计入工作日志并及时上报；ⅱ）拉合线路开关或变压器一、二次开关，可根据工作票和口头命令进行；ⅲ）同一台开关柜内开关的单一拉、合操作可根据工作票或调度命令进行，操作后记入工作日志，并报告发令人；

i. 倒闸作业票要有编号，依次序使用。作废的和使用过的工作票，应注明"作废"和"已执行"的字样。倒闸作业票用后保存半年。

⑦ 执行后加盖"已执行"或"已作废"戳；

⑧ 保存：

a. 按调度命令执行的倒闸作业票，单独合订，或与安全工作命令记录簿合订，当操作任务较多时，至少存三个月；

b. 按停电作业工作票执行的倒闸作业票（包括按停电作业工作票要求，为作业提供提前实施的倒闸作业），与停电作业工作票合订，一并保存半年。

（3）倒闸操作完毕后进行复查，并报告发令人。凡涉及改变自闭、贯通等一级负荷或相邻辖区（车间、供电段、局）原有运行方式的倒闸作业，倒闸操作完成后应报告段调度。

4. 电气运行术语规定

（1）常用术语解释（配电装置部分）：

① 断路器：指能断、合正常负荷及短路电流的开关，如少油断路器、多油断路器、真空断路器、SF_6断路器；

② 隔离开关：指只能起明显断路作业，不能带负荷断合的开关，如三极联动或单极联动隔离开关（简称刀闸）只能和断路器配合使用来改变运行方式；

③ 运行：指上、下隔离开关及断路器均在合位，向线路或设备输送电能；

④ 停运：指上、下隔离开关及断路器均在分位，其自动装置在取消位置；

⑤ 备用：指上、下隔离开关均在合位，而断路器在分位，一经断路器合闸，即能向线路或设备输送电能；

⑥ 自投解除：指自动投入装置退出；

⑦ 重合闸装置解除：指重合闸装置退出；

⑧ 备用先投：指运行的一级（或综合）贯通供电一端配电所，因某种原因，一级（或综合）贯通柜断路器跳闸，另一端配电所一级（或综合）贯通柜断路器先于原配电所重合闸动作时间，先投入运行；

⑨ 主用先投：指运行中的配电所一级（或综合）贯通柜断路器因故跳闸，其自动重合闸装置先于邻所备投时间，使本所一级（或综合）贯通柜断路器合闸投入运行，即重合闸先投；

⑩ 恢复备用：将断路器两端隔离开关合上，断路器在分位，自动装置投入使用；

⑪ 换倒闸：指由运行的一路电源，自动（手动）断开断路器，停止供电，并利用自动（手动）方式使另一路电源恢复供电的倒闸操作（期间有短时停电间隔）；

⑫ 相倒闸：指两路电源并网和解列的倒闸操作。

（2）一般操作术语：

① 断路器：断开、合上；

② 隔离开关（刀闸）：断开、合上；

③ 跌落式保险（另克）：断开、合上；

④ 熔断器：装上、拔下；

⑤ 接地封线：设置、拆除；

⑥ 保护及自动装置：投入、退出；

⑦ 变压器：投入、退出；

⑧ 标示牌：挂上、摘下。

三、巡　视

（1）变（配）电所的配电值班人员及其他有关人员可以单独巡视高压设备、清扫通道，但不得移开或进入常设遮拦内。如需进入时，应有人监护，并与高压带电体之间保持不小于表 4-13 规定的安全距离。雷雨天巡视室外高压设备时，应穿绝缘靴，但不得靠近避雷器和避雷针。

表 4-13 人体与带电体之间最小安全距离

带天体电压（kV）	有安全遮挡（m）	无安全遮挡（m）
6~10	0.35	0.70
10~35	0.60	1.00
35~66	1.50	2.00

（2）当所内高压设备发生接地故障时，工作人员不得接近故障点 4 m 以内；在室外不得接近故障点 8 m 以内。如需进入上述范围或操作开关时，必须有绝缘通道（绝缘台）或穿绝缘靴，接触设备的外壳和构架时，应戴绝缘手套。巡视人员如发现导线断线，应设置防护物，并悬挂"止步，高压危险！"的警告牌，防止行人接近断路线地点 8 m 以内，并迅速报告电力调度和有关领导，等候处理。

（3）变配电装置巡视检查周期和项目，如表 4-14 所示。

表 4-14 变配电装置巡视检查周期和项目

序号	名称	周期	工作项目
1	定期巡视	有人值班每班一次，无人值班每月至少一次	（1）检查瓷绝缘和各种接点以及接触部分是否良好，有无脏污、裂纹、倾斜、放电现象，有无过热、变色现象 （2）各部装置是否清洁，有无异常音响及绝缘焦化等异常气味 （3）各注油设备的油面、油温是否符合规定，有无漏油、渗油 （4）测量仪表、信号显示是否正确 （5）接地网是否良好，有无破损 （6）安全用具及消防用具是否齐全
2	夜间巡视	每周至少一次	关闭照明灯，检查各部分接点及接触部分有无烧红、瓷绝缘闪络、开关接触不严、放电现象
3	特殊巡视、事故巡视	不规定	根据电离调度命令进行
4	所主任、所技术人员检查性巡视	每季至少一次	根据值班人员巡视记录重点进行巡视，并提出处理缺陷的意见
5	段长、技术主任、主管运用技术人员检查性巡视	每年至少一次	根据值班人员巡视记录重点进行巡视，并提出处理缺陷的意见

四、运　行

（1）配电值班员和值班负责人应具有一定专业知识和实际工作经验，熟悉电气设备性能和供电系统情况，掌握操作技术，并具备处理事故的能力。配电值班人员每班不少于两人。

（2）凡有高压设备的变（配）电所应具有以下安全用具：
① 高压绝缘拉杆、绝缘夹钳；
② 高压验电器和低压验电笔；
③ 绝缘手套、绝缘靴、绝缘鞋及绝缘台、绝缘垫；
④ 足够数量的接地线；
⑤ 各种标示牌；
⑥ 各种登高作业的安全用具，如安全腰带、绝缘绳、安全帽等；
⑦ 有色护目眼镜。

（3）在变（配）电所进行停电检修或工程施工时，值班人员应负责完成有关安全措施，并向工作执行人指出停电范围和带电设备位置。

（4）高压配电室、电容器、变压器室等和高压开关柜上的钥匙由值班人员妥善保管，按班移交。如因工作需要借给工作执行人使用时，必须登记，当日交回。

五、应急故障处理

故障处理过程中，应按照"先通后复"、"先通一路"的原则，针对设备损坏情况，确定抢修处理方案，实施故障处理。

对于倒杆断线、电缆、变（配）电装置等较大型故障，电力调度应根据现场抢修人员提出的抢修建议方案和领导指示意见，尽快确定抢修方案，立即通知抢修负责人员组织实施。

对于低压熔断器、低压开关、接触器、绝缘子等设备或部件故障，由抢修负责人组织实施。

对于避雷器等设备故障，根据现场情况可将避雷器等设备暂时退出运行。

（1）配电所馈出柜开关跳闸，应首先判明跳闸类型（过流、速断、失压），在确认所内无故障且对方自投及本所重合均不成功的情况下，应立即向段电力调度和车间负责人报告，车间、段应迅速指派相关人员查找线路故障。

（2）当判明一级（或综合）母线有电，而配电所一级（或综合）柜发生故障的情况下，应立即向段电力调度及车间负责人报告，尽快检查处理。

（3）配电所两路电源分段运行，当一路电源失压母联拒动的情况下，应立即向段电力调度、车间负责人报告，同时尽快检查处理。

（4）配电所一级（或综合）调压器故障需要退出运行检修时，应在故障发生48小时内完成。

（5）一级（或综合）电力线路不允许长期开口运行，架空电力线路发生故障一般应在48小时内处理完毕，恢复原运行方式；电缆电力线路发生故障一般应在72小时内处理完毕且恢复运行方式；实施越区供电后一般应在24小时内恢复原运行方式。

（6）配电所电源停电的处理。

① 配电所两路电源同时停电。两路电源同时停电故障发生后，高铁电调值班人员应通过SCADA系统查询该所主送的一级贯通和综合贯通是否失压跳闸动作，备供所是否自投成功。如备供所未成功备投，高铁电调值班人员应远动操作或指令备供配电所值班员，投入相关贯通回路，恢复对重要负荷的可靠供电。

高铁电调值班人员应尽快与相关电业局联系，了解停电原因。如是地方变电站的原因，应督促电业局尽快恢复供电；如是电源线路设备的原因，应通知供电段进行故障处理。

如遇相邻两配电所同时全部停电，由高铁电调值班人员负责进行跨所越区供电。

② 配电所一路电源停电。配电所一路电源停电故障发生后，高铁电调值班人员应通过SCADA系统查询该所主送的一级贯通或综合贯通是否失压跳闸动作，备供所是否备投成功。如备供所未成功备投，高铁电调值班人员应远动操作或指令备供配电所值班员，投入相关贯通回路，恢复对重要负荷的可靠供电。然后，投入本所母联开关，由未停电的电源对全所供电，恢复对相关贯通回路的备用。若母联投入单电源供电运行，出现定值过小、不能满足供电要求时，需切除部分非行车负荷，确保行车设备供电。

高铁电调值班人员应尽快与相关电业局联系，了解停电原因。如是地方变电站原因，督促电业局尽快恢复供电；如是电源线路设备原因，通知供电段进行故障处理。

（7）一级（或综合）贯通线路跳闸故障的处理。

当贯通线路跳闸后，高铁电调应首先判断跳闸原因，根据跳闸原因分类进行处理。

① 发生失压跳闸。如备供所备投成功，保持该运行状态，待天窗时间在电源来电的情况下将贯通回路调整为正常运行方式；如备供所备投不成功，由高铁电调值班人员远动操作或指令备供配电所值班员，投入相关贯通回路，恢复贯通线路供电，待天窗时间在电源来电的情况下将贯通回路调整为正常运行方式。

② 发生过流或速断故障跳闸。应判断故障位置后，切除故障区段（断开相邻两箱变与故障电缆相连的开关），由上行配电所送电至故障区段的上行侧箱变；由下行配电所送电至故障区段的下行侧箱变，恢复非故障区段通信基站、信号中继站等负荷正常供电，然后通知供电段在天窗时间进行故障处理恢复供电。

（8）跨所越区送电程序。

当相邻两配电所电源均全所停电时，应启动跨所越区供电方案。如甲、乙、丙、丁为自东向西相邻四个配电所（站），当乙、丙两所出现全所停电异常情况，乙丙两站间一级和综合贯通线路停电，而甲、丁两所供电正常时，由甲所通过乙所向乙丙区间的一级贯通线路供电；由丁所通过丙所向乙丙区间的综合贯通线路供电。具体操作程序如下：

① 乙所的倒闸操作：

a. 断开一级贯通调压器柜断路器；

b. 断开一级贯通调压器柜三工位开关；

c. 断开一级贯通母互柜三工位开关；

d. 解除一级贯通东馈出柜失压保护及备、自投保护；

e. 合上（或确认）一级贯通柜东馈出柜三工位开关；

f. 合上一级贯通东馈出柜断路器；

g. 检查一级贯通母互三相电压是否正常；

h. 合上（或确认）一级贯通西馈出柜三工位开关；

i. 合上一级贯通西馈出柜断路器；

j. 检查一级贯通东、西馈出柜负荷电流情况。

② 丙所的倒闸操作：

a. 断开综合贯通调压器柜断路器；

b. 断开综合贯通调压柜三工位开关；

c. 断开综合贯通母互柜三工位开关；

d. 解除综合贯通西柜失压保护及备、自投保护；

e. 合上（或确认）综合贯通西馈出柜三工位开关；

f. 合上综合贯通西馈出柜断路器；

g. 检查综合贯通母互三相电压是否正常；

h. 合上（或确认）综合贯通东馈出柜三工位开关；

i. 合上综合贯通东馈出柜断路器；

j. 检查综合贯通西、东馈出柜负荷电流情况。

第六节　变配电系统检修

电力设备检修应贯彻"预防为主，保养与维修、一般修与重点修、状态检测与计划检修相结合"的原则，按标准精检细修，不断提高检修质量。

电力设备检修采用状态检测和计划检修方式：根据设备状态确定检修等级及内容，合理安排计划。

一、修 程

电力设备检修分为以下三个修程等级。

（1）大修：属彻底性检修。对设备进行全部解体，全面检查、试验、探伤、调整、更换不合标准的零部件及附属装置。大修应结合运输生产发展的需要进行技术改造。通过大修提高设备的性能与效率，保证质量良好。

（2）维修：对设备局部解体，着重恢复设备的电气性能、机械强度和精度，主要更换不合标准零部件及附属装置，使设备质量达到合格以上要求。

维修分为两种：

① 重点修：有关行车设备及危及供电安全的设备，主要包括：电源系统、一级贯通线路、综合贯通线路、变（配）电所以及供给一、二级负荷的高、低压电力设备。具体设备范围由段确定后，报局备案。修后必须达合格以上标准。关键部件如避雷器、跌落保险、低压熔丝等应进行强制性更换。

② 一般修：不危及供电安全的非重点设备（未纳入重点修的电力设备），发现缺陷后，列入检修计划。

（3）保养：对电力设备进行检查、测试、清扫、调整及补油，达到及时发现设备隐患、改善设备状态的目的。

二、周 期

电力设备检修年限，如表 4-15 所示。

（1）大修：由设备使用年限或检测结果确定。设备运行虽已达到大修年限，但经试验鉴定确定质量良好时，经主管段长批准，并报上级备案，可适当延长大修周期；设备虽未达到大修年限，但经试验鉴定已不能保证安全运行时，经上级批准可提前进行大修。

表 4-15 电力设备检修年限

修程修程设备	电缆线路	变压器	配电装置
大修	15 年	15 年	15 年
维修		2~5 年	2~5 年
保养（全面）	半年	半年	半年

（2）维修：重点设备维修年限为 2 年；一般设备维修年限原则上为 2 年，在当年设备鉴定无缺陷者，下年度可不安排维修，但最长不得超过五年。

（3）保养：全面保养（需停电进行）一般为半年一次（可结合缺陷处理进行），日常保养（不需停电进行）可结合巡检进行。

三、检修计划

(1)供电段应根据上年度秋检及日常掌握的设备状态,参照设备检修年限,编制"年度电力设备保养、维修计划"(见表4-16),于检修前一年年底上报,经局批准后实施。保养应按保养周期、范围编制计划;维修应根据秋检结果及缺陷情况编制计划,秋检合格或虽有缺陷但通过保养可以克服的电力设备,不编入维修计划;凡编入维修计划的电力设备,不再编入同一期内的保养计划。

表4-16 供电段××××年度电力设备检修计划及费用汇总表

填写日期:　　年　　月

编号	设备名称	修程	单位	年计	检修数量												
					1月	2月	3月	一季	4月	5月	6月	二季	7月	8月	9月	三季	10月	11月	12月	四季
一	电力线路	维修	km																	
			元																	
		保养	km																	
			元																	
1	高压电缆	维修	km/条																	
			元																	
		保养	km/条																	
			元																	
2	低压电缆	维修	km/条																	
			元																	
		保养	km/条																	
			元																	
二	发变配电设备	维修	台座面																	
			元																	
		保养	km																	
			台座面																	
1	变压器	维修	台/kV·A																	
			元																	
		保养	台/kV·A																	
			元																	

续表

编号	设备名称	修程	单位	年计	检修数量													
					1月	2月	3月	一季	4月	5月	6月	二季	7月	8月	9月	三季	10月	11月	12月	四季
2	高压开关柜	维修	面																	
			元																	
		保养	面																	
			元																	
3	低压开关柜	维修	面																	
			元																	
		保养	面																	
			元																	
4	高压电容柜	维修	面																	
			元																	
		保养	面																	
			元																	
5	控制柜	维修	面																	
			元																	
		保养	面																	
			元																	
6	交流柜	维修	面																	
			元																	
		保养	面																	
			元																	
7	直流柜	维修	面																	
			元																	
		保养	面																	
			元																	
8	计量柜	维修	面																	
			元																	
		保养	面																	
			元																	
维修费用合计			元																	
保养费用合计			元																	

129

（2）对超出大修周期或有严重缺陷的设备，由供电段填报大修项目、方案，局组织调研、论证、确定实施方案，按照投资权限由段或局投资解决。

（3）"修理系数"（见表 4-17）、"劳力、维修费用指标"（见表 4-18）是编制设备维修计划、确定检修主要技术经济指标的计算依据。检修所需的工日时和费用可根据修理系数和劳力、修理费用指标经计算求出。

表 4-17 电力设备修理系数表

设备名称	主要规格	修理系数	
		一般	自动
1. 电缆线路/km	1 kV 以下（全塑/油浸） 3～10 kV 及以上	30/60 100	
2. 电力变压器/台	50 kVA 及以下	6	
	75 kVA 及以下	8	10
	180 kVA 及以下	12	16
	320 kVA 及以下	13	18
	560 kVA 及以下 750 kVA 及以下 1 000 kVA 及以下 18 000 kVA 及以下	16 19 22 30	
3. 配电装置/台			
高压开关柜/面	3～10 kV	15	
低压开关柜/面	1 kV 以下	10	20
控制屏/面		15	13
动力配电箱/面	6～8 回路	3	
照明配电箱/面	6～8 回路	3	
继电保护盘/面		15	
断路器/组	6～10 kV	5	
隔离开关/组	6～10 kV	2	
负荷开关/组	6～10 kV	2	
整流柜/面		10	
电容器/台		1	
4. 接地装置		8	

表 4-18 劳力、修理费用指标表

修程	劳力（工日）	修理费（万元）		
		机械设备	发、变、配电设备	电线路
保养	1	16	16	6
维修	2	100	40	50
大修	5	700	400	300

（4）供电段根据电力设备保养、维修计划的完成情况，编制"电力设备维修（保养）进度报告表"（见表 4-19），于翌月 4 日前报局。

（5）日常保养一般由运行工区完成，维修和需停电才能进行全面保养的项目由车间组织进行，大修任务由供电段组织完成。

表 4-19 月（季）电力设备维修（保养）进度报告表

填报日期：　年　月　日　　　　　　　　填报单位：

序号	设备名称	单位	大修				维修				保养			
			本月		累计		本月		累计		本月		累计	
			计划	完成	计划	完成	计划	完成	计划	完成	计划	完成	计划	完成
					%			%			%			%
一	电力线路	km												
1	电缆线路	km												
二	发变配电设备	台面座												
1	变压器	台												
2	配电装置	面												
3	其他	台												

四、检查验收

（1）修前调查：大修、维修前应分别由段、车间组织进行设备质量状态检查，确定检修项目，做好材料、工具、备件及劳力的准备工作。对大修项目，供电段（或有设计资质的单位）要按部、局有关规定认真编写大修设计文件。

（2）修中检查：检修人员必须按工艺精检细修，供电段应定期组织有关人员对检修质量（大修、维修）和零部件进行检查，解决技术关键问题，保证检修质量，对设备的关键部件、主要技术参数和隐蔽工程，应认真做好记录。

（3）修后验收：大修完成后，供电段按局有关规定填报验收报告和竣工资料，大修工程验收应按《铁路建筑安装工程质量评定验交标准<电力>》的有关规定进行，由段组织初验合格后,再由局组织有关部门进行验收。维修、保养按设备鉴定标准进行验收;重点修完成后由段组织进行验收;一般修完成后由车间负责验收。验收作业单见表 4-20,重点修的电力设备一式四份,段、车间、运行班组和检修班组各存一份;一般修和保养的电力设备一式三份,车间、运用班组和检修班组各存一份;自检自修时减少一份。

表 4-20　电力设备检修验收工作单

运用单位_____　检修单位_____　设备名称_____　安装地点单位_____
数　　量_____　规格形式_____　电　压_____　设备编号_____　修程_____

序号	部件名称	单位	数量	修前不良状态	开工时间 完工时间	工作内容及修后状态	检修人员

检修日期:	年　月　日至　年　月　日	填表人:	
检修结论	根据该实际情况,按年度检修计划,依据检修细则范围逐项检修,检修后设备质量符合要求 检修负责人:	验收意见	由车间组织验收,按年度检修计划,依据检修细则验收标准,逐项验收 该经质量已达到局标准要求经评定质量单位 验收人:

五、变压器

(1)检修适用于高铁油浸变压器、干式变压器及一级(综合)贯通变压器的维修和保养。

(2)作业准备:

① 根据作业影响情况,按相关规定提报作业计划。

② 组织召开修前准备会,制定施工方案和应急预案;进行人员合理工作分工,明确工作领导人、执行人、许可人、监护人和工作组员。

③ 参加作业人员须经过安全技术考试,具有电力安全合格证。

④ 已进行修前调查,掌握了设备状况和缺陷情况。

⑤ 安排好交通、通信工具;必要的电力检修专用工具、安全工具和检测仪器。准备好相关的材料备品。

(3)安全措施:

① 按规定签发施工报告,提前通知相关单位和用户。

② 按规定签发、执行停电作业工作票、倒闸作业票和安全工作命令记录簿。

③ 按规定运统-46登记和鉴认。

④ 按照"停、检、封、挂"技术程序进行停电。

⑤ 严格执行工作票制度、工作许可制度、工作监护制度、工作间断及转移工地制度、工作结束和送电制度。

⑥ 作业人员按规定穿戴作业服、安全帽、绝缘靴（鞋）、绝缘手套、护目镜等防护用品。

⑦ 进入封闭网必须执行路局相关规定，登记进网人员及其携带使用的工具、材料和备品。

（4）作业范围、内容及质量要求：

① 油浸变压器。

a. 保养作业：

i）清扫和检查外壳、瓷套管、油枕、散热器、保护装置和调压装置。修后达到各部件及外壳要清洁、无灰尘、无油污。

ii）放出油枕内的污物和水，必要时加油。修后达到油无杂质，油位适中。

iii）检查油位指示器、放油滑阀、注油阀，更换不良温度表。修后达到各部件状态良好。

iv）检查并拧紧接线螺栓。修后达到连接紧密无松动；

v）进行变压器负荷测试、电压测试，必要时调整负荷及电压。修后达到三相负荷平衡，电压档位适当。

vi）测量线圈的绝缘电阻、变压器接地电阻。与标准进行核对，对绝缘不良、电阻超标采用措施进行整改。

b. 维修作业（包括保养项目）：

i）进行吊芯检查。

ii）按规定进行绝缘试验，必要时进行干燥处理。与标准进行核对，对绝缘不良采取措施进行整改。

iii）必要时更换绝缘油。

iv）清扫、检查油循环冷却系统，对散热器和油箱做密封压力试验，修换衬垫、修补渗漏油。修后达到密封良好，无渗油现象。

v）检修调压开关盒瓦斯、温度保护装置及有载调压开关（包括控制装置）。修后达到装置良好、动作达到装置良好、动作灵活、可靠。

vi）更换不良的套管、油位指示器、油阀和温度表。

vii）整饰外观，涂绘标识。修后达到标识清晰。

② 干式变压器。

a. 保养作业：

i）清扫绝缘部件、本体外壳、紧固各部螺栓。修后达到各部件及外壳清洁、无灰尘，螺栓连接紧密无松动。

ii）检查基础有无裂纹、破损和下沉。

ⅲ）对锈蚀的部件进行除锈涂漆。修后达到无锈蚀，漆面平滑。

ⅳ）检查一、二次侧的引线，引线应连接牢固。修后达到引线连接牢固。

ⅴ）检查烟感装置、风机等运行状态。

ⅵ）测量线圈的绝缘电阻、变压器接地电阻。与标准进行核对，对绝缘不良、电阻超标问题采取措施进行整改。

b. 维修作业（包括保养项目）：

ⅰ）检查温控器，接点应无异常；电缆绝缘良好、连接牢固。修后达到温控器能正常启动，电缆绝缘良好、连接牢固。

ⅱ）修换不良的冷却装置、风扇电机。

ⅲ）更换接线箱内老化的引线。修后达到引线布置合理规范。

ⅳ）按规定进行绝缘试验，必要时进行干燥处理。与标准进行核对，对绝缘不良采取措施进行整改。

ⅴ）检修温度保护装置及有载调压开关（包括控制装置）。修后达到装置动作灵活、可靠。

（5）验收收工：

a. 由工作领导人或执行人组织对检修设备质量进行现场验收。

b. 清点作业人员，清理工具、材料及备品。

c. 按照"摘、拆、送、验"技术程序进行恢复送电。

d. 及时进行运统-46消记。

（6）资料整理。

及时整理两票一簿；填写检修验收工作单和相关台账记录，存档备查。

六、GIS 柜

1. 使用范围

检修适用于高铁 10 kV 配电所 GIS 高压柜的维修和保养作业。

2. 作业准备

（1）根据作业影响情况，按相关规定提报作业计划。

（2）组织召开修前准备会，制定施工方案和应急预案；进行人员合理工作分工，明确工作领导人、执行人、许可人、监护人和工作组员。

（3）参加作业人员须经过安全技术考试，具有电力安全合格证。

（4）已进行修前检查，掌握了设备状态和缺陷情况。

（5）安排好交通、通信工具；准备必要的电力检修专用工具、安全工具和检测仪器；准备相应的材料备品。

3. 安全措施

（1）按规定签发施工电报、提前通知相关单位及用户。

（2）按规定签发、执行停电作业工作票、倒闸作业工作票和安全工作命令记录簿。

（3）按规定进行运统-46登记和签认。

（4）按照"停、检、封、挂"技术程序进行停电。

（5）严格执行工作票制度、工作许可制度、工作监护制度、工作间断及转移工地制度，工作结束和送电制度。

（6）作业人员按规定穿戴工作服、安全帽、绝缘靴（鞋）、绝缘手套、护目镜等防护用品。

4．作业范围、内容及质量要求

（1）保养要求：

① 检查柜台有无锈蚀、脱漆、柜间连接螺栓有无缺失、松动，清扫柜体表面尘垢。修后达到柜体无锈蚀、无脱漆、无尘垢，柜间连接螺栓无缺失、无松动。

② 外观检查插拔式电压互感器、避雷器及消谐装置是否正常，并清扫外部尘垢。修后达到各部件无破损、无尘垢。

③ 检查回路名称、开关运行编号标志是否齐全、正确、清晰。

④ 检查硬压板连片，应连接紧固接触良好、修后达到连接紧固，接触良好；

⑤ 检查试验带电显示器状态。

⑥ 检查柜体各电缆穿孔是否密封良好。

⑦ 检查 SF_6 是否密闭。

⑧ 检查柜内照明是否良好。

⑨ 检查柜内各端子接线及插头有无脱落，对所有接线端子进行全部紧固检查。修后达到接线正常、牢固、插接头无脱落。

⑩ 检查 PLC 二次接线有无松动、指示是否正确。

⑪ 检查微动开关有无变位、松动。

⑫ 检查闭锁装置是否良好。

⑬ 检查电缆室内电缆头安装是否紧固，有无放电、发热等异常现象，屏蔽线接触是否良好。

⑭ 检查位置指示灯及分合闸、接地标识显示是否正常。

（2）维修作业（包括保养项目）：

① 手动操作断路器合分闸各1次，检查断路器有无卡滞拒动。

② 手动操作三工位开关合闸、分闸、接地各1次，检查三工位开关有无拒动，传动部分及电机有无异因。

③ 检查断路器、三工位开关间闭锁关系是否正常。

④ 进行一次手动储能操作，检查手动储能装置是否正常。

⑤ 检查保护测控装置：面板上的各信号灯显示是否正常，液晶显示器显示是否正常，各功能键操作是否灵活、正常、USB 接口状态是否正常，核对定值与后台是否一致，时钟显示与 GPS 时钟系统是否同步。

⑥ 检查 PDM 表及电压表状态，外壳应无破损，内部设定正常。

⑦ SF_6 气体泄漏测试。

⑧ 进行项目试验：试验包含整组传动试验及定值校对，定值校对包含电流、电压定值及保护时限定值校对，需试验的保护类型按各回路的实际配置进行。

5. 验收工作

（1）由工作领导人或执行人组织对检修设备质量进行现场验收。

（2）清点作业人员，清理工具、材料及备品。

（3）按照"摘、拆、送、验"技术程序进行恢复送电。

（4）及时进行运统-46消记。

6. 资料整理

及时整理两票一簿；填写检修验收工作单和相关台账记录，存档备查。

七、电力电缆

1. 使用范围

适用于高铁 10 kV 电源、一级（综合）贯通，站场高压电缆线路及低压电缆线路的维护和保养作业。

2. 作业准备

（1）根据作业影响情况，按相关规定提报作业计划。

（2）组织召开修前准备会，制定施工方案和应急预案；进行人员合理工作分工，明确工作领导人、执行人、许可人、监护人和工作组员。

（3）参加作业人员须经过安全技术考试，具有电力安全合格证。

（4）已进行修前检查，掌握了设备状态和缺陷情况。

（5）安排好交通、通信工具；准备必要的电力检修专用工具、安全工具和检测仪器；准备相应的材料备品。

3. 安全措施

（1）按规定签发施工电报、提前通知相关单位及用户。

（2）按规定签发、执行停电作业工作票、倒闸作业工作票和安全工作命令记录簿。

（3）按规定进行运统-46登记和签认。

（4）按照"停、检、封、挂"技术程序进行停电。

（5）严格执行工作票制度、工作许可制度、工作监护制度、工作间断及转移工地制度，工作结束和送电制度。

（6）作业人员按规定穿戴工作服、安全帽、绝缘靴（鞋）、绝缘手套、护目镜等防护用品。

（7）进入封闭网必须执行路局相关规定，登记进网人员及其携带使用的工具、材料和备品。

4. 作业范围、内容及质量要求

电缆保养及维护作业：

（1）清扫整修套管、引出线、开关、接地装置及电缆沟（井）。修后达到设备清洁无污，沟（井）内清洁无积水。

（2）对冲油式电缆接线盒进行补油。修后达到标准要求。

（3）测量绝缘电阻。与标准进行核对，对绝缘不良处采取措施进行整改。

（4）检查电缆支撑及电缆标志，补充标桩。

（5）检查电缆盖板，更换破损、不良盖板。修后达到盖板完好，无破损、无缺失。

5. 验收工作

（1）由工作领导人或执行人组织对检修设备质量进行现场验收。

（2）清点作业人员，清理工具、材料及备品。

（3）按照"摘、拆、送、验"技术程序进行恢复送电。

（4）及时进行运统-46 消记。

6. 资料整理

及时整理两票一簿；填写检修验收工作单和相关台账记录，存档备查。

八、配电装置

1. 适用范围

其适用于高铁 10 kV 配电所及 10/0.4 kV 变电所装置的维修和养护作业。

2. 作业准备

（1）根据作业影响情况，按相关规定提报作业计划。

（2）组织召开修前准备会，制定施工方案和应急预案；进行人员合理工作分工，明确工作领导人、执行人、许可人、监护人和工作组员。

（3）参加作业人员须经过安全技术考试，具有电力安全合格证。

（4）已进行修前检查，掌握了设备状态和缺陷情况。

（5）安排好交通、通信工具；准备必要的电力检修专用工具、安全工具和检测仪器；准备相应的材料备品。

3. 安全措施

（1）按规定签发施工电报、提前通知相关单位及用户。

（2）按规定签发、执行停电作业工作票、倒闸作业工作票和安全工作命令记录簿。

（3）按规定进行运统-46 登记和签认。

（4）按照"停、检、封、挂"技术程序进行停电。

（5）严格执行工作票制度、工作许可制度、工作监护制度、工作间断及转移工地制度，工作结束和送电制度。

（6）作业人员按规定穿戴工作服、安全帽、绝缘靴（鞋）、绝缘手套、护目镜等防护用品。

4. 作业范围、内容及质量要求

（1）保养作业：

① 对全部配电装置进行检查、清扫。修后达到清洁无污。

② 补充油断路器绝缘油。修后达到油位标准。

③ 检查各种灯光、音响信号、更换灯泡。修后达到灯光、音响信号显示正常。

④ 检查各种开关接点和接触性能及分合闸位置，调整传动机构，修后达到接触良好、动作可靠。

⑤ 检查各接地部分和避雷装置，测量接地电阻。修后达到接地可靠、装置良好、参数达标。

⑥ 检查或校验各种仪表。修后达到接线正确、连接可靠、误差不超标。

（2）维修作业（包括保养项目）：

① 做全面耐压试验，更换不合格套管、绝缘子。修后达到绝缘良好，套管，绝缘子绝缘合格，安装标准。

② 修换不合格配件。

5. 验收收工

（1）由工作领导人或执行人组织对检修设备质量进行现场验收。

（2）清点作业人员，清理工具、材料及备用品。

（3）按照"摘、拆、送、验"技术程序进行恢复送电。

（4）及时进行运统-46消记。

6. 资料整理

及时整理两票一簿；填写检修验收工作单和相关台账记录，存档备查。

九、中性点接地电阻装置

1. 适用范围

其适用于高铁一级贯通和综合贯通系统中性点接地电阻装置的维修和保护作业。

2. 作业准备

（1）据作业影响情况，按相关规定提报作业计划。

（2）组织召开修前准备会，制定施工方案和应急预案；进行人员合理工作分工，明确工作领导人、执行人、许可人、监护人和工作组员。

（3）参加作业人员须经过安全技术考试，具有电力安全合格证。

（4）已进行修前检查，掌握了设备状态和缺陷情况。

（5）安排好交通、通信工具；准备必要的电力检修专用工具、安全工具和检测仪器；准备相应的材料备品。

3. 安全措施

（1）按规定签发施工电报、提前通知相关单位及用户。

（2）按规定签发、执行停电作业工作票、倒闸作业工作票和安全工作命令记录簿。

（3）按规定进行运统-46登记和签认。

（4）按照"停、检、封、挂"技术程序进行停电。

（5）严格执行工作票制度、工作许可制度、工作监护制度、工作间断及转移工地制度，工作结束和送电制度。

（6）作业人员按规定穿戴工作服、安全帽、绝缘靴（鞋）、绝缘手套、护目镜等防护用品。

4. 作业范围、内容及质量要求

（1）保养作业：

① 清扫柜体及柜内污垢。修后达到柜体清洁无污垢。

② 检查紧固所有紧固件及连接件。修后达到连接紧固。

③ 检查控制箱电缆密封情况。修后达到密封良好。

④ 检查紧固控制箱内保护侧控制装置及端子排接线端子。修后达到装置可靠、连接可靠。

⑤ 检查二次回路电源空开及接线情况。修后达到开关动作可靠、连接牢固。

⑥ 检查隔离开关倒闸，闭合时应接触密贴，无过热、氧化现象；检查隔离开关操作结构，应转动灵活、无卡滞，闭锁装置状态良好。

（2）维修作业（包括保养项目）：

① 进行电阻值测试。与标准值进行对比，对电阻超标处采取措施进行整改。

② 进行过流保护传动试验及定值校对。

③ 更换不良配件。

5. 验收收工

（1）由工作领导人或执行人组织对检修设备质量进行现场验收。

（2）清点作业人员，清理工具、材料及备品。

（3）按照"摘、拆、送、验"技术程序进行恢复送电。

（4）及时进行运统-46消记。

6. 资料整理

及时整理两票一簿；填写检修验收工作单和相关台账记录，存档备查。

思考复习题

1. 牵引供电系统由哪几部分组成?
2. 我国高速铁路为什么要用 AT 供电方式?
3. 高速铁路沿线电力线路回路的名称及功能是什么?
4. 高速铁路变配电系统为什么多采用低电阻接地形式?
5. 对一级负荷供电的电源有什么要求?
6. 与普速铁路相比,高速铁路牵引供电系统的外部电源有什么不同?
7. 我国高速铁路牵引变电所高压侧常采用什么接线方式?
8. 我国高速铁路牵引变电所 27.5 kV 侧常采用什么接线方式?
9. 我国高速铁路变配电系统 10 kV 侧主要采用哪些品牌的 GIS 开关柜?有什么区别?
10. GIS 组合电器及开关柜有什么优点?
11. 变(配)电所二次设备的主要功能有哪些?
12. 对继电保护装置的四个基本要求是什么?简单说明四个基本要求的含义。
13. 变(配)电所二次接线图有哪几种类型?
14. 牵引变电所有哪几种自动装置?
15. 自动重合闸有什么作用?为什么 27.5 kV 馈线采用一次重合闸装置?
16. 高铁牵引变电所控制室的二次设备有哪些?各有什么作用?
17. 我国高铁变(配)电所综合自动化系统的主要结构形式有哪些?
18. TA-21 型综合自动化系统主变保护测控单元由哪几部分组成?
19. TA-21 型综合自动化系统馈线保护测控单元有哪些主要功能?
20. 变(配)电所的交直流系统的作用是什么?
21. 高速铁路全并联 AT 供电方式的特点是什么?
22. AT 供电方式保护线的作用是什么?
23. AT 供电方式下高铁牵引变电所主要采用哪种接线的变压器?主要优点有哪些?
24. 我国高速铁路牵引变电所高压电气设备结构形式有哪几种?
25. 三工位开关的作用是什么?应用三工位开关实现馈线接地的操作顺序是什么?
26. GIS 运行注意事项有哪些?
27. 继电保护的作用是什么?
28. 高速铁路 AT 供电方式牵引网发生故障时设备一般的动作顺序是什么?画简图叙述之。
29. 图 4-53 中,以 1 号电源带 1T 运行自投为 2 号电源带 2T 运行,电源备自投的设备动作顺序是什么?
30. 馈线保护为什么设置电流增量保护和反时限过负荷保护为后备保护?各有什么作用?
31. 什么叫 SCADA 系统?主要用于哪些领域?高速铁路供电 SCADA 系统由哪几部分构成?

第五章　高速铁路接触网

高速铁路是世界铁路的发展方向，电力牵引是高速铁路的必经之路。本章针对高速接触网的特点，系统地阐述了高速铁路接触网的基本结构，高速接触网与普速接触网的主要区别，高速受流的基本要求，高速接触网检测（监测）手段，高速接触网的运行、检修、抢修管理，高速接触网的施工新技术，高速接触网零部件的主要技术条件等基础知识。

第一节　高速铁路接触网特点及要求

一、高速接触网与普速接触网的比较

根据线路的设计速度，运行速度在 200 km/h 以上称为高速铁路。高速接触网在悬挂方式、线索材质、线索张力、电气强度、机械强度、结构稳定性、悬挂弹性及均匀性、悬挂抬升量、导线高度及其变化率、弓网振动特性等方面的技术要求均比普速接触网的技术要求高。在接触网的设计、施工、运营工作中，普速接触网一般比较侧重于弓网关系中的几何关系，如拉出值、导高、定位器坡度、绝缘间隙、限界等。在高速铁路接触网中，几何关系是弓网安全运行的基础，要想保证受流质量，弓网系统在高速运行下的动态特性、电气稳定性、机械稳定性是核心。表 5-1 对二者间的差异做了部分粗略的比较。

为了保证接触线和承力索张力稳定，消除大气温度变化对线索张力的影响，高速铁路接触网均采用全补偿链型悬挂。国外经验表明：简单链型悬挂、弹性链型悬挂、复链型悬挂均可用于高速铁路接触网，只是对悬挂线索的材质、补偿张力、载流量、安全系数的要求不同而已。

日本新干线最初采用全补偿复链型悬挂，后改为重型（5.5 t）全补偿复链型悬挂，其组成为：接触线 Cu170 mm^2，补偿张力由 15 kN 提高为 20 kN；承力索 St180 mm^2 镀锌钢绞线，补偿张力为 24.5 kN；辅助承力索 PH 150 mm^2 硬铜绞线，补偿张力为 12 kN。

法国 TGV 东南线采用全补偿弹性链型悬挂，接触网总张力为 28 kN，预留弛度 1/1000，定位点处安装弹性吊弦。在运营中发现该结构在定位点处弹性较大，定位器的抬升量过高，常发生打弓事故。因此，后建的 TGV 大西洋线取消了弹性吊弦，

采用简单链型悬挂，由 TGV 电动车组牵引创造了 515.3 km/h 的最高速度试验记录。TGV 大西洋线的接触线张力为 33 kN，运行速度为 300 km/h。

与法国电气化铁路相反，德国接触网除了早期的 Re75、Re100 采用简单链型悬挂外，后期发展起来的 Re200 系列和 Re300 系列均采用全补偿弹性链型悬挂，并将其定为德国接触网的标准形式。如表 5-2 所示列出了日本、法国、德国、意大利等高速技术先进国家的接触网悬挂类型及补偿张力和运营速度。

表 5-1 高速接触网与普速接触网的比较

对比项目		高速接触网	普速接触网
基本结构	悬挂类型	全补偿链型悬挂	半补偿和全补偿链型悬挂
	支持装置	以刚性支撑为主	以柔性支撑为主
	定位装置	高强度轻型组合定位器	普通定位器
	锚段关节	以 4、5 跨锚段关节为主	以 3、4 跨锚段关节为主
	分相结构	带中性段锚段关节式	器件式
	线岔形式	以大号道岔对应的交叉线岔和无交叉线岔为主，无标准定位	以小号道岔对应的交叉线岔为主，采用标准定位
基本参数及动态特性	最大跨距（m）	50	65
	结构高度	1.3～1.6	1.1～1.7
	正线导线高度	5.3～5.8	5.8～6.0
	导线高度变化率	不大于 0.3%	不大于 0.5%
	吊弦布置间距	吊弦间距 9 m，弹性吊弦 8 m	5+5″，10+5
	吊弦形式	整体吊弦	普通吊弦
	预留弛度	0～60 之间预留	无预留弛度
	平均弹性	0.7 左右	0.45 左右
	弹性差异系数	20% 以下	50% 左右
	波动速度	是决定要素，需充分考虑	不考虑
	综合补偿张力	3.5～5.5t	2.5t
	动态抬高	充分考虑并加以限制	不考虑
弓网关系	接触压力	除考虑静态值外，还考虑最大偏差	只考虑接触力的静态值
	机械磨耗	考虑并加以限制	考虑并加以限制
	电气磨耗	确定滑板和接触线材料的重要因素	几乎不考虑
	动态包络线	上下左右 200～500 mm	上下左右 100 mm
线材	承力索	JTH-95 JTH-120	GJ-70 TJ-95
	接触线	以银铜线、镁铜线为主	黄铜线

表 5-2 日本、法国、德国、意大利等国的接触网悬挂参数

国 别	日本		法国		德国		意大利
悬挂类型	复链型	简单链型	弹性链型	简单链型	弹性链型	简单链型	简单链型
建设年代	20世纪60年代	20世纪90年代	20世纪80年代初	20世纪90年代	20世纪80年代末	20世纪90年代	20世纪80年代末
运营速度（km/h）	270	270~300	270	300	250	300~400	250
接触线	Cu 170	CS 110	CdCu 120	SnCu 150	AgCu 120	MgCu 120	2×Cu 150
接触线力（kN）	15	20	14	20	15	27	2×15
波动速度（km/h）	414	525	412	441	426	569	382
无量纲速度（B值）	0.65	0.51	0.66	0.68	0.59	0.53~0.71	0.65

高速受流技术接触线应具有：良好的导电性能，导电率最好保持在90%以上；良好的机械性能，能承受因提高波动速度而施加的张力并满足安全要求；良好的耐磨性能，能满足设计所需的磨耗率和使用寿命；良好的耐热性能，能防止过负荷电流或短路电流引起的热软化或熔断；良好的疲劳特性，能防止接触线上下扰动所形成的疲劳断裂；良好的抗蠕变特性，在实际工作环境下所产生的导线表面波状变化应在可控范围以内，防止引起拉弧或离线。

目前，接触网线材主要以铜及铜合金线为主，纯铜线具有良好的电气特性和耐腐能力，但机械强度偏低，尤其在高温下的抗拉强度大大下降，这一特性不能满足高速接触网重张力的要求，因此，高速接触网大多采用在纯铜中渗入少量的其他元素如银、镁、锡、磅等形成的铜合金接触线。铜合金的机械强度明显高于纯铜，但其导电率只有纯铜的60%~80%。表5-3列出了法国、德国、日本的高速接触网常用接触线的相关参数。

表 5-3 法国、德国、日本常用高速接触线参数

线材型号	Cu170	CS110	CSD110	Cu150	CdCu120	SnCu120	AgCu120	MgCu120
线材密度	1.510	0.942	0.957	1.330	1.070	1.070	1.070	1.080
补偿张力	14.7	20.0	20.0	20.0	14.0	24.0	16.0	27.0
运行速度	240	300	300	300	270	350	250	330
波动速度	355	525	520	441	412	539	426	569
β	0.676	0.510	0.577	0.680	0.655	0.650	0.587	0.580

注：表中速度单位为km/h，密度单位为kg/m³，张力的单位为kN。

德国各标准形式接触网的相关参数如表5-4所示，从表中（将Re100与Re330

进行比较）可以看出，高速接触网的补偿张力、接触线和承力索的截面积等方面都比普速接触网大。

表 5-4　德国标准接触网及其线索参数

结构形式	Re100	Re200	Re200 改进型	Re250	Re330
承力索张力（kN）	10	10	13	15	27
接触线张力（kN）	10	10	10	15	21
线索材质与横截面面积（mm^2）					
承力索	BzⅡ50	BzⅡ50	BzⅡ50	BzⅡ70	BzⅡ20
接触线	Cu100	Cu100	Cu/0.1，Ag100	Cu/0.1，Ag120	BzⅡ20
吊弦	BzⅡ10	BzⅡ10	BzⅡ10	BzⅡ10	BzⅡ10
弹性吊索长度(m)		BzⅡ25 14/18	BzⅡ25 18	BzⅡ35 18	BzⅡ35 18/22
最大跨距（m）	80	80	80	65	65

二、高速弓网系统的受流特性

1. 高速受电的特点

目前世界各国最高运行速度在 200 km/h 以上的高速列车，除英国的 HST 高速列车由内燃动车牵引外，其余均采用电力牵引。与常速列车的电力牵引相比较，高速列车电力牵引的受电的特点主要是：

（1）高速列车的行车速度较常速列车高得多，因而受电弓沿接触网导线移动的速度大大加快。这就使接触网与受电弓的波动特性发生变化，从而对受电产生影响。

（2）高速列车在高速运行时所受的空气阻力较常速列车大得多，空气动态力也是影响高速受电的一个重要因素。

（3）高速列车所需的牵引功率较常速列车大得多，若采用多弓受电必然会增加阻力、加大噪声并引起接触网的波动干扰，因而受电弓的数量不能太多，这就需要解决受电弓从接触网大功率受电的问题。

2. 接触网-受电弓系统

高速列车的受电是通过受电弓与接触网的接触导线紧密接触而实现的，因而受电是否正常直接取决于接触网-受电弓系统的技术状态。一个工作可靠的接触网-受电弓系统是确保高速动力车良好取流的根本条件。由于接触网的接触导线是一根具有弹性的导线，受电弓也是一个弹性体，故而两者构成的是一个相互接触的弹性系统。

接触网的基本功能是通过与受电弓的直接接触将电能供给动车组。对高速受电用的接触网应有更高的要求：

（1）在最高行车速度和更大的速度变化范围内应能保证正常供电。

（2）应有更高的耐磨性和抗腐蚀（包括抗电蚀）能力。

（3）对接触网的结构和布置应有更高的要求。

（4）在接触网的接触悬挂方面，目前在普速列车供电中采用的弹性半补偿链型悬挂和弹性全补偿链型悬挂已不能适应高速的要求，应有更为先进的接触悬挂装置。受电弓作为一种从接触网取用电能的装置是接触网-受电弓系统中的一个关键部件，其工作是否正常将直接影响受电质量。

三、弓网系统产生的影响

在高速运行条件下，接触网-受电弓系统的工作对受电产生的影响表现在以下几个方面：

1. 弓线间的接触压力

受电过程中弓线相互接触，受电弓对接触导线有一个抬升力，并使导线产生抬升量。在两者不接触的地方，接触导线由于自重而有一个下垂力，产生下垂量。静态时，抬升力就等于接触压力。当受电弓沿接触导线移动时，受电弓的高度就开始迅速变化，再加上受电弓还受到高速空气动力的作用，从而将引起接触压力的变化。其后果是：压力变小会造成受电弓离线，出现电弧，使弓线烧伤；压力变大会使接触导线过分升高，同时使受电弓滑板和接触导线的磨损加剧。

总之，接触网-受电弓系统的动态特性、弓线之间的接触状态是高速受电的主要研究课题之一。

2. 接触导线的波动和噪声

国外高速列车投入运行后，即暴露出由于接触导线波动而产生的严重的电弧放电以及强烈的噪声问题。如日本100系列高速列车，有6个相距很近的受电弓同时工作（0系列高速列车升弓更多）。高速运行时，接触导线会产生复杂的多层横波，使受电弓无法追随处于波动中的接触导线以保持紧密、连续接触，导致受电弓频繁离线。此外，6个受电弓同时升起与接触导线接触，犹如6把高速拉动的"琴弓"在一根"琴弦"上同时"奏乐"，产生极大的噪声。因此，噪声干扰是高速铁路必须解决的课题之一，高速铁路的噪声声源主要来源于弓网系统、轮轨系统和空气阻力。世界各国对铁路噪声规定了容许标准值，我国容许标准值为 70 dB。为降低噪声，除了在轨道、线路、车辆、电气化接触网等方面采取降噪技术外，在人口稠密区的路基和高架桥上还应采用隔声屏障对噪声进行防范治理。

3. 离　线

当接触网的悬挂系统不能适应列车运行速度的要求时，受电弓的滑板就会与接触导线脱离。高速运行时，受电弓的向上推力将使接触导线的位置急速变化，这一变化以横波的形式沿接触导线前后传播，使导线产生波动。如果其传播速度赶不上高速列车的运行速度，就会产生离线现象。当二者不匹配时，受流质量将严重恶化，甚至造成弓网解体。因此，在高速弓网系统中，接触网的波动速度成为制约列车高速运行的主要原因之一。

离线有极大的危害，会造成供电时断时续，引起列车严重冲动；会使弓、线间出现电弧放电，引起电蚀，使两者的工作表面严重粗糙，进一步使弓、线磨损加速，工作寿命缩短；会造成牵引电流的急剧变化，有损于牵引电机的技术状态；会对通信线路产生干扰。因此，对离线的研究也是高速受电的一个主要研究方向。

4. 受电弓动态包络线

受电弓的上下振动和左右摆动直接影响到弓网安全和受流质量，对受电弓的这种晃动必须加以充分考虑。为此，各国除了研究受电弓的动静态特性外，还在高速接触网的设计与施工中明确提出了"受电弓动态包络线"这一技术概念。受电弓动态包络线是指列车在最高设计速度运行下，受电弓上下左右所允许达到的极限尺寸。由于接触网和受电弓的特性不同，各国对此并无统一的标准。

5. 大电流与点接触

高速列车所需的牵引电流是普速列车牵引电流的两倍甚至更大，牵引电流的加大造成接触线与滑板之间容易过热，点接触和大电流之间的矛盾是高速弓网关系应注意关心的问题之一，采用单弓受流时离线引起的冲击很大，采用多弓受流又会增加阻力、加大噪声，并引起接触网扰动。这对滑板和接触线的材质提出了新要求。大电流的存在对接触网的回流线路及接地系统也会有更高的要求。

目前世界各国都在开展高速受电的研究，一方面对接触网-受电弓系统进行计算机仿真，探讨最佳高速受电方式；另一方面在试验线上架设不同形式、不同结构的链式悬挂进行试验。

6. 提高弓网工作稳定性的主要措施

提高接触网-受电弓系统工作稳定性的主要措施有：

（1）采用新型复合材料制成的接触导线，以提高其抗拉强度。

（2）增大接触导线和承力索的截面，以增加接触导线和承力索的张力；减小接触网的跨度，并采用更为合理的悬挂方式。

（3）确定受电弓同时升弓工作条件下两个受电弓之间的最小间隔距离。

（4）改进受电弓的结构设计等。

四、受电弓

用于高速受电的受电弓应满足以下基本要求:

1. 保持恒定的接触压力

受电弓的滑板与接触导线之间要保持恒定的接触压力,以实现比常规受电弓更为可靠的连续电接触。受电弓的滑板与接触导线之间的接触压力不能过大或过小。因此,受电弓的结构应保证滑板与接触导线在规定的受电弓工作高度范围内保持恒定不变的、大小合适的接触压力。

2. 尽可能减轻受电弓运动部分的重量

与常规受电弓相比要尽可能减轻受电弓运动部分的重量,以保证与接触导线有可靠的电接触。运行中,受电弓将随着接触导线高度变化而上下运动,在高速条件下,这种运动更为频繁,从而直接影响滑板与接触导线之间接触压力的恒定。由于接触压力除与接触网的结构、性能有关外,还与受电弓的静态特性(静止状态下接触压力与受电弓高度的关系)和动态特性(运动状态下受电弓上下运动的惯性力)有关,因此对于高速受电弓,除必须保证机械强度和刚度外,应尽可能降低受电弓运动部分的重量,从而减小运动惯性力。这样才能使受电弓的滑板迅速跟上接触导线高度的变化,保证良好的电接触。

3. 减小空气制动力的影响

由于高速运行时空气阻力很大,因此高速受电弓在结构设计上要做充分考虑,力求使作用在滑板上的空气制动力由别的零件承担,从而使受电弓滑板在其垂直工作范围内始终保持水平位置,以减小甚至消除空气制动力对滑板与接触导线间接触压力的影响。

4. 滑板应适应高速的要求

滑板的材料、形状、尺寸应适应高速的要求,以保证良好的接触状态及更高的耐磨性能。

5. 动作要求

要求受电弓在其工作高度范围内升降弓时,初始动作迅速,终了动作较为缓慢,以确保在降弓时快速断弧,并防止升降弓时受电弓对接触网和底架过大的冲击载荷。

DSA-350型受电弓是按ICE统一技术条件制造的,如图5-1所示,无严格质量要求及特殊强度要求的部件用不锈钢材料制造,上剪形装置、弓框和接触滑板支座等部件则采用铝材制造。接触滑板用独立弹簧悬挂,弹簧便于更换,并具有足够的行程。升降系统中设有减振器,以便使剪形臂在下降时不致对车顶产生冲击。其采用研制出的一种特殊的高压绝缘子,将其与受电弓移动部分制成一体。受电弓直接固装在车顶上,从而保证了较低的结构高度。升弓驱动采用气动开弓,装置中设有高灵敏度的减压阀,以保证受电弓在整个工作高度范围内,滑板与接触导线之间的接触压力基本保持不变。试验结果表明,该受电弓可适用于 350 km/h 的最高行车速度。该型受电弓的主要技术数据列于表 5-5。

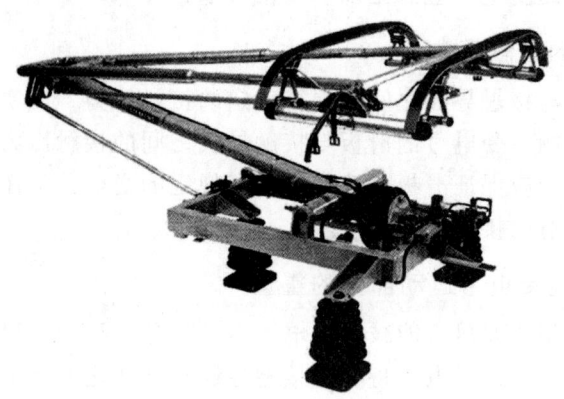

图 5-1　DSA-350 型受电弓外形图

表 5-5　DSA-350 型受电弓的主要技术数据表

名　称	技术数据及说明	名　称	技术数据及说明
适用的最高行车速度	350 km/h	质量 (含高压绝缘子)	140 kg
受电电流	800A（15 kV、$16\frac{2}{3}$ Hz）	接触滑板	铝制矩形截面,由碳棒集电
工作高度范围 (车顶以上)	1 300 ~ 2 650 mm	驱动方式	气动升弓,有阻尼的落弓
接触压力	可在 50 ~ 130 N 范围内调节	结构高度	285 mm

五、高速铁路对接触网的基本要求

高速铁路对接触网的要求体现在设计、施工和运营维护等各方面,可归结为:几何空间要求(限界);安全要求(绝缘、防雷、接地);机电性能要求(载流量、稳定性);动态要求(弓网匹配);环境要求(电磁兼容、噪声、动物保护);运营维护要求(维护成本、维护方便性)等六个方面。对接触网要求高的原因主要是因为接触网无备用,且具有以下两种功能:一是作为一定距离的电源输电线;二是为各种条件下的受电弓提供滑行接触。

1. 机械要求

接触网的线索、绞线和其他部件所需的强度是对接触网设备的主要机械要求。在任何工作条件下,接触网绞线、线索和其他部件所受的力必须在允许范围以内。

为使受电弓滑板和接触线匹配和降低弓、线间的磨损,接触线的布置必须横向偏移于线路中心线，定位点处接触线偏离受电弓滑板中心的距离称为拉出值。所有作用于接触网上的机械荷载必须由支柱和基础承担，并将其荷载传送给大地。接触网部件的变形，如支柱弯曲或发生的共振应不影响供电。

接触网设备必须符合良好供电的质量标准，这些标准包括静态质量标准，如弹性及其沿跨距的一致性和接触线的抬升；同时还包括动态质量标准，如波传播速度、多普勒因数、反射因数等。作为运行速度函数的接触压力及其标准也是一个重要的质量因素。高速接触网还应容许有两个或多个受电弓的列车运行。

2. 电气性能要求

衡量电气化铁路性能的一个重要标准就是其对接触网系统载流量的限制，与一般电力架空配电线路相比，接触网系统发生短路的情况较为频繁，其短路载流量也是一个决定因素。

在高密度运输系统中，接触网网络电压在任何工作环境下都应保持在额定范围内，电压损耗必须保持在允许范围内；为了将相对频繁发生的故障对铁路运行的影响降到最低程度，必须将接触网设备分成独立的供电臂；在选择相关绝缘材料和考虑空气绝缘间隙时应考虑所需的绝缘要求，应采取适当保护措施以避免人员触电；尽量减小诸如谐波、不对称等因素对公共电网的不良影响；降低接触网的电压、电流通过电感、电容对邻近的弱电线路产生的干扰；在正常运行或故障条件下产生的钢轨对大地的电压不能超过允许范围。

3. 环境要求

接触网系统必须在一定环境温度范围内工作，极端情况下的风荷载不应造成接触网设备本身的损坏。接触网设备可能有覆冰荷载，在设计中应将其考虑进去。在确定零部件的电气性能指标和预计使用寿命时，还应考虑降水量、侵蚀雾、气体和灰尘等因素；接触网设备中的绝缘材料和气体部件的特性不应因气候条件和日照变化而影响系统运行。

六、弓网参数评定要求

通过对接触网和受电弓相互作用的试验和理论研究，制定出用于评定弓网系统优劣的各种参数标准，并以此指导接触网的设计、施工、维修等工作是十分必要和重要的。弓网参数应注重以下几个方面。

1. 弹性和抬升

为实现弓网良好的接触质量，接触网必须保持最低限度的抬升。此外，支持装置的机械设计会限制在这些点上产生的垂直运动。在低、中速条件下，即列车运行速度达到约50%的接触网波动传播速度时，抬升值与接触网设备的弹性和受电弓作用的接触压力成比例。为了在提高速度时保持良好的接触质量，弓网接触压力必须增加，就是说必须保持尽可能低的弹性以限制接触线的抬升。悬挂点处的弹性取决于接触网设备的结构。如果在悬挂点上的接触网没有弹性吊索，悬挂点上的弹性只能实现跨中值的 30%～50%，加上弹性吊索后，悬挂点处的弹性大约增加到跨中值的 90%。随着列车速度的提高，弹性的均匀性显得越来越重要。弹性不均匀度低于10%对高速接触网比较合适，并易于实现。由受电弓作用的接触压力的平均值和接触网的弹性决定接触线抬升。

2. 接触线截面和抗拉应力

在受电弓高速运行时，接触线和承力索截面对接触网的特性有至关重要的作用。用于高速运行的接触网必须具有较低而均匀的弹性，这就要求接触线和承力索张力要大，可通过加大接触线的截面和相应的应力来实现。线索截面增加，施工过程中线索出现缺陷的可能性也会增加。如果抗拉应力是一个常数，增加接触线和承力索的截面会导致弹性的线性下降。因此，若要使弹性降至很低的程度就要尽可能增大接触线和承力索的截面。但是，投资会随截面增大而成比例增加。

3. 跨　距

接触网在跨中的弹性与跨距成正比。缩短跨距长度可以减少接触网系统的弹性。对高速铁路而言，缩短跨距看似更可取，但是相对增加了支柱和基础的数量，意味着更高的建设投资。出于经济考虑，既要不产生负面的运行接触特性，又要尽量加长跨距，需要两者兼顾。就几何关系而言，在考虑了列车受电弓动态包络线和给定的风速后，最大可能的跨距是能确保接触线不离开受电弓滑板工作范围的距离。

最大可能的跨距取决于下面这些因素：
（1）受电弓弓头的工作范围；
（2）设计该系统时考虑的风速；
（3）在工作高度接触点上受电弓的横向位移；
（4）架空接触网类型，尤其是施加在接触线和承力索上的张力。

实际的接触网是由不同跨距的锚段组成的。试验表明：在列车速度达 280 km/h 时，较短跨距内观测到的弓网接触压力标准偏差明显低于正常跨距内观测到的弓网接触压力标准偏差，因此，缩短跨距从而降低接触网弹性，最终目标还是减少动态力的作用。

4. 结构高度

结构高度是指在悬挂点处接触线与承力索之间的距离。增加结构高度会改善接触网的动态特性。因此在设计高速接触网时应考虑充足的结构高度。

5. 预弛度

基于跨中弹性高于支持结构处的弹性这一假设，在跨中受电弓对接触线抬升范围大于支持结构处的抬升范围，对跨中的接触线调整出一个初始弛度（预弛度），以实现弓线接触轨迹保持对轨面的高度为常数。实现这种理想效果的前提是：受电弓施加的接触压力与受电弓设计和列车速度无关。正因为这种情况是不实际的，唯有可能的是将系统调整成静态抬升条件和特定接触压力条件下高度为常数的接触轨迹。Re160 型和 Re200 型的接触网在支持结构处和跨距中点的弹性有很大的差别。安装在支持结构处的弹性吊索能增加该处的弹性，也使整个锚段的弹性更均匀。德国的实践证明：安装了弹性吊索的接触网的弓网接触力标准偏差要比没有安装弹性吊索的接触网的弓线接触压力标准偏差小。

6. 受电弓设计参数

受电弓的设计和特性对运行质量有举足轻重的作用。如果高速的接触网配备不适合高速的受电弓，就不会产生所期望的结果；反之，也不可能通过采用适合高速的受电弓将普通接触网的最高速度提高到更大程度。德国铁路对 Re200 型接触网设计所进行的试验已经证明了这一点，即使采用很成熟的理论设计受电弓，这种接触网最高也就适合 200 km/h 的速度。必须有适合的接触网和相应的高速受电弓的相互配合，才能为高速列车提供理想的供电质量。电动车组可能采用多个受电弓运行，对在支持点处测得的接触线抬升量的研究表明：前受电弓的接触特性与单个受电弓取流的接触特性没有什么不同，后受电弓总是沿着接触网的振荡部分运动，接触的条件略差一些。关于抑制燃弧和磨损，在多弓条件下不可能实现单个受电弓正常运行时所需求的电流传输质量，因此，应该进行各种尝试使能量通过单个受电弓传输到多个牵引单元。

第二节　高速铁路接触网的结构与设施

接触网结构是指根据接触网供电需要由接触网零部件组合而成的，能完成一项或多项功能的一种零部件组合形式。在接触网中比较典型的结构有：支柱与基础、支撑装置、锚段和锚段关节、中心锚结、线岔、软横跨、硬横跨、补偿装置、腕臂装配、分段、分相等。在提速或高速接触网中，对这些结构都有相应的技术要求，特别是锚段关节、线岔、分段和分相对高速弓网关系的安全运行至关重要。本章主要介绍和分析高速接触网的主要设备和典型结构的特征。

一、高速接触网支柱与基础

支柱与基础用以承受接触悬挂、支持和定位装置的全部负荷，并将接触悬挂固定在规定的位置和高度上。接触网支柱与基础的选型和设置不但要考虑支柱及基础的承载能力，还要综合的考虑路基、桥梁、隧道、大型高架候车室、跨线桥、干线通信电缆等专业的协调与配合。

1. 接触网支柱的功能

在接触网中,支柱完成的功能是不相同的,支柱可分为中间柱、转换柱、中心柱、下锚柱、定位柱、道岔柱、软横跨柱、硬横跨柱及桥梁柱等几种。

(1)中间柱广泛用于区间和站场上,承受工作支接触悬挂的垂直负荷和水平负荷。

(2)转换柱位于锚段关节内,承受下锚支和工作支的垂直和水平负荷。

(3)中心柱位于四跨或五跨锚段关节中,承受两组接触悬挂(两组工作支)的垂直负荷和水平负荷。

(4)锚柱位于锚段关节的两端或接触网需要下锚的其他地点,承受顺线路方向的下锚拉力和工作支的重力及水平力。

(5)定位柱主要用于站场岔道后曲线处或其他因拉出值超标需支柱定位的地方,它仅承受接触线水平负荷而不承受接触悬挂的重力负荷。

(6)道岔柱主要用于站场两端道岔处使线岔定位符合技术要求。

(7)软横跨柱或硬横跨柱主要用于多股道站场,容量要求较大,一般采用钢支柱。

各种支柱的安装位置如图5-2所示。

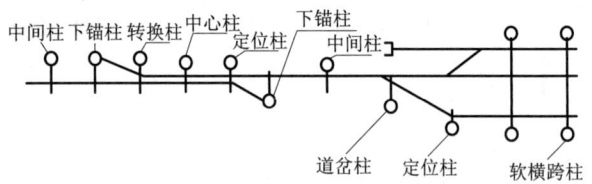

图5-2 支柱分布位置示意图

2. 对接触网支柱的要求

高速铁路对接触网支柱的要求是:强度高、重量轻、结构简单、材料经济合理、具有良好的耐腐蚀能力以及施工、运营维护方便。另外,从美学的角度考虑,高速铁路接触网支柱的选型除考虑技术性能外还应考虑与周围环境的协调性,要美观和漂亮。

3. 支柱类型

(1)H形钢柱。

为了适应客运专线以桥代路的现况,并满足占地小、自重轻、容量大、外形轻巧的要求,中国高速铁路接触网施工中大规模的使用H形钢柱。其具有断面尺寸小、制造和运输简单、安装方便、价格适中等优点;不足的是单H形钢柱抗扭性能较差,做转换柱、中心柱和锚柱时要采用加强或更大容量的H形钢柱。

2008年4月由铁道部经济规划研究院颁布的通用参考图《客运专线铁路接触网

H形钢柱》(通化〔2008〕1301)进一步规范了接触网H形钢柱的使用及规格。

H形钢柱代号：符合标准DIN1025-2的H形钢柱用GH表示；符合标准DIN1025-4的H形钢柱用GHT表示；符合标准GB/T 11263—2008的H形钢柱用GHx表示；x表示法兰盘型号（按照设计图纸确定，可为A、B、C、D、E型。A型法兰适用于柱底弯矩≤150 kN·m；B型法兰适用于150 kN·m<柱底弯矩≤200 kN·m；C型法兰适用于200 kN·m<柱底弯矩≤240 kN·m。三种法兰型式如图5-3所示。

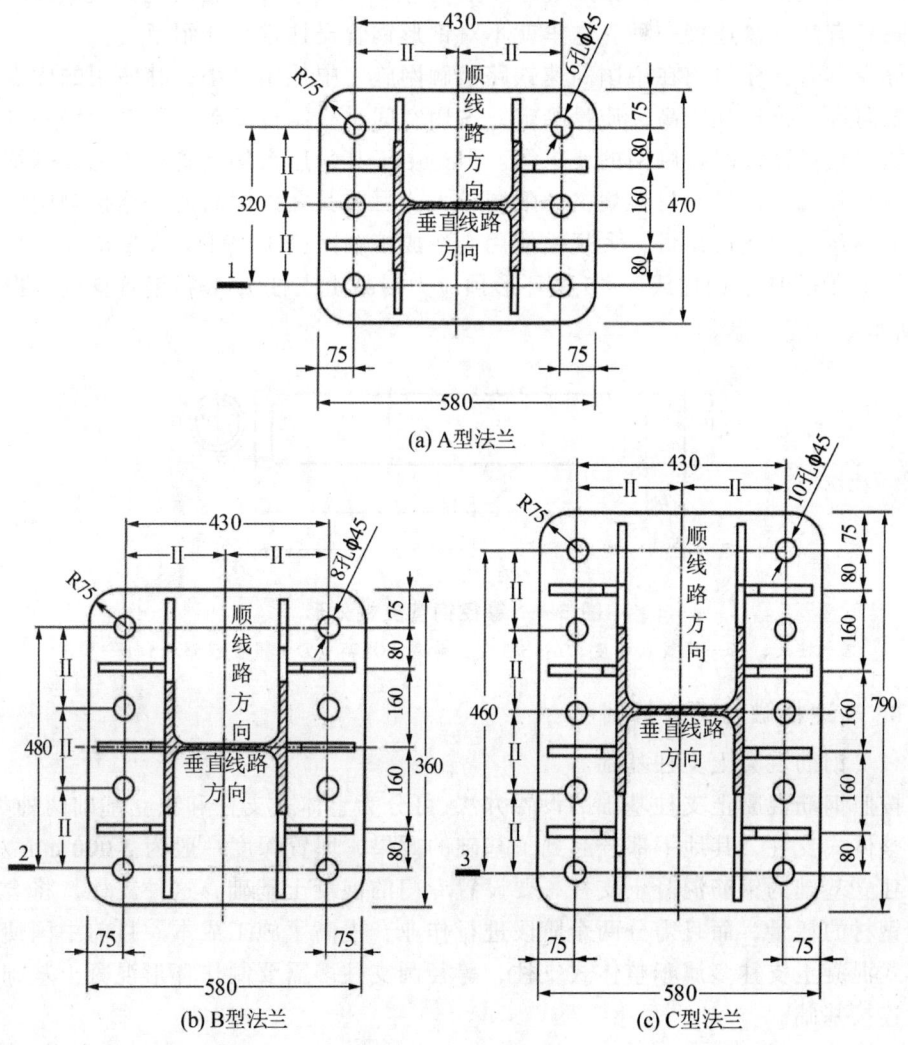

图5-3 法兰型式

（2）环形等径预应力混凝土柱。

我国的200~250 km/h的客运专线路基区段腕臂柱已开始使用离心式环形等径预应力混凝土柱，这种支柱是在专门的离心机上利用旋转产生离心力将混凝土在圆钢模中形成的圆柱而制造的。

它与横腹杆式支柱相比,制造机械化程度较高,生产周期短,运输方便,损耗率低,制造长度较灵活。这种环形等径混凝土柱内的钢筋是沿着圆的周边布置排列,因此支柱的受力无方向性,材料消耗量稍多,而且在攀登时较困难,维修也不方便,目前还未大量推广使用。现在生产有 350 mm 和 400 mm 两种直径的环形等径支柱,其规格与横腹杆式预应力混凝土支柱相同。

（3）钢管支柱。

钢管支柱按照外形分为锥形支柱（锥度为 1∶100）和等径支柱两类。与基础连接方式只有法兰盘连接一种。这里就不对锥形钢管支柱进行介绍了。

等径钢管支柱目前在中国高速铁路接触网施工中使用量小,其使用的优点是受力无方向性,抗扭强度高,质量稳定,占用空间小,制造简单,重量较轻并且承载力也能满足高速铁路接触网的要求等。但是由于其采用市场上管材（无缝钢管）加工,则在其选用上受到材料规格的限制较大。目前其在中国高速铁路接触网施工中使用量小,使用造价昂贵,大规模使用会造成接触网施工费用的大量增加（1 根费用约等于 2 根 H 形钢柱或 4~5 根环形预应力混凝土支柱）,等径钢管支柱外形如图 5-4 所示。

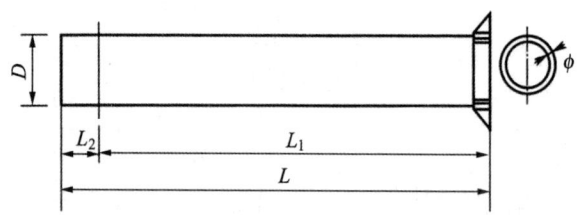

图 5-4　等径钢管支柱外形

L—柱长；L_1—荷载点高度；L_2—梢端至荷载点距离；D—根径或直径；ϕ—壁厚

4. 高速接触网支柱基础

（1）钢筋混凝土支柱基础。

按照钢筋混凝土支柱基础的设置方法,可分为整体式支柱和独立基础两种类型。对于整体式支柱,其地下部分起到了基础的效果,埋置深度一般为 3 000 mm 左右。具有独立基础的钢筋混凝土支柱,要设置专门的混凝土基础,这种支柱,将会大大增加钢材的耗量,而且需分两个阶段进行作业,提高了施工成本。目前中国使用的横腹式混凝土支柱多属于整体式支柱,等径圆支柱多需要制作杯形混凝土基础或法兰盘连接基础。

（2）钢支柱基础。

钢支柱是建立在以钢筋混凝土浇成的基础之上的,基础用于稳定钢柱不倾斜及下沉。配合不同支柱类型及土壤性质,有不同基础类型以适应不同悬挂受力的要求。钢柱基础按外形分为：杯形、桩形、工字形、锥形、单阶梯形、多阶梯形（空心）等。钢支柱基础内预埋地脚螺栓,安装时将钢柱紧固于地脚螺栓上。钢柱安装后,在基础顶部做混凝土基础帽,以保护连接螺栓、螺母使其不致锈蚀。基础帽只起防水作用。

按常规施工方案,我国接触网的架设属于站后工程,即在完成线路、桥、隧等站前工程后再开始接触网施工。因此,线路条件的任何变动都会导致接触网的调整。尤其是桥隧施工时,要重新安装定位吊柱的基础,如此施工往往会破坏桥隧本身的结构。在高速接触网中,应打破这种人为的专业划分,将接触网支柱的基础工程划归到桥隧工程中,使支柱基础和桥隧同步施工,使桥隧工程和接触网支柱工程成为一个整体。

站前工程隧道施工时,根据接触网施工图预留定位支柱的基础,这样提高了施工的精度和效率。

二、高速接触网支持装置

接触网的支持形式有:腕臂式支持、软横跨支持、硬横跨支持、桥隧支持等,高速接触网中,腕臂式支持和倒立柱腕臂支持形式应用最多。

1. 腕臂式支持

腕臂支持结构可分为柔性支持和刚性支持两大类。柔性支持由棒式绝缘子、斜腕臂、悬式绝缘子、水平拉杆(杵环杆)、调节板(多孔板)、钩头鞍子等零部件组成,高速接触网不采用此种形式。刚性支持由棒式绝缘子、斜腕臂、平腕臂、防风装置及其连接零件组成,如图 5-5 所示。

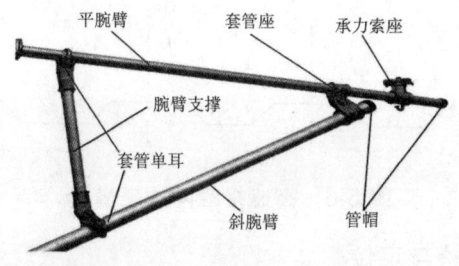

图 5-5 腕臂安装图

刚性支持装置具有以下优点:

(1)将承力索的安装由钩头鞍子式改为承力索底座式,通过调节承力索底座的位置,可调节因支柱安装造成的承力索偏差,或是支柱挠度造成的承力索偏差,从而缩短了接触网的安装调整时间,提高工作效率。

(2)用承力索底座取代了柔性支持结构中的"套管铰环+钩头鞍子"结构,将承力索由悬挂状态改为支持状态,从而改变了承力索的受力状态,很好地消除了因钩头鞍子在套管铰环孔中的动荡造成的承力索、接触线晃动的缺陷。

(3)用刚性水平腕臂替代了常规的杵环杆+调节板或压管结构,使接触网的腕臂装配结构简化，装配零件数大大减小，有利于设计和施工标准化。正由于刚性支持结构具有这些优点，高速接触网一般采用刚性支持，以保证系统的稳定性。

2. 硬横梁的支持与定位

硬横梁具有结构简单、机械独立性强、股道之间不产生影响、事故范围小，支柱所受横向力矩小、结构稳定、抗振性强、可有效降低弓网磨耗和离线、有利于弓网受流的优点，因此，广泛应用于高速接触网电气化铁路车站、城市轨道交通的车辆段和地面咽喉地区。高速接触网电气化铁路的硬横梁结构一般由支柱、横梁、倒立柱、腕臂式支持定位装置组成，如图 5-6 所示。硬横梁与软横梁相比较，硬横梁具有结构简单、稳定、机械独立性强、各股道悬挂不相互影响、站场悬挂形式可与区间悬挂形式保持一致、站场更加整洁美观等诸多优点，在高速接触网中应用较多。另外，硬横梁在高速铁路的渡线上更具优越性，因为它可以装配单支柱不能承载的架空接触网支持装置，克服软横跨结构中相邻股道之间接触悬挂振动的相互影响，更好地实现了架空接触网的机械分割。

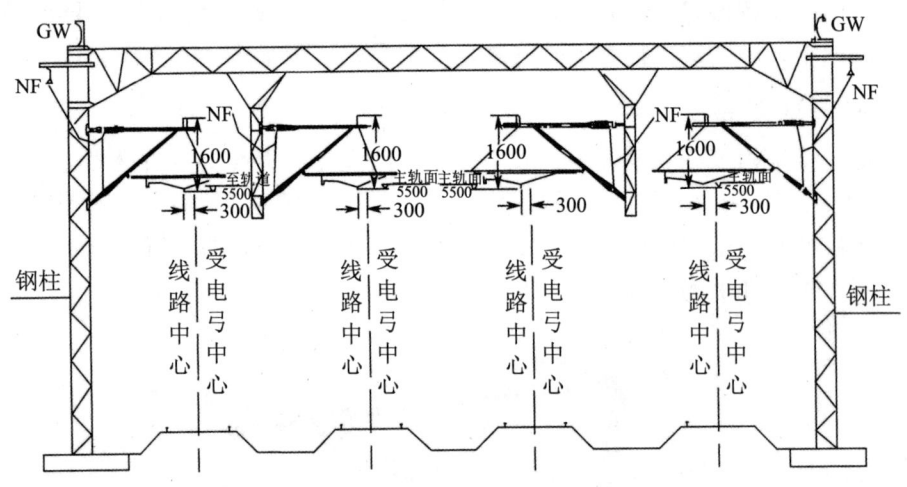

图 5-6 高速接触网的硬横梁

3. 桥梁、隧道支持与定位

隧道中接触网的布置要考虑到空气动力特性所产生的各种问题，如上、下行线间距，隧道断面的阻塞比等；另一方面也要考虑隧道内架空接触网系统所需的限界，该限界主要取决于供电方式、接触线悬挂高度、接触网悬挂类型和安装方式、海拔高度等因素。

隧道常用安装方式有水平悬挂方式、定位吊柱悬挂方式和弹性支撑悬挂方式等，如图 5-7 所示。其中弹性支座是电气化铁道接触网在隧道内或桥涵内简单悬挂的重要装置，它不仅支撑、固定接触导线，而且为接触导线提供良好的弹性性能以满足受电弓与接触线的平稳接触，改善受流质量，已在石太客运专线太行山隧道（全国最长的山岭隧道，全长 27.8 km）内应用，取得了良好的效果。

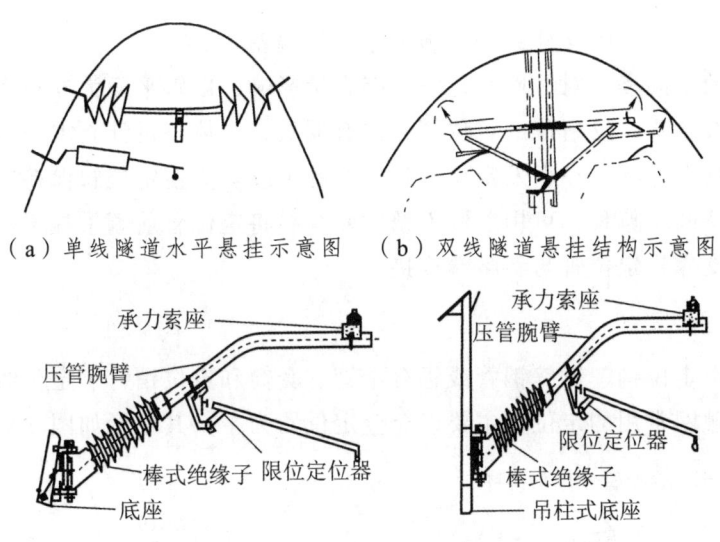

(a) 单线隧道水平悬挂示意图　(b) 双线隧道悬挂结构示意图

(c) 隧道内弹性支撑装置

图 5-7　隧道内常见支持与定位安装图

三、高速接触网定位装置

定位装置系指由定位管、定位器、支持器、定位线夹、定位环、定位支座以及定位钩等零部件组成的定位结构，其主要作用是将接触线定位在受电弓取流所必需的空间位置。

1. 定位管

定位管外形如图 5-8 所示，G 型定位管本体是用 208 优质碳素结构钢制造的无缝钢管或用 Q235A 碳素结构钢焊接的钢管；L 型定位管本体为 6082、热处理状态为 T6 的铝合金管，套筒双耳本体为 AlSi7 Mg0.3、热处理状态为 T6 的铸造铝合金。

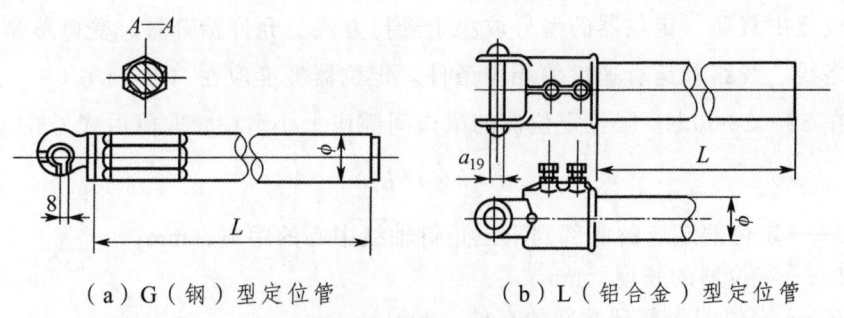

(a) G (钢) 型定位管　　　　　　(b) L (铝合金) 型定位管

图 5-8　定位管外形图

设置定位管的目的是便于定位器的安装和调节，在水平方向调整拉出值，在垂直方向调节接触线高度（调节定位管在斜腕臂上的安装位置可在小范围内调节接触线安装高度,以弥补因支柱或基础施工造成的偏差)。

定位管的空间姿态对弓网运行安全有直接影响,以轨平面为参考面,正定位的定位管允许有抬头,反定位的定位管允许有低头,具体以设计要求为准。否则,定位处易形成硬点,并存在引发定位管打碰弓的可能。为使定位管保持应有的姿态,并与腕臂保持同步偏移,可用多股不锈钢软绞线将定位管前端吊挂于承力索座上,也可用固定支撑将定位管与斜腕臂连接。

2. 定位器

定位器由定位钩、镀锌钢管或铝合金管、套筒和定位销钉、定位线夹等零件组成,高速接触网常用的定位器主要以合金定位器为主,其外形如图 5-9 所示。

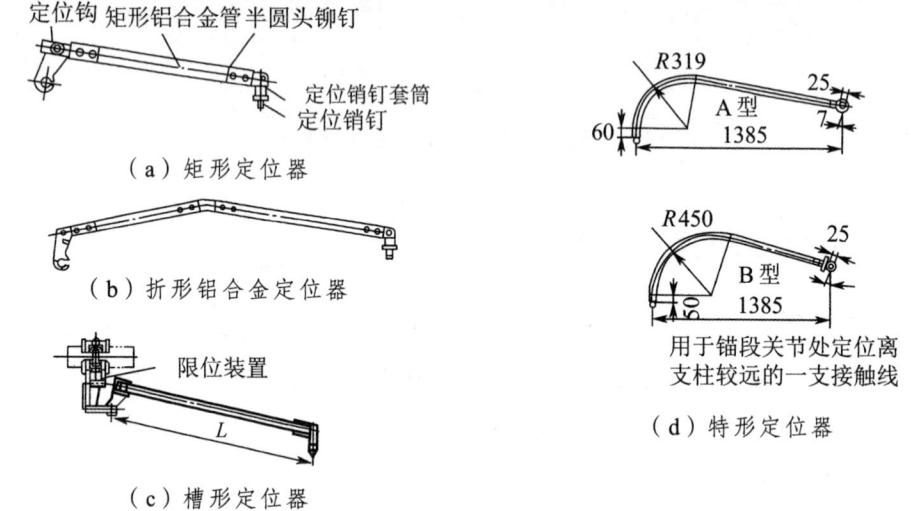

图 5-9 常用定位器外形图

定位器是定位装置的关键零件,在设计条件下,定位器应能保证接触线的高度和拉出值符合设计要求,且不影响接触线沿线路方向的正常伸缩,重量轻、不在定位点形成集中载荷。定位器的型号取决于悬挂方式、允许抬升量、受电弓型号及其动态包络线、线路及运行速度等相关条件。定位器坡度应在 1/8 ~ 1/6(8° ~ 13°),拉力应在 80 ~ 2 500 N。限位定位器的限位间隙应大小适中,取值由式(5-1)计算:

$$d = h \times a / L \qquad (5-1)$$

式中 a——定位器底座的底部到限位止钉轴线中心的距离,mm;

L——定位器的长度,mm;

H——定位器根部到端部的高差,mm。

施工误差应控制在 ±1 mm 以内。

为确保支持及定位零部件的短路稳定性,防止非正常电流烧损定位钩、定位环及其他零件，在支持与定位装置的几个主要机械连接点上应设固定电连接。

3. 定位方式

定位方式是指接触悬挂与支持定位装置以及支柱的连接方式，支柱所处位置不同，其定位方式也就不同。分正定位、反定位、组合定位、软定位、单拉手定位等形式。其中软定位主要用于线路半径小于 1000 m 时的悬挂定位。单拉手特殊定位形式用于当曲线半径小于 600 m 时，布置腕臂的空间也受到限制，高速接触网中不采用，在此不做介绍。

1）正定位和反定位

正定位和反定位是接触网的基本定位形式。正定位用于直线区段或半径在 1 200 ~ 4 000 m 的曲线区段的支柱定位。反定位用于曲线内侧支柱或直线区段拉出值方向与支柱位置相反的支柱定位。正（反）定位的定位装置由直管定位器（当曲线半径为 900 ~ 1 500 m 时用弯管定位器）和定位管组成。正定位的定位器通过定位钩环与定位管衔接，定位管受拉；反定位的定位器通过定位钩和定位支座（保证定位器与定位管之间的距离 ≥ 300 mm）与定位管衔接，定位管受压。

2）组合定位

组合定位是指在一个支柱上完成两组以上接触悬挂定位的定位形式。转换柱、中心柱、道岔柱的定位均为组合定位，如图 5-10 所示。

（1）四跨非绝缘锚段关节。

四跨非绝缘锚段关节的技术条件为：在两转换柱间，两组悬挂在水平面内的投影平行，且水平距离为 200 mm，允许误差 30 mm；在转换柱处，两组悬挂的垂直距离为 550 mm；在两转换柱间，受电弓在两接触线工作转换点的高度应尽量一致，允许误差 20 mm。在中心柱处，两接触线等高，且高出标准导高 80 mm。两导线间的连线应与该处轨平面平行，允许误差 20 mm。在曲线区段，中心柱两工作支导线相对高差 A 与线路超高 h 的关系应能满足式（5-2）。

$$A = \frac{h \times X}{L} \tag{5-2}$$

式中　X——中心柱处两支导线间的水平距离；

　　　L——轨距；

　　　A——中心柱处两支导线相对高度；

　　　h——外轨超高。

当接触悬挂因下锚等原因需改变走行方向时，其偏角正线不大于 4°，困难情况下不大于 6°；站线不大于 6°，困难情况下不大于 8°。

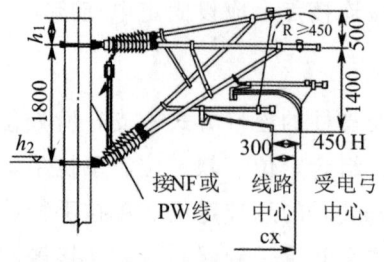 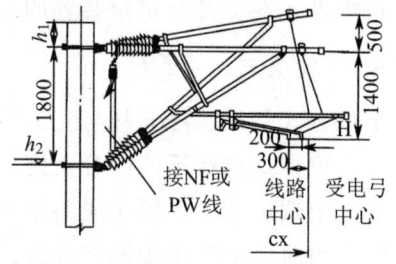

（a）四跨绝缘锚段关节中心柱装配图（ZJS3） （b）四跨非绝缘锚段关节中心柱装配图（ZFS3）

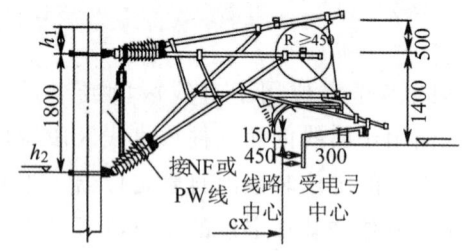 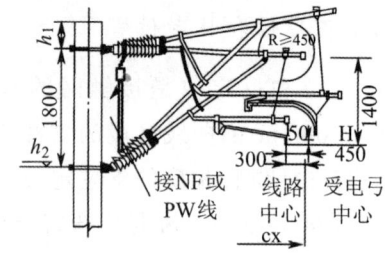

（c）五跨绝缘锚段关节转换柱装配图（ZJS3） （d）五跨绝缘锚段关节转换柱装配图（ZJS4）

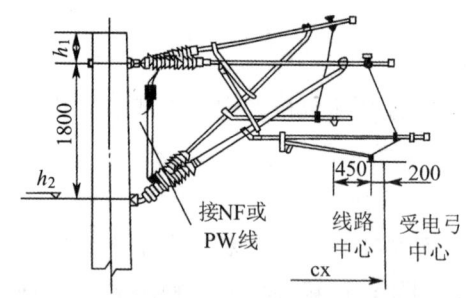 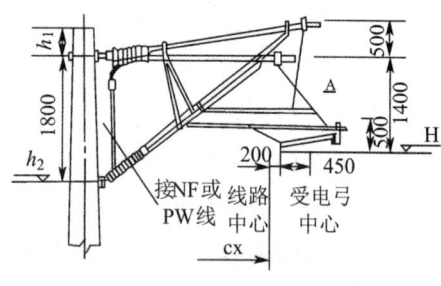

（e）五跨绝缘锚段关节转换柱装配图（ZJS1） （f）五跨绝缘锚段关节转换柱装配图（ZJS2）

图 5-10　组合定位示意图

（2）四跨绝缘锚段关节。

其平面布置如图 5-11 所示。

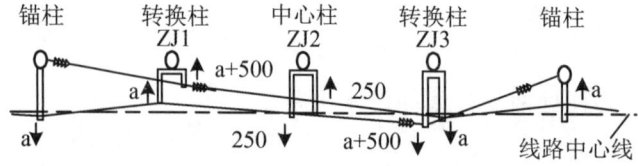

图 5-11　四跨绝缘锚段关节的平面布置图

四跨绝缘锚段关节的技术条件如下：

① 在转换柱之间，两支接触线在水平面内的投影平行，线间距为 500 mm。

② 在转换柱处，两组悬挂的垂直距离应保持 400～500 mm（悬式绝缘子分段

时）或 350~400 mm（直径不大于 150 mm 的绝缘杆件分段时）。非工作支接触线的分段绝缘子或绝缘杆的下裙边应高于工作支接触线 100 mm 以上。

③ 中心柱定位处两支接触线高度相等。

④ 下锚柱处，绝缘子串距定位滑轮中心的距离不得小于 800 mm。

⑤ 非工作支接触线和下锚支承力索在两转换柱内侧各加设一串悬式绝缘子（一般为 4 片），并在锚柱与转换柱间距转换柱 10 m 处用电连接将锚段最后一跨的线索与相邻锚段线索连接起来。

⑥ 接触线改变方向时，其偏角一般不大于 6°，困难时不大于 12°。

⑦ 两个锚段在电路上的连接，需经隔离开关进行控制，严禁隔离开关带负荷打开或闭合（负荷隔离开关除外）。

（3）五跨绝缘锚段关节。

五跨绝缘锚段关节的平面布置如图 5-12 所示。

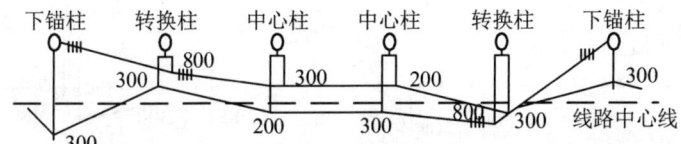

图 5-12 五跨绝缘锚段关节平面布置图（直线区段）

五跨绝缘锚段关节的技术条件为：在锚段关节内，两组悬挂间的有效绝缘距离须大于 450 mm（水平方向和垂直方向）；在靠近下锚侧的两转换柱内，两悬挂在水平面内的投影平行，且距离应保持在 450 mm；在靠近下锚侧的转换柱处，两悬挂的垂直距离应在 550 mm 以上；在中心跨的两转换柱处，两悬挂的垂直距离应保持在 150 mm；两工作支的等高点应位于中心跨的中间，等高点的接触线高度应高出标准导高 40 mm；正线下锚支偏角不大于 4°，困难时不大于 6°；站线下锚支偏角不大于 6°，困难时不大于 8°。

设置五跨绝缘锚段关节的主要目的是为了改善受电弓通过绝缘锚段关节的受流条件，将四跨绝缘锚段关节中的点过渡（在中心柱定位点处）改为五跨绝缘锚段关节的线过渡，锚段关节转换跨内的两支接触线为抛物线线型，从而避免了采用"整个转换跨内两支接触线等高"时，在两根转换柱的定位点处。受电弓同时接触两支接触线，形成硬点，也避免了由于动态接触压力的作用，受电弓不得不划过转换柱处的接触线折线处。

（4）七跨和九跨锚段关节。

七跨和九跨锚段关节主要用于高速接触网中，配合一定的电气设备，取代元件式电分相绝缘器实现接触网的电分相。

七跨锚段关节的平面布置如图 5-13 所示，因它看似由两个四跨绝缘锚段关节叠加组成，故又称八跨锚段关节。七跨锚段关节实际是在两个完全独立的由不同相电源供电的锚段间嵌入一个七跨中性段形成的，中性段分别与两边的锚段组成两个四跨绝缘锚段关节，机车靠惯性通过两个中心柱间的 100 m 左右的无电区。

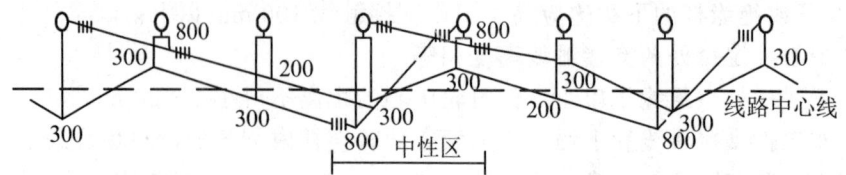

图 5-13 七跨锚段关节结构示意图（直线区段）

在高速接触网中，有时需要更长的中性嵌入段，这时可采用九跨结构，如图 5-14 所示。因它看似由两个五跨绝缘锚段关节叠加组成，故又称十跨锚段关节。它是在两个完全独立的由不同相电源供电的锚段间嵌入一个九跨的中性段，中性段与相邻锚段构成两个五跨绝缘锚段关节，在两内中心柱间可形成大约 150 m 的无电区，电力机车靠惯性通过。

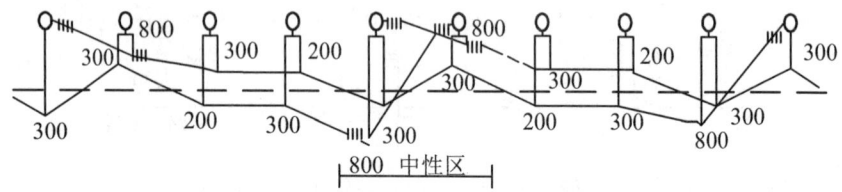

图 5-14 九跨锚段关节结构示意图（直线区段）

七跨和九跨锚段关节的技术条件与四跨和五跨绝缘锚段关节的技术条件相同。

五、高速接触网张力补偿装置

张力自动补偿装置安装在锚段的两端，它的作用是补偿线索内的张力变化，使张力保持恒定。补偿装置有滑轮补偿、棘轮补偿、鼓轮补偿、弹簧补偿、液压补偿、气压补偿等几种类型。我国高速接触网采用的主要有无油大滑轮组补偿装置和棘轮补偿装置，在此只介绍无油大滑轮组补偿装置、棘轮补偿装置和弹簧补偿装置。

1. 铝合金滑轮组自动补偿装置

我国研制的无油大滑轮组补偿装置，大轮直径 300 mm，小轮直径 195 mm，采用三个不同直径的圆轮组成不同变比的滑轮组，适用变比范围大；采用高强度耐腐蚀的铝合金金属模铸造，补偿绳采用不锈钢钢丝绳，连接零件双耳楔形线夹采用铸铝青铜，防腐性能好；基本可达到无维修或少维修；装置传动效率高，转动灵活（传动效率达 97% 以上）。其结构如图 5-15 所示。不考虑断线，因而没有断线制动装置，该装置在大秦、京郑线引进采用，效果良好。随后在时速 200～250 km 的客运线上广泛采用，我国已经开通的石太客运专线就采用了无油大滑轮组补偿装置，效果良好。

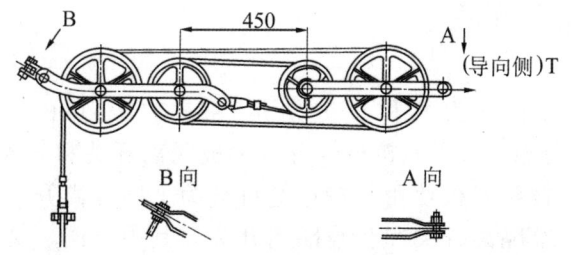

图 5-15　1:4 转动比铝合金滑轮自动补偿装置

2. 棘轮装置

我国在 Re250 线路上自动补偿装置普遍采用棘轮装置。结构如图 5-16 所示。

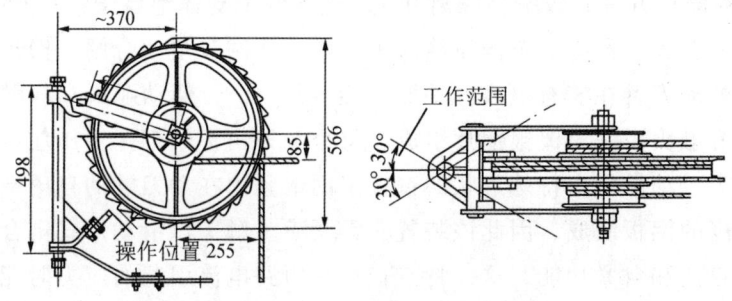

图 5-16　棘轮补偿装置

棘轮外径为 566 mm。材质可分锻铸铁和铸铝合金两种；传动比只有 1∶3；有断线制动装置，断线后可防止坠砣串落地；因为只有一个传动轮，磨耗少、传动效率高，传动效率可达到 97%以上。补偿绳采用镀锌钢丝绳，在长期露天工作条件下镀锌层磨耗后容易锈蚀而造成断股。引进国内后将补偿绳变换为不锈钢丝绳，在时速 300～350 km 的客运线上广泛采用，我国已经开通的京津城际、京沪高铁、武广客专、沪宁城际等高速铁路全部采用棘轮补偿装置。

3. 弹簧补偿装置

弹簧补偿装置结构及安装效果如图 5-17 所示。

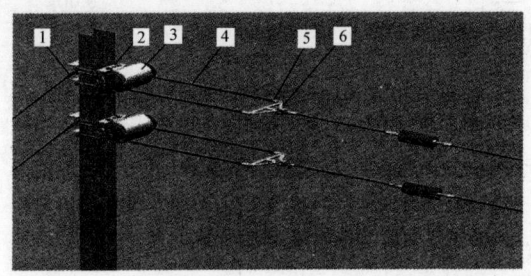

图 5-17　弹簧补偿装置下锚安装效果图

1—承锚角钢；2—固定销轴；3—弹簧补偿装置；
4—补偿绳；5—双耳楔形线夹；6—平衡板

六、远动隔离开关

隔离开关按功能分为两种，分别是 S3F-27.5/2 000 型电动隔离开关和 S2V-27.5/2 000 负荷隔离开关；按极性分有单极隔离开关和双极隔离开关。两种隔离开关均可组成单极和双极使用；按用途可分为上网隔离开关、联络隔离开关、越区隔离开关、关节隔离开关和分疏隔离开关。其中上网、关节、分疏隔离开关为 S3F-27.5/2 000 型电动隔离开关，联络、越区隔离开关为 S2V-27.5/2 000 负荷隔离开关。

1. S3F-27.5/2 000 型隔离开关（见图 5-18）

S3F 系列隔离开关是铰链型隔离开关，配备两个支撑绝缘子：一个用于动刀臂，另一个用于静触头，另有一个操作绝缘子，在"开闸"与"合闸"操作中，由操作绝缘子驱动的动刀臂在装有电极的平面上旋转约 65°，使动触头和静触头分别脱离或咬合。其静触头由一对镀银铜片组成，每个触刀由不锈钢弹簧压住以便有足够的恒定接触压力。动触头由特殊形状的铜板牢固地紧固在动刀臂的自由端。动刀臂由两件适当厚度的铝板制成，因此该装置非常紧凑。触头以滑动形式耦合，而且触头的构造具有自洁和自紧功能，这一特点在存在短路电流引起的应力时能够确保其具有最佳性能。固定底座由热镀锌板制成，它的尺寸能够满足线路终端的连接应力并能承受短路电流造成的冲击等。

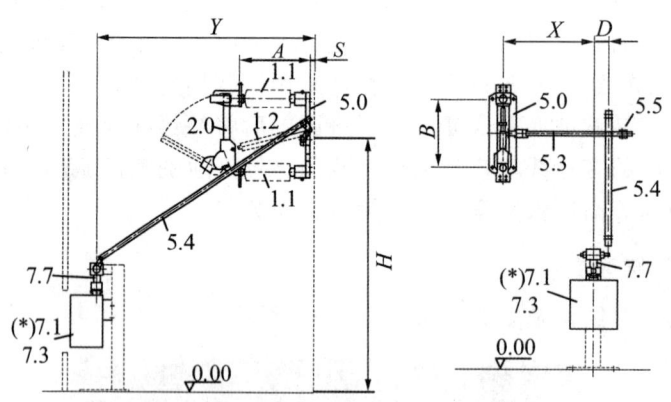

图 5-18 S3F 型隔离开关机构图

1.1—支撑绝缘子；1.2—操作绝缘子（旋转组件）；2.0—活动带电部分；5.0—固定底座装置；5.1—隔离开关的角向传动装置；5.2—接地开关的角向传动装置；5.3—隔离开关的水平传动轴装置；5.4—接地开关的水平传动轴装置；7.1—电机驱动机构接地；7.3—手动驱动机构；7.7—隔离开关的垂直驱动轴

2. S2V-27.5/2000 型隔离开关

S2V 系列隔离开关的主要构成部件如图 5-19 所示。

在合闸操作时，随着铰接绝缘子在合闸方向上的动作，触臂和接触端子一同移动进入接触叉。

随着进一步的动作,灭弧室内的弹簧开关机构就会被凸轮系统激活,该系统位于下底座内并起到真空断路器的作用。只有在主接触系统达到最终位置后,主接触系统的全电流负载能力才会得到保证。

图 5-19　S2V 系列隔离开关

在操作情况下,真空断路器是分流的。在断路操作中,首先是主接触系统断开,从而使电流通过触臂完全流向分路的真空断路器。随着断路操作继续进行,真空断路器在灭弧室内打开并且切断负载电流。当接触系统实现适当的绝缘距离时,系统就达到了断电状态。在实施开关动作的时候,从外面是看不到电弧的。

七、高速接触网线岔

接触网的线岔是关系行车安全的关键设备之一,国内外运营经验表明:弓网事故多发生于此。接触网在道岔区的平面布置是否合理直接影响到受电弓的取流安全和质量,如何实现高可靠性的接触网道岔区设计,是提速改造和高速客运专线设计工程实施中应重点研究的内容之一。

1. 高速道岔

高速道岔分两类:一类是适用于直向高速行车的道岔,这类道岔一般为常用号码道岔,不仅可用于新建高速线路上,以保证列车直向高速通过,也用于由普通线路提速改建成高速铁路的线路上,使车站平面布置变动减少;另一类是直向和侧向都能通过高速列车的大号码道岔,它们一般铺设在新建的高速线路上以及旧线改建时列车需要高速通过的部位。

(1)高速道岔结构构成主要特征。

① 在基本轨与尖轨的贴靠部位,对基本轨轨距线以下的轨头下颚作 1:3 的刨切,以获得藏尖式结构。这种措施对确保逆向行车安全、防止尖轨尖端被轧伤并使尖轨在动荷载作用下能保持良好的竖向稳定是十分有效的。在可动心轨辙叉中,心轨与翼轨的贴靠部位同样采用这样的结构形式,对心轨尖端也起到良好的保护作用。

② 采用高度比基本轨矮的特种尖轨钢轨加工成尖轨,尖轨为弹性可弯式。尖轨

根部轧制成与普通轨相同的截面，与连接轨直接焊接相连。尖轨根部有局部刨切的，也有不作刨切的，这样可以大大提高转辙的稳定性和可靠性。

③ 大号码道岔的尖轨一般较长，为保证尖轨转换可靠即扳动到位，常使用多根转辙杆。如法国 UIC60 轨 tan 0.0154 道岔，尖轨长 57.50 m，采用 6 根转辙杆。德国 UIC60 轨 1∶26.5 道岔，尖轨长 31.740 m，采用 4 根转辙杆。在长尖轨下设置了尖轨扳动时的减摩擦装置。

④ 采用特种断面的护轨钢轨。护轨轨面高于基本轨，这样可增加护轨与车轮的接触面，更有效地引导车轮，减少心轨磨耗。

⑤ 焊接道岔部位的接头，采用了无缝道岔，能提高高速列车过岔时的走行平稳性。

⑥ 在道岔范围内使用新型轨下基础，以便和区间线路的轨下基础类型一致。

秦沈客运专线是我国第一条最高时速超过 200 km 的铁路。随着秦沈客运专线的建设，我国高速道岔的研制工作开始起步，其代表是 60 kg/m 轨的 18 号和 38 号道岔，表 5-6 列出了这两种道岔的主要参数。

表 5-6 60 kg/m 轨 18 号和 38 号道岔的主要参数

道岔号数	导曲线形式及参数	道岔全长（m）	道岔前长（m）	道岔后长（m）	尖轨长度（m）	辙叉长度（m）	长心轨长（m）	侧向护轨长（m）	拉杆数量（根）	通过速度（km/h）	
										直向	侧向
18	圆曲线半径 1100 m	69	31.729	37.271	22.01	18.596	13.675	7.5	3+2	250	80
38	半径 3300 m 的圆曲线+三次抛物线	136.2	48.771	87.429	37.60	29.392	23.875	10	6+3	250	140

（2）18 号和 38 号道岔主要结构特征。

① 钢轨件全部采用 60 kg/m 的 PD3 钢轨制造；道岔设 1∶40 轨底坡（尖轨、心轨、翼轨设 1∶40 轨顶坡）。

② 采用Ⅲ型弹条扣件；轨下基础为钢筋混凝土轨枕；岔枕间距按 600 mm 设置（设置电务拉杆处岔枕间距为 650 mm）。

③ 尖轨为藏尖式结构；尖轨竖切区段工作边和非工作边均采用 1∶4 斜坡，尖轨设置限位器，18 号道岔设一个，允许伸缩量为 10 mm；38 号道岔设两个，允许伸缩量为 7 mm。滑床台为减摩式，下设弹片弹性扣压基本轨内侧轨底，在滑床台上还设有斥离尖轨防跳限位装置。

④ 心轨为组合式。心轨与翼轨密贴段为藏尖式结构，利用心轨的藏尖来防止心轨的跳动，同时在翼轨的轨腰上加装一个卡铁压住心轨的轨底，以加大心轨防跳安全系数。长、短心轨根部为弹性可弯（部分轨底刨切），短心轨根端采用斜接头与岔跟尖轨连接。

⑤ 翼轨采用 60AT 轨锻压成型，其平直段长度为 530 mm，两端与 60 kg/m 钢轨焊接。翼轨跟端与心轨采用三块间隔铁通过高强螺栓连接。

⑥ 道岔侧股设 H 形护轨,采用 50 kg/m 标准轨制造。护轨顶面高出基本轨顶面 12 mm,护轨冲击角 18 号道岔为 29′17″,38 号道岔为 20′16″。

⑦ 均采用分动钩形外锁闭装置,未设密贴检查器。转换装置安装在混凝土岔枕上。

⑧ 道岔绝缘接头为胶结结构,钢轨件全部焊接。道岔始、终端与区间钢轨焊连构成跨区间无缝线路。

2. 道岔上部接触网的布置

(1) 基本要求。

① 保证行车安全、无硬点、接触网弹性满足受电弓从正线高速通过;

② 无论受电弓从正线进渡线或从渡线进入正线,两支接触线在动态调节下均应保证受电弓平稳过渡;

③ 线岔结构简单,便于检调、维护工作量少。

(2) 高速接触网线岔的布置原则。

在高速接触网中,由于道岔型号增大,交叉线岔的布置不能采用普速接触网的标准定位(即:单开道岔上空两接触线相交于道岔曲线两内轨距为 746~835 mm 处,定位柱位于距接触线交点 1 000~1 500 mm 处,或两线路中心距离为 600 mm 处),而应根据受电弓型号及其动态包络线、定位柱处接触线拉出值、定位柱支持装置的几何尺寸,道岔型号等资料,通过明确的几何关系研究进行接触网线岔布置,从而保证受电弓高速安全平滑通过线岔区。

(3) 交叉线岔的布置原则。

根据国内外的接触网道岔始触区原理定位设计经验,为达到机车在道岔处的良好运行性能,交叉式线岔布置可参照如下原则:

① 道岔定位应在道岔轨缝 WA 至线间距小于等于 350 mm 的范围内。

② 在道岔定位处的最大拉出值不得大于 400 mm。

③ 道岔的两线路接触悬挂的线岔交点距两线路任一线路中心线的距离一般不得大于 350 mm,线岔交点与正线线路中心线间应保持最小距离(不应大于正线拉出值减去 50 mm)。

④ 道岔区的跨距以最大风偏不超过规范要求的范围为原则,一般不得大于 60 m。

⑤ 距道岔两线路中心线的任一中心线两侧 600~1 050 mm 范围为无线夹区域,在此区域内不得设置接触线定位线夹、弹性吊索线夹、点连接线夹。

⑥ 道岔开口方向上道岔定位后的第 1 个悬挂点设在线间距大于或等于 1220 mm 处,并应保证两接触悬挂任意某一悬挂的接触线与相邻线路中心线的距离不小于 1220 mm。即任何一条线路中心线与另一条线路的接触线距离不得小于 1220 mm。如果小于该距离,另一条线路的接触线定位线夹会侵入该线的受电弓限界内。

⑦ 正线与渡线的两条接触线,必须架设在受电弓的有效工作范围内,在任何受电弓行驶方向上,两支接触悬挂的接触线必须在受电弓半宽的同一侧,即从道岔开

口线间距 1 050 mm 开始至线岔交点的范围内，两支接触悬挂的接触线应设在受电弓半宽的同一侧上方；从道岔开口线间距 800 mm 开始至线岔交点范围内，两支接触悬挂的接触线必须设在受电弓半宽的任一侧上方，即不论对直股运行的受电弓还是侧股运行的受电弓，两支悬挂的接触线都必须设在受电弓中心线的同一侧，两导线均处于开口内。

⑧ 在道岔定位的前一悬挂点（指岔尖侧方向上的支柱），两支悬挂的接触线也应在线路中心线的同一侧，为改善受流质量，渡线的接触线一般应被抬高 500 mm（该值大小应根据该跨距值，经计算确定），拉出值为 800 mm。

⑨ 定位器的长度应根据受电弓的限界确定,确保其根部固定支座不得侵入受电弓限界。

⑩ 道岔定位处定位器原则上不应跨越该线的线路中心线，否则应使定位器加长，并采用特殊弯形定位器，以保证定位器的端部不侵入其他线的受电弓限界，根部不得侵入本线的受电弓限界；定位器应处于受拉状态，受拉力不得小于 80 N。

分段绝缘器一般设在接触线与侧股中心线重合的地方，分段绝缘器导流板外缘（靠近岔心端及直股的内缘）与直股接触线的距离不小于 1.5 m；分段绝缘器两端必须是悬挂定位点，不能只定位不悬挂；道岔柱的布置和侧线起锚必须兼顾始触区与吊弦的设置要求；在支持装置处受电弓只与一条接触线接触，防止出现硬点；定位处采用定位器双拉受力设计；使用交叉吊弦，保证受电弓通过任一条线时正线和侧线能同时被抬升；与高速正线交叉的侧线，尤其是正线间的渡线，应采用与正线材质及张力相同的接触网系统；采用双腕臂定位、大结构高度、交叉吊弦、带一定弧度的滑板形状、长线岔、不限制定位柱位置的线岔定位方式。交叉点距最近支柱应不小于 2.5 m。

（4）无交叉式线岔定位。

正线高速（350 km/h）和侧线低速（<100 km/h）无交分式道岔定位方式在设计时应优先满足交叉道岔定位所述的基本原则，且还要考虑如下因素：

① 合理设置定位处的拉出值，优化侧线下锚的方向，充分考虑始触区内的弓网安全关系，确保正线受电弓高速通过时，动态范围内不与侧线接触网发生关系。

② 对于 350 km/h 的正线，接触线的变化坡度为 0。侧线由于速度较低，其坡度的变化应考虑受电弓在正线和侧线转换运行时，任何方向都应满足始触区范围内无线夹。

3. 常用交叉线岔的基本布置

在高速接触网中，单开道岔的定位柱一般设置在两线间距为 200～400 mm 的范围内，两支接触线在线间距为 500～600 mm 的范围内相交。

12 号道岔所对应之线岔定位如图 5-20 所示，定位柱位于两线路中心线间距 400 mm 处；两接触线相交于两线路中心线间距为 600 mm 的正上方；道岔定位处，侧线抬升 20 mm。

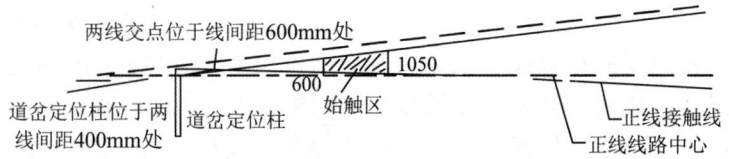

图 5-20　12 号道岔的悬挂定位示意图

18 号道岔所对应之线岔定位由两根定位柱组成，道岔定位柱 1 位于两线路中心线间距 400 mm 处，道岔定位柱 2 位于两轨中心线间距 1320 mm 以外，并保证任何一条线路中心线与另一条线路的接触线距离不小于 1225 mm，如图 5-21 所示。

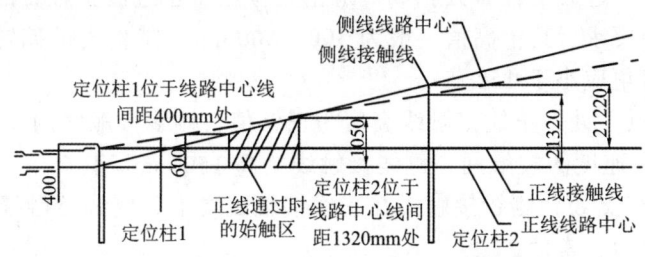

图 5-21　18 号道岔悬挂定位示意图

道岔定位处，侧线抬升 30 mm；正线接触线的水平投影距侧线线路中心 600~1 050 m 之间的区域为列车正线行驶时受电弓与侧线接触线的始触区（图中阴影部分）；侧线接触线的水平投影距正线线路中心 600~1 050 mm 之间的区域为列车侧线行驶时受电弓与正线接触线的始触区（图中未标出）。始触区范围内禁止安装线夹类金具，始触区长度不应大于 8 000 mm。始触区范围内，两支接触线与受电弓接触时应位于受电弓中心线的一侧；始触区范围内，侧线接触线通过吊弦抬高 30 mm。

38 号道岔上空对应的接触网按以下原则布置如图 5-22 所示。

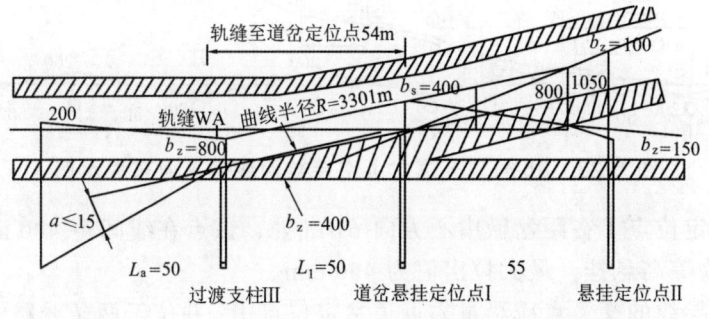

图 5-22　38 号单开道岔上空接触网线岔平面布置

① 正线和侧线各自两侧 60~1 050 mm 的阴影区域为无线夹区。

② 定位点 I 可在 WA 点至线间距 400 mm 之间任何一点定位，但不得在大于线间距 400 m 之外位；定位点 I 处正线和侧线接触线的拉出值应不小于该点处的线间距，否则必须使用加长的特殊弯刀型定位器，特殊情况下侧股拉出值也不得大于 450 mm。

③ 定位点Ⅱ处于大于线间距 1 220 mm 之外,但该跨跨距不能太大,应满风偏的要求;正线和侧线的接触线尝试采用不同的拉出值,并通过与道岔悬挂定位点Ⅰ的拉出值相配合,使两支悬挂的接触线在线间距 800～1 050 mm 内,即应保证两导线在道岔开口内。这样才能保证正线和侧线均在受电弓的同一侧。另外还要注意线岔交点的 O 位置,使 OA 或 OB 不得大于 350 mm,且 O 点至道岔定位点Ⅰ的距离大于 2.5 m。

④ 侧线接触线在道岔定位点Ⅰ至过渡支柱Ⅲ之间,应尽量使之与正线工作支向同侧拉出,满足在受电弓同一侧的要求,避免钻弓的危险。侧线接触悬挂应单独成为一个小锚段,在过渡支柱Ⅲ处抬高。道岔定位点Ⅰ至过渡支柱Ⅲ的跨距 L_1,应满足最小抬高量的要求,其抬高值一般为 300～500 mm。工作支的偏转角应小于 10°,非工作支的偏转角应小于 15°。

⑤ 在定位点Ⅰ处,正线接触线高度为正常值,侧线接触线的高度抬高 30 mm。对 250 km/h 行车速度的接触网,侧线接触线抬高 150 mm。

⑥ 在线岔交点处,侧线接触线在正线接触线之上,侧线接触线抬高 30 mm,正线接触线高度为正常值。

⑦ 在悬挂定位点Ⅱ处,侧线接触线抬高 30 mm,正线接触线高度为正常值。

⑧ 在过渡支柱Ⅲ处,根据跨距 L_1,计算出点定位Ⅱ与定位点Ⅰ间的最大抬高变化量,将计算结果加上定位点Ⅰ处的抬高量即为点Ⅲ处的最大允许抬高量。

⑨ 下锚柱处,根据跨距 L_2,计算出下锚柱与定位点Ⅲ间的最大抬高变化量,将计算结果加上定位点Ⅲ处的抬高量即为定位点Ⅲ处的最大允许抬高量。

38 号道岔上空接触线岔的平面布置如图 5-23 所示。

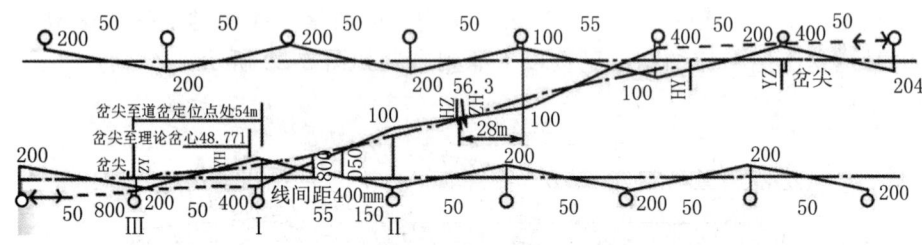

图 5-23　38 号单开道岔上空接触网线岔平面布置示例

① 基准定位点Ⅰ在距岔辙中心方向 61 m 处,该点在线间距 400 mm 以内:该点两支导线为等高悬挂,最大拉出值为 400 mm。

② 两支导线的交叉点应尽量靠近道岔定位点Ⅰ,并位于两条线路的中间,如有偏移应靠近正线线路中心。

③ 在定位点Ⅰ～Ⅱ(Ⅱ点设在距Ⅰ点 50 m 处)之间为受电弓驶入或驶出区域,即在线间距为 600～1050 mm 的范围内,应保证两支接触线在受电弓中心线的同一侧,并且该区域为无线夹区。

④ 在交叉点两侧,两导线间 550～600 mm 处各设一组交叉吊弦,以保证受电弓在始触点附近两支导线等高。

⑤ 侧线经过定位点 I 以后不能直接下锚，而应延长至少一跨并抬高 350 ~ 500 mm 后下锚。

⑥ 定位器原则上不超过线路中心线，并应处于受拉状态，拉力不小于 80 N。

以上介绍了高速接触网中常用的三种线岔的布置形式，一般情况下，在提速或高速线路中，18 号道岔应用最多，其侧向允许通过速度可达 160 km/h 或 220 km/h。更大号的道岔应用较小，其主要原因是道岔号越大，所对应的线路越长，车站到发线将增加，道岔上空的接触网的布局也随之复杂。

4. 无交叉线岔的基本布置

（1）无交叉线岔的主要特点。

在道岔处，两支悬挂在空间是分开的，不像普通线岔那样有交叉点。相对于交叉式线岔，无交叉线岔的安装调整更困难，安装精度要求更高，但它能够满足高速行车的要求，机车经过线岔时能平稳通过，并有良好的受流特性，硬点不明显，这是交叉式线岔所无法替代的。这种道岔定位由于结构上的特点，能适应多种形状的受电弓。无交叉式线岔理论上可以适应高达 400 km/h 的速度要求，在原理上接近三跨式锚段关节的过渡原理，在平面布置时，充分考虑始触区无线夹的要求，并使两支接触线在始触区范围内尽量位于受电弓中心线的同侧，避免引发钻弓事故。但是无交叉线岔过渡的下锚支在定位点处的转角较大（道岔角），导线水平力偏大，不利于精确定位，尤其是针对 12 号以下的道岔难度较大，因此，无交叉线岔一般用于 18 号以上道岔。

（2）无交叉线岔的基本布局。

无交叉线岔的平面布置如图 5-24 所示。无交叉线岔有两个始触区和一个等高区。在两线路中心线线间距 126 ~ 526 mm 之间为第一始触区，在此区内渡线接触线比正线接触线高 H_1；在两线路中心线线间距 526 ~ 806 mm 之间为等高区，在此区内两接触线等高；在两线路中心线线间距 806 ~ 1 306 mm 之间为第二始触区，在此区内正线接触线比渡线接触线高 H_2；H_1、H_2 的取值与道岔型号和行车速度有关。

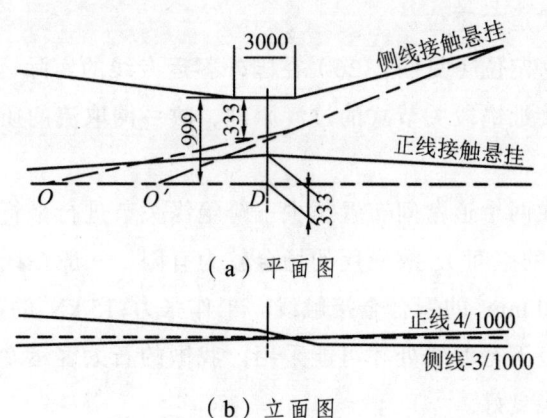

（a）平面图

（b）立面图

图 5-24 无交叉线岔的平面布置

安装完成后，无交叉线岔的定位柱应位于两线路中心线相距 666 mm 处；正线接触线拉出值为 333 mm，渡线导线距正线线路中心线为 999 mm，距渡线线路中心 333 mm，允许误差 ± 20 mm，渡线接触悬挂过岔后抬高下锚；正线接触线抬高 1‰，渡线接触线降低 3‰，在线岔另一侧渡线接触线抬高 3‰ 下锚；始触区内不允许安装任何悬挂或定位设备，但等高区内可以安装。

（3）无交叉线岔的过渡原理。

如图 5-25 所示，当电力机车从正线上通过道岔时，受电弓在任何情况下均不与侧线的接触线相接触（这在高速情况下尤为重要），避免了受电弓通过交叉线岔时较易发生的打弓现象；电力机车从侧线进入正线或从正线进入侧线时，受电弓能从侧线与正线接触线之间实现平稳过渡，不发生刮弓现象。

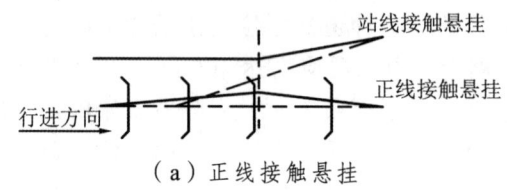

(a) 正线接触悬挂

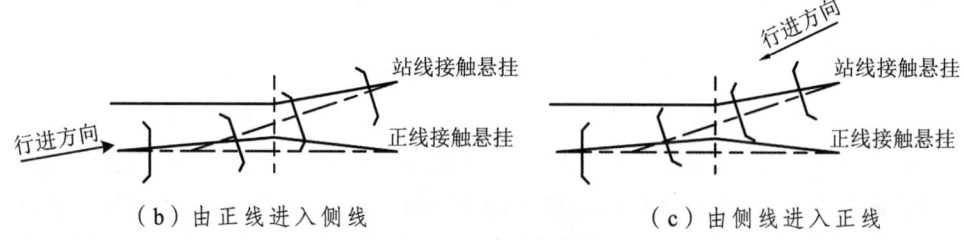

(b) 由正线进入侧线　　　　　(c) 由侧线进入正线

图 5-25 无交叉线岔的过渡原理

（4）三线关节式道岔定位。

三线关节式道岔定位（见图 5-26）在国外客运专线的实际运营效果令人满意，由于该方式实质上接近锚段关节式的过渡原理，故弓网取流的质量和安全性最容易得到保证。

但该方式需要在两个道岔间布置至少三跨绝缘关节进行平行过渡的接触网（即需要 150 ~ 200 m 长的空间），故应用的场合较为有限，一般在线间距为 5 m 的线路上，截面面积为 120 mm² 的铜合金接触线。工作张力 15 kN 的条件下，需具备 30 号及以上的道岔的上下行渡线处才可能采用。我国的石太客运专线就采用三线关节式无交叉线岔，效果良好。

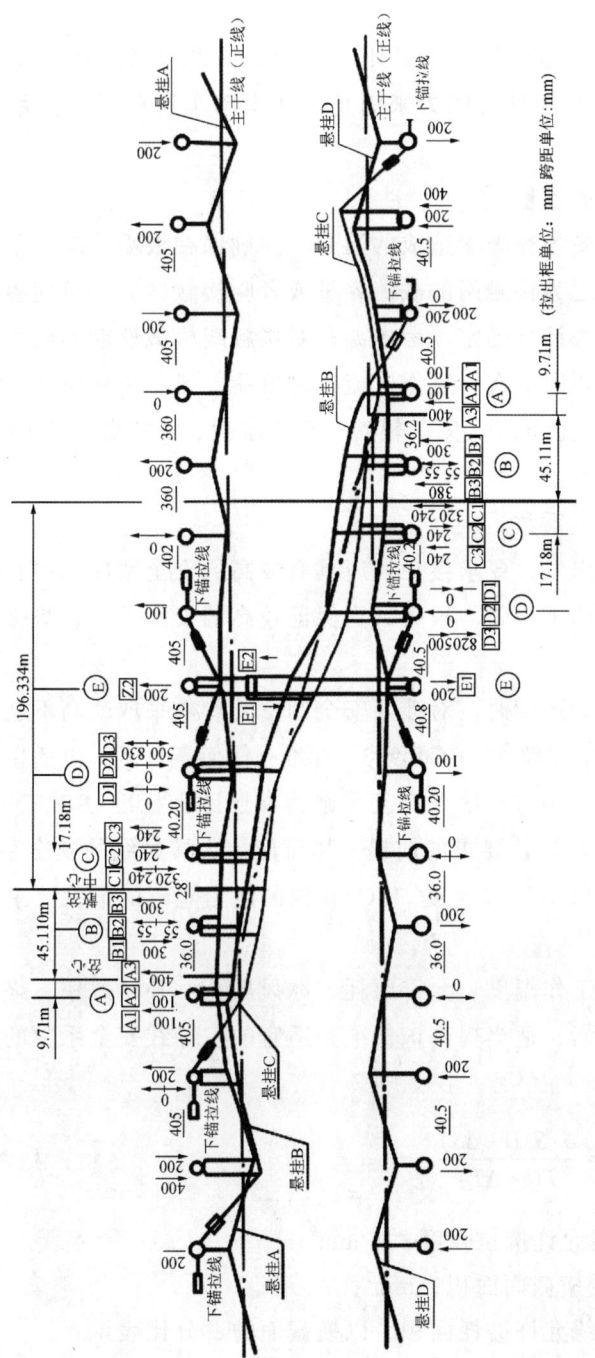

图 5-26 三线关节式道岔定位

八、高速接触网线索

1. 接触线

接触线是受电弓与接触网接触的唯一媒介，因此接触线不但要具备较高的安全系数，还有具有良好的导流能力来满足大功率动车组在高速铁路上高速运行的取流需要。

（1）接触网的载流容量。

接触网具有能承受各种因素造成的温升，并确保在极端情况下不断线和合理经济寿命期限的能力称之为接触网的载流容量或者叫接触网的热负荷容量，它主要由接触线的允许载流量来计算确定。考虑温升对接触线机械性能和电气性能的影响，造成接触线温升的主要因素有：工作电流、过负荷电流、短路电流，线夹与所夹物间的不正常接触引起过渡电阻，太阳辐射和环境辐射，接触线与滑板间的接触电阻，接触线内部缺陷等因素。

（2）接触线的安全系数。

从运营安全角度出发，要求接触线应具有较高的安全系数，但在速度高的条件下，由于接触线需要的工作张力很大，为保证较高的安全系数，势必对接触线的材质提出更高的要求。

在接触线、承力索选型时，对涉及安全的重要参数采取就高不就低的原则，参照采用《电力牵引架空线路》（IEC60913）标准：任何条件下，包括接触线磨耗20%后安全标准不应低于 2.0。导线允许工作硬力参照欧洲标准 BS EN 50119 及 BS EN 50149 执行，在满足运营要求的前提下尽可能加大接触线的安全系数。承力索安全系数任何条件下不得小于 2.5 是 IEC 和我国电力规范的最低要求，该要求比原 TB10009 要求高。

考虑接触线允许工作温度、允许磨耗、冰风载荷、补偿效率、终锚零件、接触线焊接情况等不利因素，适当提高该标准是适宜的。导线安全系数的计算公式如式（5-3）所示。

$$k = \frac{\delta \cdot S \cdot (1 - \Delta S)}{T(1 + \Delta T)} \quad (5\text{-}3)$$

式中 δ——接触导线允许抗拉强度，N/mm²；

S——接触导线横截面面积，mm²；

ΔS——接触导线允许磨耗面积，以横截面的百分比表示；

T——导线的最大允许张力，N；

ΔT——导线张力差，以最大允许张力的百分比表示。

（3）接触线的选型因素。

接触线安全系数的选择除了考虑导线综合拉断力和最大工作荷载外，还应考虑最大接触线允许工作温度、用户允许接触线最大磨耗、风和冰载、补偿装置精度和效率等因素组合的影响，按任何条件下不得小于 2.0 选择。除考虑热容量外，还应考虑：

① 接触线的波动速度和最大补偿张力；
② 流经承力索以及其他附加导线的牵引电流；
③ 接触导线出现磨损后所造成的载流量下降；
④ 导线最大允许磨耗量及其安全系数；
⑤ 接触线（网）出现局部发热时的安全系数；
⑥ 接触网线索的高温软化特性；
⑦ 接触线截面大小及其性价比；
⑧ 接触线截面大小与受流质量、可施工性和可维护性。

所以接触线应具备抗拉强度高、耐高温性能和耐磨性能好的特点。从国内外情况来看，应用于客运专线的接触线主要以铜合金线为主（锡铜或镁铜）。

（4）接触导线型号。

根据《电气化铁道用铜及铜合金接触线》（TB/T 2809—2005）中的规定：接触线产品按铜及不同种铜合金材料分类、各类中按截面积分又有不同的规格。产品型号用图 5-2 所示形式表示。

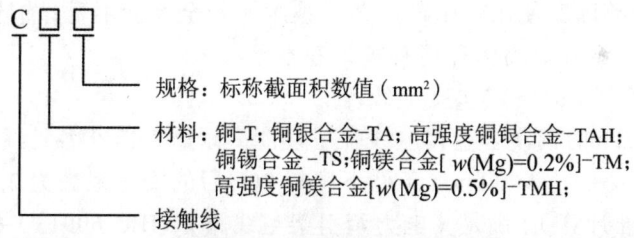

图 5-27 接触导线型号

示例 1——110 mm² 铜接触线为 CT110；
示例 2——120 mm² 铜银合金接触线为 CTA120；
示例 3——120 mm² 高强度铜银合金接触线为 CTAH120；
示例 4——120 mm² 铜镁合金[$w(Mg) = 0.2\%$]接触线为 CTM120；
示例 5——150 mm² 高强度铜镁合金[$w(Mg) = 0.5\%$]接触线为 CTMH150；
示例 6——150 mm² 铜锡合金接触线为 CTS150；

按照《电气化铁道用铜及铜接触线》（TB/T 2809—2005）中规定，经过试验张力（试验时应考虑接触网张力增量系数：对于 10 kN、15 kN 为 1.10；对于 20 kN、25 kN 为 1.05）及振动试验后确定各种线型对应的张力如下：

10 kN 适用的接触线型号为：CT110、CT120、CTAH110；
15 kN 适用的接触线型号为：CT150、CTAH120、CTM110、CTMH110、CTSH110；

20 kN 适用的接触线型号为：CTA150、CTAH150、CTM120、CTM150、CTMH120、CTS120、CTS150；

25 kN 适用的接触线型号为：CTMH150。

对于高速电气化铁路接触网来说，接触线的载流量也是对接触线进行选型的重要参考依据。各种型号接触线载流量如表 5-7 所示。

表 5-7 各种型号接触线载流量

接触线规格	持续载流量（A）										
	工作温度 95 °C						允许最高工作温度 150 °C				
	CT	CTA	CTAH	CTN	CTMH	CTS	CTA	CTAH	CTM	CTMH	CTS
85	410	—	—	—	—	—	—	—	—	—	—
110	180	180	180	450	410	380	650	650	640	570	570
120	510	510	510	480	430	410	690	690	680	610	600
150	580	580	580	550	490	470	800	800	780	700	690

（5）接触导线分析。

目前国内外有成熟应用经验的接触线主要有：铜锡合金（CuSn0.2 和 CuSn0.4 机械性能等同）、铜镁合金（CuMg0.2）、铜镁合金（CuMg0.5）。CS 钢浸镀铜复合线只有日本等少数国家使用，生产工艺、技术、安全经验不足；铜银合金导线大张力下强度不够；CuCd 对周围环境有害，基本不再采用。

① 铜镁合金（CuMg0.5）接触线。

含镁量为 0.5%的铜镁合金接触线强度性能、耐磨性能在各种线材中是最好的，在满足波动传播速度达 500 km/h 条件下磨耗 20%后的安全系数为 2.02（按 EN 50119 及 EN 50149 标准计算），满足《电力牵引架空线路》（IEC 60913）标准要求。其导电性也能满足大部分客专线路载流要求，不足的是其硬度太高，施工放线过程中易产生难以校直的硬弯，影响弓网受流质量，但是从国外应用情况来看，此缺点在正确的施工工艺指导下也是可以克服的。

② 高强度铜银合金接触线。

铜银合金导线大张力下强度不够。

③ 铜锡合金（CuSn0.2、CuSn0.4）接触线、铜镁合金（CuMg0.2）接触线。

铜锡合金线（CuSn0.2、CuSn0.4）、铜镁合金（CuMg0.2）接触线两者的硬度、机械性能和电气性能相当，耐磨性能及导电性能都能满足本线高速受流要求，总体性能均较好，不足的是在满足波动传播速度达 500 km/h 条件下磨耗 20%后的安全系数均仅为 1.79，不能满足《电力牵引架空线路》（IEC 60913）标准要求。

为满足牵引网持续载流量要求以及时速在 200 km/h 的速度目标值，采用 150 mm² 当量截面的铜镁合金材质（CuMg0.5）的接触线是合适的。如果维护运营中采用磨耗一定程度时降低接触线张力的方法（比照法国 TGV-A 的使用经验），铜锡合金接触线强度不足的缺点也是可以克服的。经检算磨耗后降低张力，接触线的弛度、拉出值、风偏及抬升量仍在标准控制范围内。因此在采用铜镁合金接触线有难度时，采用铜锡合金接触线也是可取的。

2. 承力索

承力索按照材质一般可分为铜承力索、钢承力索、铝包钢承力索三类多种规格。高速接触网中全部采用铜合金绞线。

（1）受流质量对承力的要求。

承力索的张力和线密度对受流质量有一定影响，但最主要的是考虑承力索本身的防腐特性；对承力索还应考虑其较大的载流能力，并应同正线接触线载流相匹配，在短时大电流过载时导线安全性能不会发生变化。另外，承力索的线胀系数应与接触线尽量一致，以减小运营中工作状态改变的可能性，减小维修量。

（2）承力索安全系数。

承力索安全系数的计算除了考虑导线综合拉断力和最大工作荷载外，还应考虑最大计算允许工作温度、冰风荷载、附加的垂直荷载、补偿装置精度和效率等因素组合的影响，任何条件下不得小于 2.5。

（3）承力索的选用。

对承力索的选用要求为：能承受较大的张力，抗腐蚀能力强，在温度变化时弛度变化较小，并能承担部分电流。目前国内外有成熟应用经验的承力索主要有：铜合金、铜镁合金（CuMg0.2）、高强度铜镁合金（CuMg0.5）承力索，截面面积在 95～150 mm² 不等。其他铜合金绞线的选用主要针对用途和张力适用范围来进行选择。

（4）铜承力索的型号。

铜绞线的型号表示如图 5-28 所示。

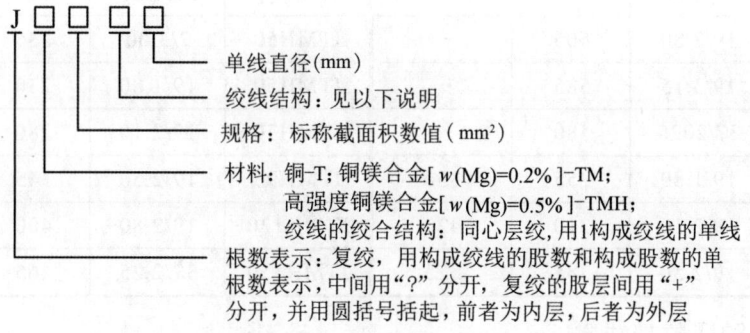

图 5-28 铜绞线型号

示例 1：标称截面积为 150 mm²、单线 37 根、单线直径为 2.25 mm 的铜镁合金 [w(Mg)=0.2%]绞线（同心层绞）表示为 JTM150-1×37/2.25；

示例 2：标称截面积为 120 mm²、单线 19 根、单线直径 2.8 mm 的铜绞线（同心层绞）表示为 JT120-1×19/2.8；

示例 3：标称截面积为 50 mm²、单线 7 根、单线直径 3.0 mm 的高强度铜镁合金[w(Mg)=0.5%]绞线（同心层绞）表示为 JTMH50-1×7/3.0；

示例 4：标称截面积为 10 mm²、股线 7 股、每股单线 7 根、单线直径 0.5 mm 的高强度铜镁合金[w(Mg)=0.5%]绞线（复绞）表示为 JTMH10-7×7/0.5；

示例 5：标称截面积为 16 mm²、股线 12（即 3+9）股、每股单线 7 根、单线直径 0.5 mm 的高强度铜镁合金[w(Mg)=0.5%]绞线（复绞）表示为 JTMH 16-(3+9)×7/0.5。

按《电气化铁道用铜及铜合金绞线》(TB/T 311—2005) 中规定，经过试验张力（试验时应考虑接触网张力增量系数：对于 10 kN、15 kN 为 1.10；对于 20 kN 为 1.05）及振动试验后确定各种线型对应的张力如下：

1.5 kN 适用的接触线型号为：JTM10、JTM16、JTMH10、JTMH16；

2.8 kN 适用的接触线型号为：JTM25、JTMH25；

3.5 kN 适用的接触线型号为：JTM35、JTMH35；

10 kN 适用的接触线型号为：JT70、JTM50、JTMH50；

15 kN 适用的接触线型号为：JT95、JT120、JTM70、JTM95、JTM120、JTMH70、JTMH95；

20 kN 适用的接触线型号为：JT150、JTM150、JTMH120、JTMH150。

用于承力索的各型号铜合金绞线载流量参考计算数值如表 5-8 所示。

表 5-8 承力索的各型号铜合金绞线载流量参考计算数值　　单位：A

型号	结构	允许最高工作温度（°C）		型号	结构	允许最高工作温度（°C）	
		95	150			95	150
JT70	19/2.10	350	—	JTM120	19/2.80	445	610
JT95	19/2.50	435	—	JTM150	37/2.25	515	705
JT120	19/2.80	505	—	JTMH50	7/3.00	235	315
JT150	19/3.15	585	—	JTMH50	19/1.80	230	310
JT150	37/2025	580	—	JTMH70	19/2.10	280	380
JTM50	19/1.80	255	350	JTMH95	19/2.50	345	475
JTM70	19/2.10	310	420	JTMH120	19/2.80	400	545
JTM95	19/2.50	385	525	JTMH150	37/2.25	465	635

3. 接触网附加线索

接触网的附加线索包括供电线、保护线、捷接线、并联线、加强线、正馈线、回流线、架空地线等。

（1）供电线（F 线）。

供电线又称馈电线（F 线），它是牵引变电所、分区亭、开闭所与接触网连接的线路。其作用是将牵引变电所的电能输送到接触网上，一般送至接触网电分相两侧。

（2）保护线（PW 线）。

保护线（PW 线）用于 AT 供电区段（见图 5-29），保护线经保护跳线与接触网各绝缘子接地端相连，在各个 AT 自耦变压器的中点处和钢轨连在一起。因此当绝缘子发生闪络或击穿时，保护线会给短路电流提供一个良好的电气通路，使变电所继电保护装置迅速动作，达到及时反映和排除故障的目的。PW 线的作用非常重要，当正馈线绝缘击穿或闪络时，如果没有 PW 线的存在，支持装置的绝缘子两端将承受 55 kV 电压，可能造成绝缘闪络。最终致使牵引变压器 55 kV 侧短路。

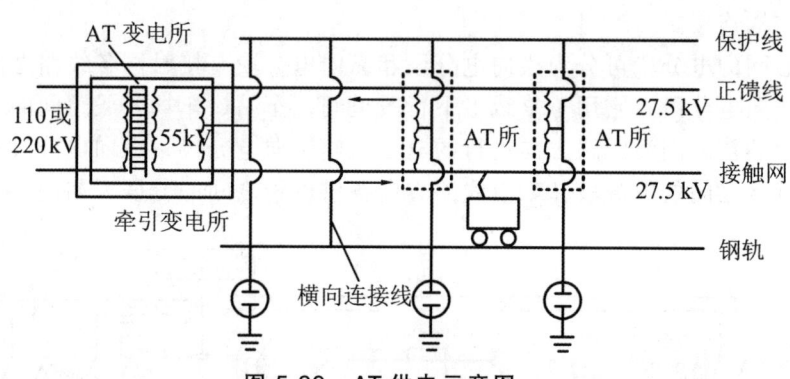

图 5-29 AT 供电示意图

保护线的电压一般为 200～300 V，短路故障时可达 3000 V 左右。由于保护线不流过牵引电流，只有在发生短路故障时，才有短路电流流过保护线，所以保护线一般采用钢芯铝绞线即可。

在 AT 供电区段，保护线与正馈线、接触网同杆架设，保护线经保护跳线与接触网接地端连接，所以在安装保护跳线时要充分考虑与正馈线之间的距离，防止因跳线与正馈线之间的空气绝缘间距不够，造成放电，烧断正馈线。根据《铁路技术管理规程》规定：接触网带电部分至固定接地物的距离不小于 300 mm，再考虑风造成的线索偏移，保护跳线与正馈线的间距为 359 mm。

（3）正馈线（AF 线）。

正馈线用于 AT 供电区段，AT 供电方式的一个特点是有一根与接触网电压相同但反相的正馈线（简称 AF 线），AF 线与 PW 线同时悬挂在支柱田野侧，其线肩架上 PW 线靠支柱侧、AF 线靠田野侧；在停电作业时，AF 线和接触线的地线同时接钢轨，而 PW 线经接地柱接大地。

（4）架空地线（GW）线。

在基本站台或中间站台上，为了人身安全，除设了保护线外，还在支柱顶部架设了一段架空地线（GW 线），架空地线直接固定在支架上，并与钢柱相连。架空地线在站台的两侧下锚，在每端各打一个接地极，所以 GW 线的设置可以保证站台上的人身安全，使站台钢柱上有双重保护。架空地线一般用 GJ-50。为了与 PW 线的线材统一，减少备料，有时 GW 线采用 LGJ-70 钢芯铝绞线。

从变电所 GS 柜到接触网上网点采用高压电缆（不包括新建高铁）。

九、高速接触网电分段与电分相

1. 电分段的定义与设置原则

为增加接触网供电的灵活性和安全性，方便供电和检修的需要，根据车站或站场的分布情况以及变电所（亭）馈出线的供电情况，将接触网分成不同的供电片区，这种分片区供电的形式叫接触网的分束供电，将接触网从电气上分开的区段就叫电分段。不同的供电片区之间通过绝缘子、分段绝缘器、隔离开关、绝缘锚段关节等设备和结构连接。

接触网的电分段可分为横向电分段和纵向电分段。接触网各线路之间进行的电分段叫横向电分段，它用于复线上下行股道间，车站、车场各股道间的接触网电分段；同一条接触网沿线路方向进行的电分段叫纵向电分段，纵向电分段用于沿线路方向接触网之间的电分段，如沿线路方向各供电臂之间的分段，如图5-30所示。

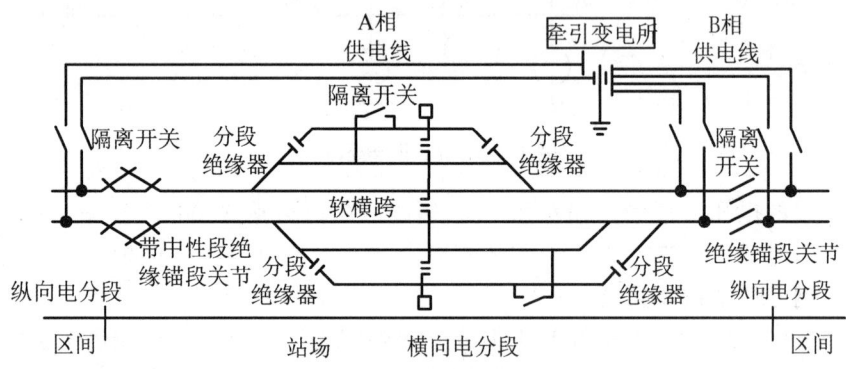

图 5-30 接触网电分段示意图

一般而言，在车站或设计速度小于 160 km/h 的区段采用分段绝缘器实现电分段，在干线速度超过 160 km/h 的路段采用绝缘锚段关节实现电分段。

2. 高速接触网的电分相

我国电气化铁路采用的是工频单相交流制供电，为了减小单相电力牵引负荷对电力系统造成的不良影响，牵引变电所的各供电臂需换相供电，如图5-31所示。图中 A、B、C 分别指牵引变压器输出的 A、B、C 三相电。

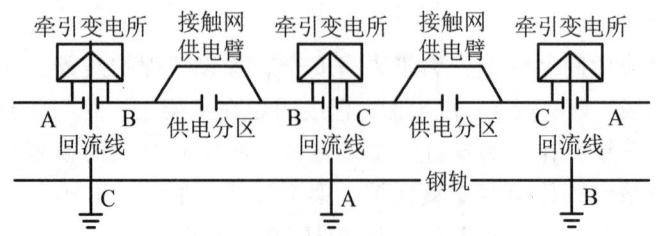

图 5-31 供电分区和供电臂示意图

在普速接触网中，不同相供电的两供电臂是通过分相绝缘器来实现电分相和机械连接的，这种方式在高速接触网中有其局限性。一方面，分相绝缘器容易形成硬点，该处磨耗加剧；另一方面，司机的劳动强度大，安全可靠性得不到保障。因此，铁道部 2003 年颁布的《京沪高速铁路设计暂行规定（下册）》和 2005 年颁布的《新建时速 200 公里客货共线铁路设计暂行规定》中均规定我国时速 200 km 以上接触网的电分相均采用七跨或九跨带中性线的绝缘锚段关节形式，电力机车过分相宜采用地面感应装置、机车车载设备自动切换过分相方式。

七跨和九跨的技术要求同四跨和五跨绝缘锚段关节，其中性段的长度应根据机车编组情况，即动力集中或动力分散、升弓数量、两相邻受电弓间的距离、受电弓之间的连接情况以及最高运行速度等因素确定，《新建时速 200 公里客货共线铁路设计暂行规定》中规定：当列车采用多弓运行时，若多弓用高压母线连接，应保证两最远端受电弓之间的距离小于电分相无电区的长度 D_1；多弓不用高压母线连接，应保证任意两受电弓之间的距离小于无电区长度 D_1 或大于中性段的长度 D_2，D_1、D_2、L 之间的关系如图 5-32 和图 5-33 所示。

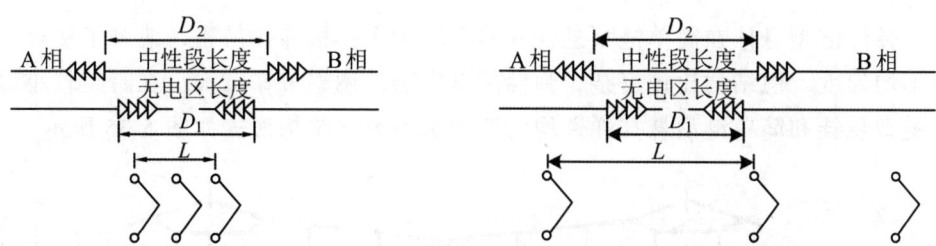

图 5-32 任意两受电弓间的距离小于无电区长度　　图 5-33 任意两受电弓的距离大于中性段长度

时速 200 km 接触网的中性段长度一般在 350~450 m，无电区的长度大约在 100~150 m，机车靠惯性通过无电区。

第三节　高速铁路接触网接触悬挂

一、接触网悬挂形式

接触悬挂形式是指接触网的基本结构形式，它反映了接触网的空间结构和几何尺寸。不同的悬挂形式，在工程造价、受流性能、安全性能上均有差别，另外，对接触网的设计、施工和运营维护也有不同的要求。对高速接触网悬挂形式的要求是：受流性能满足高速铁路的运营要求、安全可靠、结构简单、维修方便、工程造价低。

1. 简单链型悬挂

简单链型悬挂结构简单，弹性均匀度较好，接触悬挂稳定性好，施工及运营管理方便，是世界上使用最多的一种悬挂类型。我国绝大部分电气化铁路都采用这种悬挂方式。结构形式如图 5-34 所示。

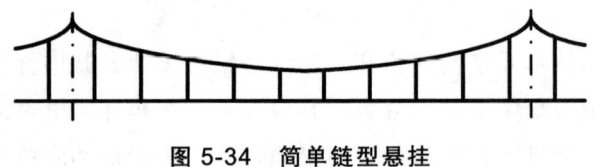

图 5-34　简单链型悬挂

其性能特点是：结构简单、安全可靠、安装调整维修方便，适应于高速受流。定位点处弹性小，跨中弹性大，造成受电弓在跨中抬升量大，跨中采用预留弛度，受电弓在跨中的抬升量可降低；定位点处易形成相对硬点，磨耗大。如果选择结构形式合理、性能优良的定位器，则可消除这方面的不足。

2. 弹性链型悬挂

弹性链型悬挂在简单链型悬挂基础上增加了一根弹性吊索，改善了接触网的弹性不均匀度。但结构比较复杂，弹性吊索安装、调整工作量大。在跨距较小时，弹性链型悬挂和简单链型悬挂弹性均匀性差别不大。结构形式如图 5-35 所示。

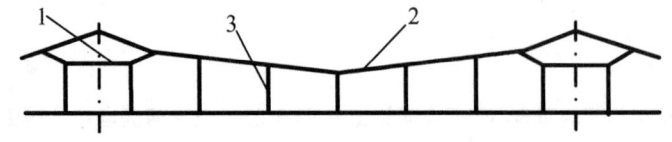

图 5-35　弹性链型悬挂
1—弹性吊弦；2—承力索；3—吊弦

在结构上，相对于简单链型悬挂在定位点处装设弹性吊索，主要有两种形式：π形和 Y 形。弹性吊索的材质一般与承力索相同，其线胀系数与承力索相匹配。性能特点：结构比较简单，改善了定位点处的弹性，使得定位点处的弹性与跨中的弹性趋于一致，整个接触网的弹性均匀，受流性能好。其缺点是弹性吊索调整维修比较复杂，定位点处导线抬升量大，对定位器的安装坡度要求也较严格。

3. 复链型悬挂

复链型悬挂在简单链型悬挂的基础上增加了一根辅助承力索，使接触网弹性更加均匀。但结构太复杂，施工及运营维护不方便，事故抢修难度大，目前只在日本使用。其结构形式如图 5-36 所示。

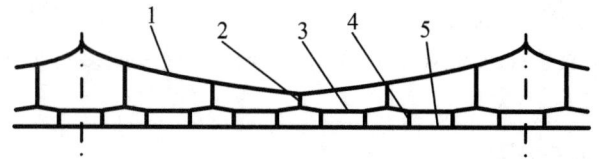

图 5-36 复链型悬挂

1—承力索；2—吊弦；3—辅助承力索；4—辅助吊弦；5—接触线

复链型悬挂在结构上，承力索和接触导线之间加了一根辅助承力索。性能特点：接触网的张力大，弹性均匀，抗风能力强，但安装调整复杂。

二、高速铁路接触悬挂的性能比较

1. 综合分析

三种悬挂类型在结构和技术性能方面存在着一定的差异，但理论研究与各国的运营实践都表明，三种悬挂类型均可满足客运专线列车高速运行要求。这是因为世界各国在确定悬挂类型时，除考虑接触网自身和弹性不均匀度因素外，对取流受电弓的个数、受电弓的弹性受流的评价标准也是重要的考虑因素，同时，国际上在研发阶段通常采用计算机仿真手段，并结合具体工程及经济技术分析比较后，最终确定其采用何种悬挂类型。

根据各国的仿真研究及运行结论，在单弓取流条件下，采用全补偿简单链型悬挂或全补偿弹性链型悬挂均可符合受流要求，两者性能几乎相当。单弓取流或运输网络通道上的列车分布密度较小的高速线路以及跨距相对较小、接触线张力相对较大的接触网系统可采用简单链型悬挂。根据仿真研究和运营经验表明，弹性链型悬挂和加大张力、减小跨距的简单链型悬挂（采用全补偿简单链型悬挂时，需根据仿真结果适当预留跨中弛度）相比，两者均可取得符合要求的受流效果，适应不同速度的动车组运行。但双弓或多弓取流时，弹性链型悬挂具有优良的弹性均匀度，对双弓或多弓运行条件产生的弓网系统振动和导线波动传播均有明显的改善，可延长弓网寿命、改善接触网结构强度。因此，双弓或多弓取流时，宜采用弹性链型悬挂，但悬挂类型的设计需结合具体工程情况及经济技术综合分析比较后合理而定。

2. 主要国家采用的悬挂形式

日本、法国和德国是世界上高速铁路发展比较快、比较多，被公认比较好的国家，但从这三个国家的高速接触网的型式来看，又各不相同。日本以采用复链型悬挂著称于世，法国是采用简单链型悬挂为代表的国家，而德国几乎全部为弹性链型悬挂。

我国《高速铁路设计规范》(TB 10621—2009)规定高速铁路接触网悬挂类型采用全补偿简单链型悬挂或全补偿弹性链型悬挂。双弓或多弓取流时宜采用全补偿弹性链型悬挂。

3. 重要参数综合比较

几个主要国家的高速接触网技术参数综合比较如表5-9所示。

表5-9 主要国家的高速接触网的重要参数综合比较

技术参数 国家及类型		日本		西班牙	法国		德国	
		东海道	北陆		TGV东南	TGV西洋	Re250	Re330(Y)
悬挂结构型式		H	O	Y	Y	O	Y	Y
接触线	材质	Cu	GTCS	CuAg	Cu	Cu	CuAg	CuAg
	截面(mm²)	170	110	120	120	150	120	120
	张力(kN)	15	20	15	14	20	15	27
	预弛度(mm)	50	60	±0	65	65	±0	±0
承力索	材质	钢绞线	PH	青铜绞线	锌青铜	锌青铜	青铜	青铜
	截面(mm²)	180	150	70	65	65	75	120
	张力(kN)	25	20	15	14	14	15	21
变Y形辅助索	材质			青铜	锌青铜		青铜	青铜
	截面(mm²)			35	35		35	35
	张力(kN)			3.5	4		3.5	3.5
	预弛度(mm)			18	15		18	18
辅助承力索	材质	Cu						
	截面(mm²)	150						
	张力(kN)	15						
结构高度(m)		1.5	0.95	1.8	1.4	1.4	1.8	1.8
最大跨距(m)		50	50	65	63	63	65	65
接触线高度(m)		5	5	5.3	4.95	5	5.3	5.3
之字值(mm)		150	300	300	200	200	300	300

续表

技术参数 国家及类型		日本		西班牙	法国		德国	
		东海道	北陆		TGV 东南	TGV 西洋	Re250	Re330 (Y)
悬挂结构型式		H	O	Y	Y	O	Y	Y
跨中弹性 (mm/N)		0.3	0.75	0.6	0.7	0.73	0.6	0.4
波动传播速 度(km/h)		355	520	426		440	426	569
反射因数 r				0.433		0.363	0.433	0.456
多普勒因数 a	300 km/h			0.17		0.193	0.17	0.31
	400 km/h			0.003		0.048	0.003	0.17
增强因数 γ	300 km/h			2.55		1.92	2.55	1.5
	400 km/h			13.76		7.6	13.76	2.73
供电制式		AC2× 25 kV60Hz	AC2× 25 kV60Hz	AC25 k V50Hz	AC2× 25 kV50Hz	AC2× 25 kV50Hz	AC15 kV 16 2/3Hz	AC15 kV 16 2/3Hz
供电方式		AT		直供+ 回流	直供+回流	AT	直供+回 流	直供+回 流
最高速度 (km/h)		240	260	300	270(380)	300(515)	280 (300)	400
受电弓数 (列)		3.6 或 8	2	1	1 或 2	1 或 2	2	2

4. 相关技术参数比较

主要具有高速铁路国家的各悬挂类型相关技术参数比较,如表 5-10 所示。

表 5-10 高速接触网各类型的相关技术参数

线路 参数		接触网 类型	总张 力 (kN)	单位长 度质量 (kg/m)	接触线	张力 (kN)	线密度 (kg/h)	波传播 速度 (kg/h)	列车 速度 (kg/h)	p
日本	新干线	H.C	55	4.4	Cu170	14.7	1.51	355	240	0.68
	北陆	S.C	40		CS110	20.0	0.942	525	300	0.51
法国	TGV-P SE	变Y形 S.C	28	1.8	CdCu120	14	1.07	412	270	0.66
	TGV-A	S.C	34	2.0	Cu150	20	1.33	441 (561)	300 (515)	0.68 (0.92)
德国	ICE-N BS	变Y形 S.C	30	2.2	AgCu120	15	1.07	426	250	0.59
	ICE	变Y形 S.C	48		MgCu120	27	1.08	569	300	0.58
中国	广-深	S.C	35		AgCu120	15	1.07	423	200	0.47
	秦-沈	变Y形 S.C			AgCu120	15	1.07	423	200	0.47

5. 几种悬挂类型的比较结论

高速接触网目前所采用的简单链型悬挂、弹性链型悬挂及复链型悬挂在相同运行速度及线路条件下,综合比较有以下结论:

(1) 从高速受流质量、波动传播速度、多普勒效应、波状磨耗、离线率比较,弹性链型悬挂优于复链型悬挂,简单链型悬挂较差。

(2) 从结构复杂程度、工程造价、维修工作量比较,是简单链型悬挂优于弹性链型悬挂,复链型悬挂较差。

(3) 从弹性均匀度、受流稳定性、动态抬升量比较,复链型悬挂优于弹性链型悬挂,简单链型悬挂较差。

(4) 运行速度为 300~350 km/h 的高速电气化铁路,其复链型悬挂、弹性链型悬挂及简单链型悬挂等三种类型都不具有排他性,只是选用时考虑的侧重面不同。

(5) 接触线的材质(抗拉度及线密度)在高速接触网的组成中占有特别重要的地位,在确定接触线线型时,应注意选取抗拉强度大、重量较轻的优质线材。

(6) 高速接触网具有整体(含弹性吊弦和普通吊弦)效果及耦合性能,应注意消除不均质质点及不均匀张力的现象,除结构问题以外,优良的施工工艺会带来意想不到的受流效果。

第四节 高速铁路接触网施工新技术

一、精密测量控制网的应用

为满足高速铁路接触网的高精确度、高平顺性、高稳定性、高可靠性、高安全性这五大要求,《高速铁路电力牵引供电工程施工技术指南》(铁建设〔2010〕241号)在原《客运专线铁路电力牵引供电工程施工技术指南》(以下简称《客专电牵施工指南》)的基础上,充分吸纳京津、武广、郑西、合宁、石太、海南东环等高速铁路的建设、运营经验,取得大量技术创新成果,首次应用精密测量控制网,实现电牵施工高精确度。

《高速铁路电力牵引供电工程施工技术指南》(以下简称《高铁电牵施工指南》)与原《客运专线铁路电力达引供电工程施工技术指南》(以下简称《客专电牵施工指南》)的最大不同点是新增了"施工测量"章,首次要求高速铁路电牵工程施工从开工测量到开通运营的全过程都必须充分应用精密工程测量技术——精密测量控制网(以下简称精测网),实现高速铁路电牵工程施工高精确度,确保全线接触悬挂具有持久的高平顺性,保证牵引变电所内的设备基础与上下行铁道线路、牵引变电所房屋基础等的空间位置坐标协调匹配。

1. 普速铁路控制测量回顾

我国普速铁路测量没有建立一套完整的控制测量系统，各级控制网测量精度主要根据线下工程施工控制要求而制定，路基设计基本不考虑路基沉降控制，路基沉降通过补充道砟等方式补救。轨道铺设和运营不以控制网为基准按设计坐标进行绝对定位，而是按线下工程施工现状采用相对定位。这种铺轨方法因测量误差的累积，往往造成轨道几何参数与设计参数相差甚远。例如，某时速 200 km 铁路提速改造工程的某圆曲线半径与设计半径相差几百米，大半径的长曲线变成了多个不同半径圆曲线的组合，缓和曲线、夹直线长度不够，曲线五大桩位置与设计位置相差很大，纵断面整坡变成了很多碎坡等。秦沈客运专线铁路工程开始重视路基沉降控制，但其标准比无砟轨道低得多，其工后沉降不能满足无砟轨道铺设要求。

2. 精测网与接触网施工的关系

高速铁路是一项集多种先进技术于一体的庞大系统工程，各施工专业间有着内在紧密联系和大量信息交换。高速铁路无砟轨道测量控制网的精度在满足线下工程施工控制测量要求的同时必须满足轨道铺设精度要求，无砟轨道的绝对定位由各级平面高程控制网组成的测量系统来实现，从而保证轨道与线下工程路基、桥梁、隧道、站台等的空间位置坐标、高程互相协调匹配。接触网工程的接触线高度、拉出值等大量几何参数是以轨道几何参数为基准的。由于工期紧张等原因，我国普速铁路接触网施工不可能在轨道工程竣工后才开始，这经常造成接触网几何参数随轨道几何参数变化而大量、反复重新调整。高速铁路接触网工程施工需迫切解决的主要问题是：如何运用系统工程的思想和方法，研究优化施工组织设计方案和施工工艺方法，在工期紧张、轨道未达到竣工状态（甚至轨道为铺设）的情况下就开始接触网基础施工、腕臂安装和悬挂调整，并避免发生以往普速铁路接触网随轨道几何参数变化而大量反复调整的现象。《铁路客运专线技术管理办法（试行）（300～350 km/h 部分）》（TG/04—2009）规定："应建立勘测设计、工程施工和运营维护'三网合一'的精密测量控制网。勘测设计阶段应建立基础平面控制网（CPⅠ）、线路控制网（CPⅡ）；线下工程施工完成后，应建立轨道控制网（CPⅢ）。"精测网为站前工程施工、竣工验收和运营维护提供了坐标基准，也为接触网施工高精度创造了充要条件。

3. 精测网在高速铁路接触网工程中的应用

新建高速铁路接触网工程从支柱基础定位测量、腕臂测量计算安装、吊弦测量计算安装、接触网检测精调等均应以线路轨道横、纵断面设计图为依据，接触网和线路轨道专业测量都应采用统一的坐标——精测网，并作为双方施工和运营期间共同遵守的依据。

我国高速铁路桥梁及隧道地段的轨道控制网（CPⅢ）基桩通常分别设置在桥梁

防撞墙和隧道电缆槽的线路侧面；路基地段的轨道控制网（CPⅢ）基桩一般在接触网支柱基础浇筑的同时，由设计院勘测人员设置在接触网支柱基础或轨道专业特设的混凝土基础上。通过高速铁路精测网基桩参数及其对应的线路参数、曲线桩位置坐标值及曲线参数值，可以精确计算确定接触网支柱侧面限界、支柱基础面相对于低轨面的高差、外轨超高等，作为接触网施工和复核站前专业施工的接触网基础工程质量的依据。根据线路控制网（CPⅡ）数据，可确定接触网车站、区间分段测量起点，可测量隧道内接触网的预埋槽道、锚栓、下锚断面位置，可核查路基、桥梁上接触网支柱及拉线基础位置是否符合设计要求。根据轨道控制网（CPⅢ）数据，可测量核定接触网支柱垂直线路中心线偏差及上部孔位的准确性、隧道内吊柱及锚栓的施工偏差，可测量并计算吊弦长度。在接触网联调联试过程中，根据CPⅢ精测网数据和线路拟合参数，可进一步分析判定轨道与接触网耦合是否符合相关标准要求。

京津城际铁路接触网下部工程施工在路基、轨道尚未稳定的情况下，全线约5 000 根接触网 H 形钢柱基础以精测网为基准，采用全站仪对其高程精确定位。合武高速铁路接触网施工利用精测网数据和相关资料进行精确测量，与站前工程进行交叉施工，在线、桥、隧基本成形还没有上砟铺轨之前完成了大量的工作。

二、接触线平直度的控制

为满足高速铁路的高精确度、高平顺性、高稳定性、高安全性等五大要求，《高速铁路电力牵引供电工程施工技术指南》（铁建设〔2010〕241 号）首次提出接触线平直度要求，实现接触线的高平顺性。

接触线平顺性包括接触线相对轨面的高度、接触线平直度等要求。与轨道"长波""短波"高平顺性要求类似，一个工程项目全线的接触线（"长波"）、局部接触线（"短波"）、相邻局部接触线之间均应达到高平顺。

1. 接触线相对轨面的高度

《高铁电牵施工指南》对接触线相对轨面的高度的相关要求如下。

（1）轨道调整完成后，接触线悬挂点距轨面的高度应符合设计要求（全线数百乃至上千米的"长波"），施工允许偏差 ± 30 mm，且应同时符合下列（局部、"短波"）要求：

① 相邻跨距（100 m 左右的"短波"）接触线高度变化允许偏差不得大于 20 mm（不超出如图 5-37 所示阴影范围），即：本跨距与相邻跨距接触线高度变化趋势相同（同向）时，本跨距两悬挂点接触线高度允许偏差 ± 20 mm；本跨距与相邻跨距接触线高度变化趋势不同（异向）时，本跨距两悬挂点接触线高度允许偏差 ± 10 mm。

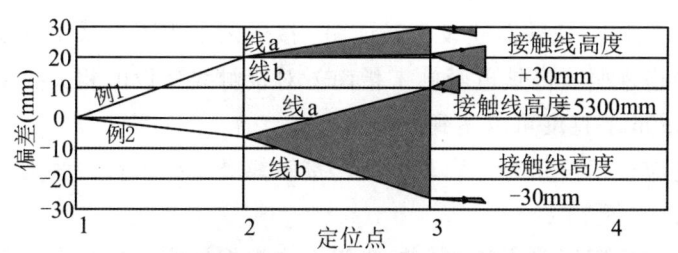

图 5-37 相邻跨距接触线高度变化运行偏差示意图

② 1个跨距内（50 m 左右的"短波"）两相邻吊弦处的接触线高度差不得大于 10 mm。

③ 定位点两侧第 1 吊弦范围内（10 m 左右的"短波"）接触线高度应相等，相对该定位点的接触线高度施工允许偏差 ±10 mm，且不得出现 V 形（见图 5-38），以免该定位点处的弓网动态接触力超标。

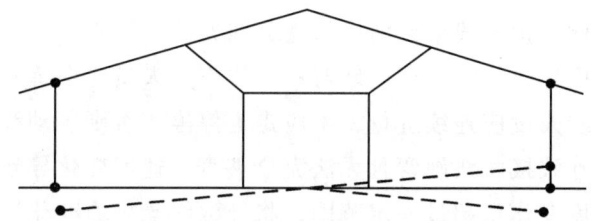

图 5-38 定位点两侧第 1 吊弦范围内接触线高度施工允许偏差范围示意

（2）接触线工作支悬挂点高度变化时，时速 250 km 接触线坡度不得大于 1‰，坡度变化率不得大于 0.5‰。

施工时应高度重视接触线坡度变化率。为避免列车通过轨道变坡点时产生不利于列车运行的车辆振动和局部加速度，轨道线路纵断面上的变坡点处不允许形成折线，而应采用竖曲线。与轮轨关系类似，接触线的高度发生变化时（如接触网在低静空立交桥下通过），在变坡点处，接触线高度应以缓和曲线形式过渡，即接触线坡度变化率应符合设计要求。

2. 接触线平直度

《高铁电牵施工指南》首次提出接触线平直度要求，以使接触悬挂具有良好的静态特性，为达到设计要求的接触悬挂动态性能奠定基础。

最先在高速铁路采用铜镁合金接触线的德国，曾因铜镁合金接触线架设张力小于工厂绕线张力导致接触线出现大量硬弯，列车高速运行时产生大量电弧。铜镁合金接触线的硬度大，其出现硬弯后难以整治到满足列车高速运行时的弓网受流要求，因此不得不整锚段更换。德国铁路公司与工程总包公司、接触线生产厂家等共同对此深入研究认为："0.1 mm/m 及以上硬弯的铜镁合金接触线不能满足列车运行时速 300 km 及以上要求，采用铜镁合金接触线专用整直器使硬弯不大于 0.1 mm/m 后，电弧不再产生。"我国高速铁路建设实践证明，接触网工程不论采用铜镁或铜锡合金接触线，只要严格遵照《高铁电牵施工指南》对接触线架设的相关要求，接触线硬弯不大于 0.1 mm/m 平直度可以达到。

（1）架设前应根据恒张力架线车类型、接触线类型要求在恒张力架线车上安装接触线调直器。

（2）接触线应采用恒张力架线，架线张力应根据恒张力架线车类型、线材材质等因素选取，且不应小于绕线张力，架线张力偏差不得大于 8%。

（3）接触线架线速度宜为 3~5 km/h 并应保持匀速，中途不应停车。

（4）接触线架设应在每个跨距内均匀悬挂不少于 4 个带有滑轮的工具吊弦。

（5）接触线架设完成后，应使用接触线专用检测尺和塞尺对接触线平直度进行检测，每 300 m 检测 1 处，最大空气间隙（即接触线平直度）不应大于 0.1 mm/m。

（6）接触线架设完成后，应在 48 h 内安装中心锚结和定位器，以防接触线新线蠕变过程中发生扭面。接触线架设前应检查放线架的线轴直径是否与线盘的轴孔匹配，以免间隙过大而导致放线后产生硬弯；架线作业人员应训练有素并成立专门的架线作业组；接触线架设应连续进行，不应走走停停，否则制动线盘或停车后启动时，易因线盘惯性导致接触线硬弯且无法完全整直（速度变化导致线盘张力变化。如果单位时间的速度变化量超过一定范围，将导致线盘张力变化过大）。

三、高速接触网特性与高稳定性控制

除重载电气列车外，我国普速铁路电气列车取流一般小于 400 A。与普速铁路相比，高速铁路接触网工作电流和短路电流成倍增加、接触悬挂振动的幅度和频率显著加大；线材、零部件及电气设备更加容易发热烧损；接触网部件间的电位差更大，更易出现打火花等。例如，16 辆编组的 CRH3 型动车组在运行时速为 300 km 时，总装机容量约 23 400 kV·A，单车电流约 936 A；时速为 350 km 时，总装机容量约 29 500 kV·A，单车电流约 1 180 A；时速 380 km 与 350 km 相比，速度增加约 8.6%，电流增大约 20%。

1. 紧固力矩与导流能力

高速铁路如果出现接触网（吊弦、定位等）线夹松动、垫片丢失等，后果将比普速铁路更加严重。例如，某高速铁路因为接触线电连接线夹压接不牢脱落，发生多起弓网故障、中断列车供电。

电力脂不仅在线索与线夹之间起润滑作用，而且能加强它们间的电气接触和导流能力。因此，德国铁路要求在可能出现大电流（或短路电流）的接触网连接处涂电力脂。

为确保高速铁路电气主导电回路的导电能力、实现接触网结构高稳定性,《高铁电牵施工指南》一是要求所有预配件、零部件中螺栓应采用力矩扳手紧固,紧固力矩、防松措施应符合设计或产品技术要求。二是要求除吊弦压接套管外,吊弦线夹、电连接线夹、定位线夹、其他在正常和短路情况下通过大电流的线夹以及开关触头间,均必须在其与线索的接触面处先除去脏污,然后涂抹导电脂;在预配腕臂时,平腕臂管、斜腕臂管和定位管的螺纹上也要涂抹上薄薄一层导电脂。

2. 温度变化与结构稳定

温度变化将引起金属导体热胀冷缩,大电流通过金属导体而发热是接触网的重要特性之一。温度变化时,接触网结构应保持稳定,其几何位置不得超出规定范围。我国北方地区最低气温可达 $-40\ ℃$,接触网正常工作时可允许铜合金接触线温度最大升高到 $80\ ℃$,接触线温度变化可达 120K(即 $-40\sim+80\ ℃$),因此,《高铁电牵施工指南》要求腕臂和定位装置、下锚补偿装置、承力索中心锚结、电连接线和开关引线等的安装均应考虑接触悬挂的线索达到最大允许温度时的情况。例如,《高铁电牵施工指南》首次要求承力索中心锚结绳按设计安装曲线施工。此量化规定比以往"承力索中心锚结绳弛度应小于或等于所在跨距承力索的弛度"的定性要求更严,可避免最低气温时承力索中锚绳的张力过大而影响中锚柱的安全。

3. 充分研究定位装置结构特点,实现接触网运行高可靠性

定位装置是列车运行中与受电弓最接近的部件之一,不妨碍受电弓顺利通过是对定位器最基本的要求。

我国高速铁路设计一般采用限位定位装置。限位定位装置的功能之一是防止因定位器的过渡抬升造成打弓。限位定位器的限位间隙或坡度太大,则列车高速运行时,定位点处弓网接触力将可能过大,接触线和受电弓磨损加剧;限位定位器的限位间隙或坡度偏小,则接触线在标准允许的正常范围内抬升时,定位器限位功能也可能起作用,使定位点处弓网接触力过大、接触线和受电弓磨损加剧;限位定位器的限位间隙或坡度偏小,则接触线在标准允许的正常范围内抬升时,定位器限位功能也可能起作用,使定位点处弓网接触力过大、接触线和受电弓磨损加剧。因此,《高铁电牵施工指南》规定:限位定位器倾斜度与定位管的坡度应符合设计要求,限位间隙允许偏差为 ±1 mm。

4. 不断加强弓网静态检测力度,实现接触网运营高安全性

国内外多年的理论研究、试验和工程实践表明,接触网静态特性优异是保证接触网动态特性良好的先决条件,受电弓滑行速度越快,对接触网的静态特性要求就越高。接触网工程竣工后应先进行静态特性检测。若静态检测出的缺陷没有被消除时,则动态检测该处所时同样会出现质量缺陷。因此,《高铁电牵施工指南》规定:接触网工程竣工后,应采用非接触式接触网检测车或综合检测列车对接触网几何参

数进行检测。非接触式接触网检测车运行时速宜为 20~80 km，综合检测列车检测前应用接触网检测车队接触网空间安全参数进行复核，运行时速 80~160 km。上述规定与《客货共线铁路电力牵引供电工程施工技术指南》有关接触网静态检测的主要区别如表 5-11 所示。

表 5-11　高速铁路与普速铁路有关接触网静态检测的主要区别

项　目	《高速铁路电力牵引供电工程施工技术指南》	《客货共线铁路电力牵引供电工程施工技术指南》
接触线高度和拉出值检测；弹性不均匀读检测	连续式的车辆检测；测量数据量大、图像直观；省时省力	非连续式的手工检测；费时费力，效率低，测量误差大
检测数据处理	用电脑和分析软件，能表述数据间的内在联系，从而便于找出质量缺陷点和分析原因，制定对策	受数据分析人员技术水平制约很大，很难找出数据间的内在联系和质量缺陷点

我国铁路通过自主创新、集成创新和引进消化吸收再创新，在世界上首次研发了接触网与两列时速 350 km 动车组连挂升双弓运行。我国石太、合宁及其他时速 250 km 高速铁路按时速 250 km 动车组和双层集装箱货物列车共线运行设计，这在世界上没有先例，但截至目前这些铁路除进行过双层集装箱货物列车运行试验和弓网模拟外，均尚未大量运行双层集装箱货物列车。因此，在各种工况（如最大允许运行风速）和接触线高度 6.45 m 情况下，接触网施工如何满足受电弓动态包络线要求，确保时速 250 km 动车组和双层集装箱货物列车共线运行安全，将可能成为高速铁路接触网工程施工的研究课题。

第五节　高速铁路相关设备技术术语

（1）高速铁路的定义：世界公认最高运行速度达到 200 km/h 及以上的铁路为高速铁路。我国规定：新建铁路列车最高运行时速不小于 250 km，改建铁路列车最高运行时速不小于 200 km，可称之为高速铁路；时速 160~200 km 铁路称为快速铁路（准高速铁路）。

（2）AT 供电方式：自耦变压器（AT）供电方式。牵引网以 2×25 kV 电压供电，并在网内分散设置自耦变压器降压至 25 kV 供电力牵引用。

（3）AT 所：在每个供电臂上设置几个 AT 所，在接触网和正馈线之间并入自耦变压器，以降低接触网中的负荷电流，延长变电所的供电距离。

（4）AT 变压器：即自耦变压器。架设一条对地电压为 25 kV 但相位与接触网电压反相的"正馈线"，构成 2×25 kV 馈电系统。自耦变压器变比为 2∶1，其一次绕组接在接触网与正馈线之间，而中点则接至钢轨。在接触网与钢轨和正馈线与钢轨间形成 25 kV 电压可供电力牵引用电。这种方式可在不提高牵引网绝缘水平的条件下将馈电电压提高一倍，可成倍提高牵引网的供电能力，扩展牵引变电所间距，牵引供电各项技术指标十分优越，特别适用于高速和重载电气化铁路。

（5）综合调度系统：铁路综合调度系统是指高速铁路列车安全运行组织与管理、列车运行管理、基础设施维护、动车组运用管理、安全监控及旅客信息服务等的集成系统。由运输计划、列车调度、动车调度、供电调度、旅客服务调度、综合维修调度等6个子系统组成。

（6）供电调度子系统：供电调度子系统属于综合调度系统的控制类子系统之一，是将一个大型的计算机应用系统分为多个互相独立的子系统，而服务器是整个系统资源的存储与管理中心，多台客户机各自处理相应的功能，并共享实现完整的应用。

（7）SCADA系统（数字采集监控系统）：采用先进的计算机技术、现代电子技术、通信技术和信号处理技术，经过功能的组合和优化设计，将变电站的二次设备（包括测量仪表、信号系统、继电保护、自动装置和远动装置等）进行管理，实现对全站设备的自动监视、自动测量、自动控制和保护，以及与调度通信等综合性的自动化功能的牵引供电装置。

（8）综合接地系统：高铁整体结构复杂，涉及专业多，地质地形受限，因而设置综合接地系统，降低钢轨电位，保证人身安全，满足EN 50122的相关要求。

（9）高铁防灾系统：通过各种数据资料的综合分析处理，对自然灾害（如风、雨、雪、冰雹、地震、洪水）、轨温、火灾及突发事件进行重点防护和监测报警的系统。

（10）GSM-R（铁路综合移动通信系统）：属于专用移动通信的一种，专用于铁路的日常运营管理，是非常有效的调度指挥通信工具。GSM-R系统是专门为铁路通信设计的综合专用数字移动通信系统。它在GSM Phase2+的规范协议的高级语音呼叫功能，如组呼、广播呼叫、多优先级抢占和强拆业务的基础上，加入了基于位置寻址和功能寻址等功能，适用于铁路通信特别是铁路专用调度通信的需要。主要提供无线列调、编组调车通信、区段养护维修作业通信、应急通信、隧道通信等语言通信功能，可为列车自动控制欲检测信息提供数据传输通道，并可提供列车自动寻址和旅客服务。

（11）受电弓接触压力：为保证能流通一定的负荷电流，受电弓和接触网之间必须有一定的接触压力，它是由受电弓升弓系统施加予集电头而产生的。

（12）导线平顺度：是考核防线质量的重要指标，是指1 m范围内导线的最大偏离误差值，可用导线平顺度测试仪测量。

（13）离线率：受电弓和接触网的相互作用，产生特定形态的振动。剧烈时，可以造成受电弓滑板与接触导线脱离接触，形成离线，受电弓运行单位距离产生离线的次数和离线长度就称为离线率。

（14）燃弧率：受电弓运行单位距离产生可见电弧的次数和电弧长度就称为燃弧率。

（15）受流质量：受电弓集电头和接触网间流通负荷电流的流畅程度。受流质量取决于受电弓和接触网之间的相互作用。

（16）受流稳定性：提高受流稳定性是保障列车安全运行、提高列车速度的前提之一，受电弓与接触网在动态情况下相互耦合、相互作用的机理决定了受流的稳定性。

（17）弹性均匀度：衡量接触网弹性、均匀的重要指标，通常用弹性不均匀度 u 来表示，如式（5-4）。

$$u=(e_{max}-e_{min})/(e_{max}+e_{min}) \tag{5-4}$$

（18）动态抬升量：指列车在最高设计速度运行下，接触悬挂在受电弓作用下所能达到的极限抬升量。

（19）动态包络线：指列车在最高设计速度下运行，受电弓上下左右所允许达到的极限尺寸。

（20）波动传播速度：受电弓和接触悬挂之间的相互作用会产生振动波动，这个波动的传播速度，是接触网的重要参数，波动传播速度越高适应高速能力越强。它和接触导线张力、单位长度质量有关。

（21）多普勒效应：多普勒效应是指物体辐射的波长因为光源和观测者的相对运动而产生变化，在运动的波源前面，波被压缩，波长变得较短，频率变得较高；在运动的波源后面，产生相反的效应，波长变得较长，频率变得较低。波源的速度越高，所产生的效应越大，根据光波红/蓝移动的程度，可以计算出波源循着观测方向运动的速度。

（22）弹性吊索：为了提高悬挂点处的弹性，在悬挂点处的承力索上安装辅助绳，辅助绳上安装吊弦。弹性吊索有π形和Y形两种形式。

（23）弹性链型悬挂：接触网链型悬挂的一种形式，和简单链型悬挂相比是增加了弹性吊索，提高了悬挂的弹性。

（24）无交叉线岔：接触网线岔的一种形式，侧线的接触悬挂和正线不形成空间交叉，靠接触网的相关参数配合来实现受电弓从正、侧线之间的过渡，其优点没有因线索交叉造成的局部硬点，其特点是正线通过的受电弓不会触及侧线的悬挂。

（25）负荷隔离开关：一种能够带负荷断开（闭合）的隔离开关。有远动、当地两种操作方式，其结构原理是依靠真空灭弧室进行切断负荷电流。

（26）横张力放线：在接触网线索（导线、承力索）放线施工中，采用的一种施工工艺。使线索在展放过程中一直保持恒定的张力，来保证放线过程不产生导线硬点。

（27）接触网动态检测：利用动态检测车队接触网动态运行参数进行动态测量的过程。

（28）接触网光学检测：利用接触网光学检测系统，在不接触（接触）接触线的情况下对接触网进行的检测过程。检测可以在低速或高速情况下进行。

第六节　高速铁路接触网运行与检修管理

高速接触网的运行检修管理与既有普速接触网有很大区别，目前各铁路局的管理模式也不完全相同。但高速接触网的运行维护应坚持"预防为主、修养并重"的方针，按照"周期检测、定期维修、严检慎修、寿命管理"的原则，遵循精细化、机械化、集约化的作用方式，依靠科技进步，采用先进的检测和检修手段，保证接触网技术状态，确保运行品质和安全可靠性。

为此各铁路局都对高速铁路接触网的运行检修模式进行了探索，值得推荐的模式是根据高铁供电设备运行情况，建立高铁供电设备运行检修生产组织方式；制定设备修程修制，采用专业化集中修和专业化专项修，为满足安全质量卡控和提高作业效率需要，成立专门的检修班子，抽调高素质人员组建专业化检修队伍，对接触网隔离开关、分段绝缘器、棘轮补偿装置、无交叉线岔和高压电缆等各关键、重点设备实行专业化专项修。

接触网的维修按修程修制采用预防性周期修，每年对接触网设备开展一次"逐杆、逐定位、逐部件、逐螺栓"全覆盖式全面检查，同时对关键设备按检修周期，分季节、定时间进行检查和维修。另外，宜建立以大型检修列为主的作业组织模式，对高速接触网进行精细化检修，有效地提高高铁接触网检修作业效率和检修质量。

宜建立高铁接触网监测、检测体系。对接触网检测车、成像检测车、弓网检测装置等提供的数据信息，按照数据分析、复核、整治、销号的处理程序，形成监测、检测、诊断分析、维修、验收的运营维护闭环管理机制，实现设备质量有序可控。通过日常人工登乘动车组、步行巡视等方式，发现解决面上和外部环境问题。通过综合动检车每月对接触网几何参数、弓网受流性能、接触网电气参数进行检测。对检测的超标数据点进行现场复测，发现问题及时组织处理，通过接触网成像检测车每季度对接触网支撑装置、腕臂绝缘子、定位装置、隧道吊柱、附加悬挂点等各零部件拍照检查，组织专业人员对检测图像进行分析，重点发现和解决接触网零部件"松脱虚断"等问题。

思考复习题

1. 高速受电弓的特点是什么？
2. 弓网系统产生的影响表现在哪几个方面？
3. 用于高速受电的受电弓应满足哪些基本要求？
4. 高速铁路对接触网的环境有何要求？

5. 高速铁路对弓网参数有何要求?
6. 接触网的悬挂形式有几种?
7. 简单悬挂有何特点?
8. 弹性链型悬挂有何特点?
9. 复链型悬挂有何特点?
10. 哪种悬挂形式更适合我国高速铁路?
11. 高速铁路对接触网支柱有何要求?
12. 接触网的支持形式有几种?哪些在高速接触网中应用较多?
13. 什么是定位装置?
14. 高速接触网无交叉线岔分几种?
15. 弹性吊索的作用是什么?
16. 什么是精测网?
17. 建立精测网有什么意义?
18. 接触线平顺性包括哪些内容?
19. 接触线平直度如何控制?
20. 高速铁路与普速铁路有关接触网静态检测的主要区别有哪些?
21. 高速铁路是如何定义的?
22. 什么是无交叉线岔?
23. 什么是综合接地?
24. 什么是恒张力放线?
25. 什么是波动传播速度?
26. 高速接触网运行维护的方针和原则是什么?
27. 简述高速接触网的维修周期及方式。
28. 简述高速接触网监测、检测体系。
29. 限制电力网送电能力的因素是什么?
30. 牵引变电所进线电压如何选择?
31. 高速铁路接触网标称电压是如何规定的?
32. 牵引供电系统的供电方式有几种?
33. 高速受流对接触线有何要求?
34. 高速受电有什么特点?
35. 什么是受电弓动态包络线?
36. 提高弓网工作稳定性的主要措施有哪些?
37. 四跨非绝缘锚段关节的技术条件是什么?
38. 线岔布置的基本要求如何?
39. 什么是接触网的载流容量?

40. 接触线选型应考虑哪些因素?
41. 五跨绝缘锚段关节的技术条件是什么?
42. 四跨绝缘锚段关节的技术条件是什么?
43. 受流质量对承力索的要求是什么?

附　录

附录1　高速铁路接触网运行检修暂行规程

第一章　总则

第1条　高速铁路的接触网是重要行车设备。为保证高速铁路接触网运行安全可靠，根据铁道部《铁路技术管理规程》(铁道部令第29号)、《铁路客运专线技术管理办法（试行）》(铁科技〔2009〕116号、铁科技〔2009〕212号)，特制订本规程。

第2条　高速铁路牵引供电设备管理单位，要组织有关人员认真学习、贯彻本规程，建立健全各项规章制度，并结合具体情况制定实施细则，报上级业务主管部门核备。

第3条　高速铁路接触网的运行维护，坚持"预防为主、重检慎修"的方针，按照"周期检测、状态维修"的原则，遵循精细化、机械化、集约化的检修方式，依靠科技进步，采用先进的检测和维修手段，保证接触网技术状态，确保运行品质和安全可靠性。

第4条　本规程适用于工频、单相、交流25 kV（含2×25 kV）、列车运行速度200 km/h及以上高速铁路接触网的运行维护。

第二章　运行管理

第一节　统一领导和分级管理

第5条　高速铁路接触网的运行维护工作实行统一领导、分级管理的原则，充分发挥各级管理组织的作用。

1. 铁道部：负责全路高速铁路接触网运行管理工作，确定运行维护的方针、原则，统一指导、规划接触网的检查、检测、维护方式和手段，监督、检查铁路局和设备维护单位的设备维护情况；制定、批准有关标准、规范和规章；审批新产品试运行和重要的设备变更。

2. 铁路局：贯彻执行铁道部高速铁路接触网有关规程、规范和标准，制定接触网运行维护实施细则，审批接触网年度检查、检测计划和月度检修计划，监督、检查、指导、协调局管内高速铁路接触网运营管理工作。

3. 设备管理单位：贯彻执行上级的有关规章、制度和标准，负责高速铁路接触网设备运行管理，定期分析设备运行状态，并提出改进措施；编制接触网年度检查、检测计划和月度检修计划报铁路局，并根据铁路局批准的检查、检测计划组织实施；组织管内接触网设备故障处理。

第二节　运行管理

第6条　高速铁路接触网设备运行管理的主要任务是通过对运行设备的监测、检查、检测、试验和诊断分析，准确掌握设备技术性能、特性、运行规律和安全状态，及时对不满足安全运行的接触网设备状态或发生故障时，进行必要的修复，确保供电设备安全运行。

第7条　设备管理单位要建立接触网监测、检查、检测、试验和诊断分析制度。对动检车、弓网检测装置等提供的检测信息，按照检测数据分析、复核、整治、销号的处理程序，形成监测、检测、分析、诊断、维修、验收的运营维护闭环管理机制，实现设备质量有序可控。

第8条　为保证运行维护工作顺利开展，开通前，施工单位应向设备接管单位提供下列技术资料：

1. 竣工工程数量表；
2. 管内的供电分段示意图；
3. 管辖范围内的接触网平面布置图、装配图、安装曲线、接触线磨耗换算表；
4. 施工装配计算结果（含支持装置、吊弦等）；
5. 开通前，接触网动态检测的原始精测资料（包括导高、拉出值等）；
6. 主要设备、零部件、金具、器材的技术规格、合格证、出厂试验记录、使用说明书；电缆的相关资料；对在产品上显示不出工厂标志的器材（例如各种线索），应按生产厂家列出具体安装地点；
7. 跨越接触网的架空线路（主要包括架空线路位置、电压等级、导线高度、规格型号、产权单位及联系方式等）和跨线桥（主要包括跨线桥位置、最近的桥墩距线路中心的距离、跨线桥净高、接触网带电部分距跨线桥最小距离、产权单位及联系方式等）有关资料。
8. 工程施工记录。主要有：隐蔽工程记录、确认后的轨面标准线（有砟）、轨面标高记录（整体道床线路精测网提供的轨面高程）、侧面限界、外轨超高记录等；
9. 设备维护手册。

第9条　设备管理单位应建立或具备以下规章制度和技术文件：

1. 接触网零部件上网检验和追溯制度；
2. 弓网联控制度；
3. 设备质量验收和评定制度；
4. 接触网监测、检查、检测、试验和诊断分析制度；
5. 受电弓动态包络线检验制度；
6. 运行信息反馈及故障、事故报告制度；
7. 值班制度；
8. 设备质量定期分析和总结例会制度；
9. 部、局颁发的有关规章；
10. 与相关单位的设备分界协议；
11. 管内车间、工区之间的设备分界及各工种分工的规定；
12. 接触网零部件的技术条件、试验方法及图册；
13. 接触网设备的有关标准；
14. 管内的设备技术履历。

第 10 条 开通前，设备管理单位应配齐监测、检测、检查、维修、抢修用交通、通讯工器具和材料。其配备标准须满足附录2、附录3规定的标准要求。

第 11 条 一般不在运营的客运专线接触网设备上进行新产品试运行，特殊情况需要时，应经铁路局审核，报部批准。

第 12 条 每个工区要有安全等级（高铁）不低于三级的接触网工昼夜值班，负责接触网的运行管理和应急处理工作。值班人员应及时传达、执行供电调度命令和要求，每天按规定时间向电调报告次日工作计划，认真填写《供电（接触网）工区值班日志》。值班日志格式见附录4。

第三章 状态监测

第一节 监测的分类

第 13 条 监测是对接触网外观、主导电回路、绝缘状况、防雷措施、受电弓取流情况及外部环境进行不间断监测。监测分巡视、视频和摄像检查、主导电回路测温以及观测点检查四个部分。

1. 巡视。分为步行巡视和登乘车辆巡视。登乘车辆巡视分为添乘动车巡视、作业车升平台巡视和不升平台巡视三种方式。

2. 视频和摄像观察。利用沿线安装的视频监视设备和安装在列车上的高速摄像机对接触网设备进行外观检查。

3. 主导电回路测温。利用热成像仪、测温贴片等测量接续点接触状态。

4. 观测点检查。在隧道口、车站咽喉区、分相等关键处所建立观测点，定期观察列车通过时接触网状态。

第二节 巡视

第 14 条 步行巡视（防护栏内一般不进行步行巡视，必须进行步行巡视时，应在天窗内或线路封锁的情况下进行）。

周期：3 个月。

检查项目：防护栏外的设备。

第 15 条 作业车升平台巡视（天窗内进行）。

周期：3 个月。

检查项目：检查补偿装置、线岔、锚段关节、关节式分相、分段绝缘器、上网供电线电缆接头、接触网主导电回路等设备的技术状态，检查各种线索（包括供电线、回流线、正馈线、保护线、加强线、吸上线等）有无烧伤、断股及互磨等，零部件有无松、脱、断及损坏；绝缘部件有无破损和闪络。

第 16 条 作业车不升平台观察巡视（天窗外进行）。

周期：根据需要由路局安排。

检查项目：昼间主要检查树木及其他障碍物是否侵入安全限界；各种标志是否齐全、完整；接触网悬挂、支撑和定位装置的状态；夜间主要检查接触网零部件、电气连接部位有无过热变色、绝缘件有无闪络放电现象以及非常规检查的项（见附录中第四章第二节第 26 条）。

第 17 条 添乘动车组巡视。

检查周期：1 周。

检查项目：

1. 接触网设备有无明显的松、脱、断情况；有无因塌方、落石、山洪水害、爆破作业、鸟窝及其他周边环境等危及接触网供电的现象；有无侵入限界、妨碍机车车辆运行的障碍等，并检查动车组受流情况。

2. 添乘动车组巡视人员应为专业技术管理人员。

第三节 视频和摄像检查

第 18 条 视频和摄像检查。

检查周期：每天一次。

检查项目：

1. 接触悬挂及其支撑装置、定位装置的有无异常现象。

2. 各种线索（包括供电线、回流线、正馈线、保护线、加强线、吸上线和软横跨的线索等）间的距离变化。

3. 有无因塌方、落石、山洪水害、爆破作业及其他周边环境等危及接触网供电安全的现象；

4. 有无侵入限界、妨碍机车车辆运行的障碍。

5. 弓网接触状态有无异常。如：火花、震动等。

第四节 主导电回路监测

第19条 主导电回路接续状态监测。

检查周期：一年一次。

检查项目：

1. 供电线接续点及上网连接线夹、接触网的各种电连接线夹、接触网各种隔离开关设备线夹及触头、吸上线接续点等有无过热现象。

2. 利用热成像仪测量接续点接触状态时，测温时机必须选择在被测点有持续负荷电流时进行。

3. 利用测温贴片监测接续状态时，测温贴片应保持清洁，所贴位置能够准确反映线夹温度变化并在地面容易观察。

第五节 观测点检查

第20条 在隧道口、大桥上、车站咽喉区、分相等具有领示作用的关键处所建立观测点，在防护栏外观察列车通过时的接触网状态。

监测周期：10天。

监测项目：观察列车通过时，弓网接触、接触网震动等有无异常状态。

第四章 接触网检测与检查

第一节 检测

第21条 检测分为静态检测和动态检测。静态检测一般在天窗内进行；动态检测一般由动检车、弓网检测装置进行。

第22条 静态检测。静态检测分为人工检测和弓网检测装置的非接触式测量。

检测周期：一年一次。

检测项目：

1. 接触网几何参数检测项目：拉出值、导高、同一跨距接触导线高差、线岔和锚段关节接触线相互位置等。

2. 附加导线对地距离。

3. 附加导线、各种引线、接触悬挂等产生交叉时的间距。

4. 接触导线磨耗。

5. 对动态检测超限处所进行静态复核、确认。

第 23 条 动态检测

检测周期：10 天。

检测项目：

1. 接触网几何参数检测项目：拉出值、导高、同一跨距接触导线高差、线岔和锚段关节接触线相互位置。

2. 弓网受流性能检测参数：弓网接触力、垂直加速度、离线率。

3. 接触网电气参数：接触网电压、动车组取流。

第二节 检查

第 24 条 接触网的状态检查分为全面检查和非常规检查。全面检查具有巡视检查和维护保养的双重职能。非常规检查通常在发生异常情况下或根据需要时进行的检查。

第 25 条 全面检查

检查周期：3 年。

主要项目：内容包括无法或不易通过监测、检测手段掌握设备运行状态的所有项目，如接触悬挂、附加悬挂、支撑装置的内在质量、螺栓是否紧固等；保养维护的内容主要是检查过程中必要的防腐处理、注油和零部件的紧固、更换等。全面检查应利用轨道作业车进行。

第 26 条 非常规检查。发生以下情况或上级部门要求时，应进行检查。

1. 故障点附近接触网设备、接地设备损坏情况检查。

2. 一个供电臂内累计发生 3 次不明短路跳闸的情况下，对该供电臂的接触网、回流系统和接地设备进行重点检查。

3. 在接触网发生故障后或自然灾害（暴风、洪水、火灾、冰灾、极限温度等）出现后对相应接触网设备的状态变化、损伤、损坏情况进行检查。

4. 接触网动态检测在一个区段内出现多处几何参数超限，可以用接触网检测车以非接触方式测量接触线的静态高度和拉出值。

5. 根据铁路局安排进行检查。

第三节 质量的诊断、分析

第 27 条 设备管理单位要建立月度接触网运行质量分析、诊断制度。根据对接触网监测、检测、检查结果的统计分析，对接触网的质量状态进行综合诊断，准确找出接触网设备在运行中出现的特殊性、普遍性问题及质量状态变化规律。并将反映出的质量问题，纳入次月维修计划。诊断、分析的主要内容：

1. 本月监测、检测、检查计划完成情况及检修计划完成情况。
2. 监测（巡视、视频检查、测温、观测点检查等）发现的具体问题。
3. 检测数据（动态检测及复核情况）的对比分析及存在的问题。
4. 检查发现的问题。
5. 接触网状态的变化趋势。
6. 产生问题的原因分析。
7. 针对问题应采取的措施及下月检修计划安排。

第五章　检修管理

第一节　修程

第 28 条　接触网检修分维修和大修两种修程。

维修是指在接触网系统的实际状态与安全运行状态之间出现不允许的误差或发生事故时，对接触网系统进行的必要修复，以重新建立接触网系统的正常功能。

大修是指恢复性的彻底修理。主要是整锚段的更换接触网（含附加导线），并通过新设备、新技术的采用，改善接触网的技术状态，增强供电能力，适应运输发展的需要。

第二节　检修计划及实施

第 29 条　接触网检修计划分年度监测计划、检测检查计划和月度维修计划三部分。年度监测计划和检测检查计划由设备管理单位于前一年的11月底以前下达到车间和班组。月度维修计划下达方式由铁路局确定，日维修计划与月度维修计划不符时，须经铁路局审核批准。

第 30 条　为保证定期检查和对设备缺陷的及时处理，在高速铁路列车运行图中须预留接触网垂直检修"天窗"，每次时间不少于 240 分钟。

第 31 条　各单位要做好检修组织工作，各工区各工种（包括变电设备检修、试验等）在同一停电范围内的作业，应尽量创造条件同时进行，以免重复停电。

第三节　绝缘部件清扫

第 32 条　绝缘部件清扫周期：
1. 分段绝缘器和器件式分相器，周期6个月。
2. 瓷质绝缘件，周期2年。
3. 污秽严重区段由铁路局根据污秽情况确定清扫周期。

第四节 检查验收

第 33 条 维修用料必须是经过铁道部认证、并经过鉴定和运行实践证明安全可靠的产品，入库前应按规定进行检验。

第 34 条 设备管理单位要建立接触网设备监测、检查、检测、检修记录，具体格式由铁路局根据实际需要制定。

第 35 条 接触网监测、检测、检查及维修要落实"记名"制度，保证监测、检测、检查及维修质量。每次监测、检测、检查及维修完成后应及时填写相应的记录，并由负责人、操作人签字。

第 36 条 工长和车间主任要每月检查 1 次监测、检测、检查及维修任务的完成情况，并在相应的记录上签字。

第 37 条 凡有更换线索、重要零部件、支柱等，应将更换后的设备名称、材质、型号、厂家等记入相应记录中。

第五节 质量鉴定

第 38 条 为全面掌握设备运行状态，由铁路局组织牵引供电设备管理单位于每年 10 月底前对设备进行一次整体质量鉴定并报铁道部。

第 39 条 鉴定的范围应包括所有的接触网设备。但下列设备可不作鉴定：

1. 已封存的设备。

2. 本年度新建或已列入当年大修计划的设备。

对本年度新建或大修的设备，其质量状况可按工程竣工验收质量评定结果统计。

第 40 条 鉴定后的质量等级分为以下三种：

1. 优良：主要项目达到优良标准，次要项目全部合格以上标准者。（主要项目、次要项目由铁路局根据设备情况确定）

2. 合格：主要项目全部达到合格标准，次要项目多数达到合格以上标准者。

3. 不合格：主要项目有一项未达到合格标准或次要项目多数不合格者。

优良率、不合格率、合格率分别按下列公式计算：

$$优良率 = \frac{优良设备数量(换算条公里)}{设备鉴定总数量(换算条公里)} \times 100\%$$

$$不合格率 = \frac{不合格设备数量(换算条公里)}{设备鉴定总数量(换算条公里)} \times 100\%$$

$$合格率 = 1 - 不合格率$$

第 41 条 质量等级的评定按单项设备和整体设备分别进行。接触悬挂、附加导线以条公里为单位；高压电缆以公里为单位；隔离（负荷）开关、避雷器等以台为单位；线岔、绝缘器（含关节式分相）等以组为单位；整体设备以换算条公里为单位。

$$换算条公里数量 = \sum (设备鉴定数量 \times 换算系数)$$

各设备及部件的换算系数如下表：

设备及部件	正、站线悬挂	隧道内悬挂	附加导线	高压电缆	线岔	隔离（负荷）开关	绝缘器	避雷器	硬横跨
换算系数	1.00	1.30	0.40	0.80	0.12	0.12	0.12	0.05	0.13

接触悬挂以跨距为鉴定单元。若在被鉴定的跨距内有一处不合格，即视为该跨距不合格（在悬挂点及定位点处，跨距长度按相邻跨距的平均值计算）。

对一个锚段的接触线、承力索、附加导线等，当接头及补强数量超过规定值后，该锚段即视为不合格设备。

第42条 鉴定结果应详细记录，并以整体设备质量评定结果作为当年的设备质量运行状态填入牵引供电履历簿。牵引供电设备管理单位要针对鉴定存在的问题进行分析总结，提出整改措施并组织实施。

第43条 鉴定中发现的设备缺陷，在鉴定期间将缺陷处理者，可按整修后的质量状态进行评定。

第六章　高铁接触网维护技术标准

第44条 接触网系统整体技术标准
1. 接触网系统满足设计的速度目标值。
2. 接触网应满足系统载流量的需要。
3. 接触网在自然环境中应满足可靠性、安全性的要求，有足够的机械、电气强度和安全性能。任何条件下安全系数至少满足附录1的规定。
4. 各部位螺栓紧固力矩符合零部件规定要求。

第45条 受电弓动态包络线范围内不得有任何障碍影响受电弓运行。动态包络线是指运行中的受电弓在最大抬升及摆动时可能达到的最大轮廓线。受电弓动态包络线应符合下列规定：受电弓动态抬升量150 mm（线岔始触区为200 mm），左右摆动量直线区段为250 mm，曲线区段为350 mm。

第46条 接触线维护技术标准
1. 接触线平直度。用塞尺检查接触线与检测尺之间的间隙，其间隙不得大于0.1 mm/m。
2. 接触线磨耗和损伤后不能满足规定的机械强度安全系数或不能满足该线通过的最大电流时（≥20%），则应更换。接触线不允许有接头。

3. 接触线之字值、拉出值（含最大风偏时跨中偏移值）。

标准值：设计值。

安全值：设计值 ± 30 mm。

限界值：同安全值。

4. 接触线高度。

接触线高度符合设计规定；两个相邻悬挂点和吊弦的最大高度差为 10 mm。

标准值：设计值。

安全值：标准值 ± 30 mm。

限界值：同安全值。

5. 接触线坡度。

标准值：速度在 250 km/h（含）以下时，坡度为 1‰，坡度变化率不大于 0.5‰；速度在 250 km/h 以上时，坡度为 0。

安全值：同标准值。

限界值：同安全值。

定位点两侧第一根吊弦处接触线高度应相等，相对该定位点的接触线高度允许误差 ± 10 mm。

6. 接触线偏角（水平面内改变方向）。

标准值：≤4°。

安全值：≤6°。

限界值：同安全值。

第 47 条 承力索维护技术标准

1. 承力索位置。

标准值：直链型悬挂，位于接触线正上方。曲线区段承力索与接触线之间的连线垂直于轨面连线。

安全值：直线区段允许误差 150 mm；曲线区段允许向曲线内侧偏移 100 mm。

限界值：标准值 ± 200 mm。

2. 承力索损伤程度

承力索损伤后不能满足该线通过的最大电流时，若系局部损伤，可以加电气补强线，若系普遍损伤则应更换；承力索损伤后不能满足规定的机械强度安全系数时，可以加补强线或切除损坏部分重新接续，若系普遍磨损伤则应更换；一个锚段内承力索接头和断股补强的总数量为：锚段长度 800 m 以下时接头数量 2 个，锚段长度 800 m 以上时接头数量 4 个（不包括分段、分相及下锚接头）。

接头距悬挂点应不小于 2 m，同一跨距内不允许有两个接头。

第 48 条 整体吊弦维护技术标准

1. 吊弦偏移：接触线与承力索同材质时，吊弦在任何情况下均垂直（交叉吊弦除外）。

标准值：在无偏移温度时垂直。

安全值：在极限温度时，顺线路方向的偏移值不得大于 20 mm。

限界值：同安全运行值。

2. 吊弦状态。

吊弦的长度要能适应在极限温度范围内接触线的伸缩和弛度的变化，否则应采用滑动吊弦。吊弦预制长度应与计算长度相等，误差应不大于 ±2 mm。吊弦截面损伤不得超过 20%。

3. 吊弦线夹状态。

吊弦线夹在直线处应保持铅垂状态，曲线处应与接触线的倾斜度一致。

4. 载流环。

吊弦载流环应固定在吊弦线夹螺栓的外侧，载流环应朝向列车前进方向，线鼻子与接触线夹角不得小于 30°。

5. 吊弦间距。

标准值：设计值。

安全值：≤10 m。

限界值：≤12 m。

6. 相邻吊弦高差。

标准值：相邻吊弦高差≤10 mm。

安全值：同标准值。

限界值：同安全运行值。

第 49 条 弹性吊弦维护技术标准

1. 弹性吊索长度应符合设计要求，悬挂点两端长度相等，允许偏差为 ±20 mm。

2. 弹性吊索线夹处回头外露为 20 mm，允许偏差为 ±5 mm。

3. 弹性吊索工作张力符合设计规定，允许偏差为 ±50 N。

4. 跨中第一吊弦与相邻弹性吊索吊弦的高度差必须小于 10 mm。弹性吊弦与定位点处接触线高度相等。

第 50 条 软横跨维护技术标准

1.横向承力索、上下部固定绳。

① 软横跨横向承力索（双横承力索为其中心线）和上、下部固定绳应布置在同一个铅垂面内。

② 双横承力索两条线的张力应相等，V 形连接板应垂直于横向承力索，双横承力索线夹应垂直于横向承力索，上、下部固定绳处于拉紧状态。

③ 上、下部固定绳应水平，允许有平缓的负弛度，其数值为：5 股道及以下不超过 100 mm，5 股道以上的不超过 200 mm。

④ 上、下部固定绳弹簧补偿器处于受力状态，张力符合设计规定。

2. 吊线

软横跨直吊线应保持铅垂状态，吊线呈拉紧状态，上端永久固定，无松弛，横向承力索与上部固定绳在最短吊线处距离为 400~600 mm。

3. 下部固定绳距接触线的距离

下部固定绳距接触线距离正线为 400 mm，侧线为 300 mm，允许偏差 ± 50 mm。

4. 螺栓等连接器件。

软横跨应垂直于正线，各部螺栓、垫片、弹簧垫圈应齐全，螺栓紧固，各杆头杆螺纹外露长度应为 20 ~ 80 mm，调整螺栓的螺杆外露长度应为 50 mm 至螺纹全长的 1/2。

5. 各部位几何尺寸

① 横向承力索和上、下部固定绳的电分段绝缘子串应在同一垂直面内。位于站台沿上方绝缘子带电裙边应尽量与站台对齐，股道间横向电分段绝缘子应位于股道中间。横向承力索两端绝缘子串外侧钢帽距支柱内缘应不小于 400 mm，上、下部固定绳两端绝缘子串的瓷裙至支柱内缘的最小距离不小于 700 mm，带电侧绝缘子裙边距线路中心线不得小于 200 mm。

② 各部件应齐全完好，连接牢固，支柱上角钢底座应水平，各斜吊线完好无松弛，并留有不小于 200 mm 的余量。

第 51 条 硬横跨维护技术标准

1. 硬横梁的安装高度应符合设计要求，允许误差不超过 ± 100 mm。

2. 硬横梁应呈水平状态，允许向上微拱，铰接硬横梁的挠度小于梁长的 0.5%，刚性硬横梁的挠度小于梁长的 1/360。各段之间及其与支柱应连接牢固。

3. 硬横梁锈蚀面积不超过 20%。

4. 吊柱在安装后应处于竖直状态，限界满足要求。

5. 上、下部定位索应布置在同一个铅垂面内，上、下部定位索应呈水平状态，允许有平缓的负弛度，5 股道以下者负弛度不超过 100 mm，5 股道以上者不超过 200 mm。

6. 上、下部定位索不得有接头、断股和补强。

7. 下部固定绳距接触线距离正线为 400 mm，侧线为 300 mm，允许偏差 ± 50 mm。

8. 吊柱在安装后应处于竖直状态，距相邻线路的限界满足《铁路技术管理规程》要求。

9. 钢柱及硬横梁角钢应无变形和弯曲。

第 52 条 中心锚结维护技术标准

1. 正线、站线、联络线一般采用两跨式防断中心锚结。中心锚结安装位置、形式、采用的线材及连接件规格、型号应符合设计要求。

2. 接触线中心锚结线夹处导高应与邻点吊弦处导高相等，允许抬高为 0 ~ 10 mm，中心锚结线夹锚结绳两边张力相等，不得松弛或高度低于接触线。锚结绳处于受力状态，但不改变相邻吊弦受力和导线高度。

3. 接触线中锚线夹安装应牢固、端正、不打弓。在直线上应保持铅垂状态，在曲线上应与接触线的倾斜度一致。接触线侧锚结绳压接后回头外露长度不小于 30 mm；承力索中心锚结线夹辅助绳外露长度不小于 50 mm。

4. 接触线中心锚结绳与承力索固定线夹的设置和间距符合设计要求。

5. 中心锚结绳范围内不得安装吊弦和电联结；中锚绳两端距相邻的吊弦或电联结距离不得小于 2 m。

6. 承力索中心锚结。

① 中心锚结绳范围内承力索不得有接头和补强。

② 中心锚结绳两端固定线夹的设置和间距符合设计要求。

③ 中心锚结绳的弛度应等于或略高于该处承力索的弛度，承力索中心锚结绳在其垂直投影与线路钢轨交叉处，应高于接触线 300 mm 以上。

④ 中心锚结绳的张力符合设计要求。

第 53 条 锚段关节及关节式分相维护技术标准

1. 腕臂随温度变化顺线路的偏移量应符合设计要求，允许偏差 ± 20 mm。

2. 五跨关节中间跨为过渡跨，过渡跨两接触线等高处导线高度允许比相邻定位点抬高 0～40 mm。

3. 转换柱、中心柱处两悬挂的垂直距离、水平距离符合设计要求，允许偏差：± 20 mm。

4. 绝缘锚段关节的转换柱处绝缘子串距悬挂点的距离应符合设计要求，允许偏差为 ± 50 mm。承力索、接触线两绝缘子串上下应对齐，允许偏差为 ± 30 mm。

5. 绝缘锚段关节两锚段承力索、接触线相互间的空气绝缘间隙应符合设计要求。

6. 锚段关节式电分相中性区长度符合设计要求。

第 54 条 交叉线岔维护技术标准

1. 道岔定位支柱的位置。

道岔定位支柱应按设计的定位支柱布置，定位支柱间跨距误差 ± 1 m。

2. 线岔交叉点两侧定位点拉出值满足设计要求。

3. 两接触线相距 500 mm 处的高差。

标准值：当两支均为工作支时，正线线岔的侧线接触线比正线接触线高 20 mm，侧线线岔两接触线等高。当一支为非工作支时，非工作支接触线比工作支接触线高 80～100 mm，并按设计要求延长一跨抬高 350～500 mm 后下锚。

安全值：当两支均为工作支时，正线线岔侧线接触线比正线接触线高 10～30 mm；侧线线岔两接触线高差不大于 30 mm。当一支为非工作支时，非工作支接触线比工作支接触线抬高 50～100 mm。并延长一跨抬高 350～500 mm 后下锚。

限界值：同安全值。

4. 限制管长度符合设计要求，并使两接触线有一定的活动间隙，保证接触线自由伸缩。

5. 始触区。

在始触区至接触线交叉点处，正线和侧线接触线应位于受电弓的同一侧。对于宽 1950 mm 的受电弓，在距受电弓中心 600～1050 mm 的平面和受电弓最大动态抬升高度（最大 200 mm）构成的立体空间区域为始触区范围，该区域内不得安装除吊弦线夹（必需时）外的其他线夹或零件。

6. 由正线与侧线组成的交叉线岔，正线接触线位于侧线接触线的下方；由侧线和侧线组成的线岔，距中心锚结较近的接触线位于下方。

7. 两组交叉吊弦的间距一般为 2 m。其安装位置应能保证在极限条件情况下，两吊弦间距不小于 60 mm。安装顺序应保证在受电弓从道岔开口方向进入时，先接触到的为侧线承力索与正线接触线间的吊弦。

8. 两支承力索间隙不应小于 60 mm。

9. 岔区腕臂顺线路偏移量符合设计要求，允许偏差±20 mm。

第 55 条　无交叉线岔维护技术标准：

1. 岔心两端的定位柱距岔心的距离符合设计规定。

2. 在开口方向第一个道岔柱处两接触线等高，第二个道岔柱处侧线导高比正线抬高 90～130 mm，第三个道岔柱处侧线导高比正线抬高 500 mm。

3. 腕臂顺线路偏移应符合设计要求，允许偏差为±20 mm。

4. 两承力索交叉点处间距不应小于 60 mm。

5. 拉出值、导高应符合设计要求，拉出值允许偏差为±20 mm，导高允许偏差为 5 mm。

6. 正线接触线距侧线线路中心，侧线接触线距正线线路中心水平投影 600～1050 mm 范围为始触区。始触区不允许安装除吊弦线夹以外的任何线夹类金具。

7. 交叉吊弦应安装在正线接触线距侧线线路中心线，侧线接触线距正线线路中心线水平投影 550～600 mm 的范围内，正线与侧线上的两根吊弦的间距一般为 2 m。交叉吊弦与其他吊弦的间距（始触区反侧）不大于 6～8 m。

8. 交叉吊弦的安装顺序应保证，即在受电弓从道岔开口方向进入时先接触到的吊弦为侧线承力索与正线接触线间的吊弦。

9. 交叉吊弦的承力索端采用滑动吊弦线夹时，绝缘垫块必须安装正确，保证滑动灵活；交叉吊弦接触线端的吊弦线夹螺栓及导流环应朝向远离另一支导线的方向，线夹倾斜角最大不得超过 15 度。

10. 接触线正线导线高度为正常导高。两线路中心线间水平距离 1320 mm 处，非支抬高 20 mm；两线路中心线间水平距离 120 mm 处，非支抬高 120 mm。

第 56 条　电联结维护技术标准

1. 根据承力索、接触线间的距离合理选用电连接线在承力索、接触线间的安装形状。承力索、接触线间的距离小于等于 1 000 mm 时采用"C"型连接的方式；大于 1 000 mm 时采用"S"型连接。其裕度满足接触线、承力索因温度变化伸缩的要求。

2. 道岔电连接应安装在始触区以外。

3. 电连接线均要用多股软线做成，其额定载流量不小于被连接的接触悬挂、供电线的额定载流量，且不得有接头、压伤和断股现象，电连接线应伸出线夹外 5～

10 mm，线夹与线索接触面均应涂电力复合脂。

4. 接触线电连接线夹在直线处应处于铅垂状态，在曲线处应与接触线的倾斜度一致。

5. 承力索、接触线电连接线夹压接（拆卸）应符合技术标准的要求。接触线电连接线夹与线槽契合的卡子必须保证平行压接于线槽内，不得跳出接触线的线槽，电连接线夹的螺纹卡子均应保证卡子从一端插入后，在另一端露头 1~3 mm。

6. 工作支接触线电连接线夹处接触线高度不应低于相邻吊弦点，允许高于相邻吊弦点 0~3 mm。

第 57 条 分段绝缘器维护技术标准

1. 绝缘器的主绝缘应完好，其表面放电痕迹应不超过有效绝缘长度的 20%。主绝缘严重磨损应及时更换。

2. 绝缘器应位于受电弓中心，一般情况下误差不超过 100 mm。

3. 安装平面平行于轨面连线，最大误差不超过 10 mm。

4. 分段绝缘器安装高度，按设计行车速度所要求的抬升力，用钢尺测取所安装的高度值，允许偏差为 ±5 mm。

5. 绝缘器导线接头处过渡平滑。

6. 不应长时间处于对地耐压状态，尤其在雾、雨、雪等恶劣天气时，应尽量缩短其对地的耐压时间，即当作业结束后应尽快合上隔离开关，恢复正常运行。

第 58 条 支持装置维护技术标准

1. 腕臂底座安装高度符合设计要求（多线路腕臂底座及连接件安装高度应满足最高轨面至横梁下缘的设计高度，允许偏差 ±50 mm。）根据基础标高偏差情况选择预留孔安装位置，允许偏差 ±50 mm。腕臂底座应呈水平状态。水平腕臂应符合设计要求。安装位置满足承力索悬挂点（或支撑点）距轨面的距离（即导线高度加结构高度），允许误差 ±200 mm；悬挂点距线路中心的水平距离符合规定。

2. 平腕臂端部余长为 200 mm，平腕臂绝缘子端头距套管单耳 100 mm，承力索座距双套筒连接器一般为 300 mm，接触线悬挂点距吊钩定位环一般为 400 mm。防风拉线环距定位器头水平距离 600 mm，允许误差 +50~−100 mm。

3. 支持装置各部件组装正确，腕臂上的各部件（不包括定位装置）应与腕臂在同一垂直面内，铰接处转动灵活。

① 防风拉线环的 U 螺栓穿向补偿下锚方向（以中心锚结为界），防风拉线长环在定位管端。

② 承力索座下悬挂定位管吊线钩缺口，背向斜拉线安装，正定位朝远离支柱侧，反定位朝支柱侧。

③ 腕臂棒式绝缘子排水孔朝下。

④ 承力索座内的承力索置于受力方向指向轴心的槽内。

⑤ 销钉安装方向正确（由上向下）。使用 β 销时，β 销的圆弧要锁在销钉的圆柱面上。

4. 无偏移温度时腕臂应垂直于线路中心线,温度变化时腕臂偏移应符合腕臂偏移安装曲线要求。

5. 定位管吊线两端均装设心形环,线鼻子采用压接方法固定。

6. 各部零部件无裂纹、变形,顶丝、锁紧螺母无缺失。

第 59 条 吊柱维护技术标准:

1. 吊柱应保持铅垂状态,其倾斜角度不大于 1°。侧面限界满足设计要求。

2. 吊柱地脚螺栓必须是双螺帽,拧紧螺帽后螺栓外露长度不得大于 30 mm;调整吊柱用的垫片不得超过 3 片;

3. 吊柱垂直线路的位置符合规定,允许偏差如无规定时,按 50 mm 执行。

4. 吊柱梁锈蚀面积不超过 20%。

第 60 条 定位装置维护技术标准

1. 定位装置的结构及安装状态应保证接触线工作面平行于轨面连线,定位点处接触线的弹性符合规定。当电力机车受电弓通过和温度变化时,接触线能上下、左右自由移动。

2. 正、反定位管状态均应符合设计要求。定位管应与腕臂在同一垂面内,一般情况下呈水平状态,正定位允许抬头;反定位允许低头,但坡度不得大于 150 mm/m。提吊定位管的不锈钢吊线端部余长 150 mm,吊线露出压接管 10 mm。

3. 定位器和腕臂顺线路偏移的方向、角度相一致,定位线夹安装正确。

4. 限位间隙应符合设计要求,允许偏差为 ±1 mm。

5. 定位器等电位连接线安装符合设计要求。

6. 根据不同曲线半径,定位器静态角度一般控制在 8°~13°。

7. 定位管端部余长为 150 mm。吊钩定位环距接触线悬挂点一般为 400 mm。吊钩定位环缺口,正定位朝支柱侧,反定位朝远离支柱侧。

8. 防风拉线固定环距定位器端头水平距离为 600 mm,面向下锚侧安装,防风拉线与水平方向呈 45°。防风拉线短环端回头 100 mm;长环端回头 250 mm,防风拉线固定环应位于长环中间位置。

第 61 条 滑轮补偿装置维护技术标准

1. 补偿滑轮完整无损、转动灵活(人力用手托动坠砣能上下自由移动),没有卡滞现象。对需要加注润滑油的补偿滑轮,应按产品规定的期限加注润滑油,没有规定者至少 3 年一次。

2. 定滑轮应保持铅垂状态,动滑轮偏转角度不得大于 45°。

3. 同一滑轮组的两补偿滑轮的工作间距,任何情况下不小于 500 mm。

4. 补偿绳不得有松股、断股和接头,不得与其他部件、线索相摩擦。

5. a、b 值应符合安装曲线的要求,允许 a、b 值误差不超过安装曲线值 ±200 mm。但 a、b 值在极限温度时不得小于 200 mm。

6. 各框架安装正确,满足坠砣升降变化要求,限制坠砣的摆动,不妨碍升降。且受力良好,螺栓紧固有油,铁件无锈蚀。

7. 承力索、接触线两下锚绝缘子串应对齐,允许偏差为 ±150 mm。

8. 坠砣应完整,叠码整齐,其缺口相互错开 180°。坠砣串的重量(包括坠砣杆的重量)符合规定,允许误差不超过 2%。坠砣块自上而下按块编号,并标明重量。

第 62 条 棘轮补偿装置维护技术标准

1. a、b 值及补偿绳缠绕圈数符合安装曲线的要求,a、b 值不得大于安装曲线值 ±200 mm。但 a、b 值在极限温度时不得小于 300 mm。

2. 大、小轮缠绕时最少缠绕半圈,最多缠绕三圈半,小轮缠绕时必须两边对称。

3. 棘轮完整无损、转动灵活,没有卡滞现象。对需要加注润滑油的补偿棘轮,应按产品规定的期限加注润滑油。

4. 承力索、接触线两下锚绝缘子串应对齐,允许偏差为 ±150 mm。下锚补偿装置平衡轮应水平,偏斜不超过 20°。

5. 坠砣应完整,坠砣块叠码整齐其缺口相互错开 180°。坠砣串的重量(包括坠砣杆的重量)符合规定,允许误差不超过 2%。坠砣块自上而下按块编号,并标明重量。

6. 补偿绳不得有散股、断股和接头,不得与其他部件、线索相摩擦。

7. 制动卡块到棘轮的距离符合产品说明书要求。限制器的安装位置应满足坠砣升降变化要求,限制坠砣的摆动,不妨碍升降。

第 63 条 弹簧补偿装置维护技术标准

1. 刻度牌位置:

弹簧补偿装置刻度牌与环境温度相对应,补偿绳伸缩长度 a 值符合安装曲线要求。

2. 弹簧补偿器本体安装位置符合设计要求,安装牢固,本体与下锚方向在同一直线上。

3. 补偿绳不得有松股、断股和接头,位于渐开线轮槽正中,不得偏磨。

4. 弹簧补偿装置各零部件安装正确。

第 64 条 绝缘子维护技术标准

1. 接触网绝缘部件的泄漏距离 ≥ 1 400 mm。

2. 绝缘子表面应清洁、光滑无脏污、完整无破损、无破碎性裂纹,瓷釉剥落面积不大于 300 mm²。

3. 绝缘子瓷质部分与铁件间密贴良好,无缝隙和开裂显现。

4. 绝缘子连接铁件与浇注部分间密贴良好、连接紧固。

5. 各悬式绝缘子间连接良好,弹簧销、开口销齐全。

6. 绝缘子本体线性良好,弯曲度不超过 1%。

7. 绝缘子表面无明显放电痕迹、无环状或贯通性裂纹。

8. 绝缘子裙边距接地体的距离应不小于下列数值:

绝缘子类型距接地体距离	正常值（mm）	困难值（mm）
瓷质绝缘子	≥100	≥75
有机合成材料绝缘子	≥50	

注：采用正常值确有困难时方可采用困难值。

第 65 条 附加导线维护技术标准

1. 附加导线的材质和截面积应满足通过的最大电流和附件规定的机械强度安全系数。

2. 张力和弛度符合安装曲线的要求。误差不大于±10%。支柱同一侧悬挂为不同线径及材质的导线时，导线的弛度应以其中弛度较大的导线为准。

3. 接头及损伤：

（1）跨越铁路和一、二级公路以及重要的通航河流时，导线不得有接头。不同金属、不同规格、不同绞制方向的导线严禁在跨距内做接头。

（2）一个跨距内一根导线的接头不得超过 1 个。一个耐张段内附加导线接头和补强线段的总数量不得超过 4 个，且接头距悬挂点的距离大于 500 mm。

（3）附加导线跨越建筑物时，其距建筑物的距离要符合本款第（6）项的规定，且跨越的跨距内不得有接头、断股和补强。

（4）附加导线不得散股，安装牢固。导线采用钢芯铝绞线时，其钢芯不准折断。铝绞线和钢芯铝绞线的铝线断股、损伤截面积不得超过铝截面的 7%，且载流量和机械强度能满足要求时，可将断股处磨平用同材质的绑线扎紧，绑扎长度超出缺陷部分 30~50 mm；当断股损伤截面为 7%~25%时，应进行补强；当断股截面超过 25%时，应锯断做接头或更换。

（5）附加导线跨越或接近铁路、公路、电力线、弱电线路、河流时应符合相关行业部门的有关规定。

（6）附加导线对地面及相互间的距离在任何情况下不应小于下表的数值：

序号	有关情况		附加导线对地面及相互距离（mm）	
			供电线、正馈线、加强线	保护线、回流线、架空地线
1	导线在最大弛度时距地面高度	居民区及车站站台处	7 000	6 000
		非居民区	6 000	5 000
		车辆、农业机械不能到达的山坡、峭壁和岩石	5 000	4 000
2	导线距离峭壁挡土墙和岩石	无风时	1 000	500
		计算最大风偏时	300	75

续表

序号	有关情况		附加导线对地面及相互距离（mm）	
			供电线、正馈线、加强线	保护线、回流线、架空地线
3	导线跨越铁路时	跨越非电化股道（对轨面）	7 500	7 500
		跨越不同回路电化股道（对承力索或无承力索时对接触线）	3 000	2 000
4	不同相或不同供电分段两导线悬挂点间距离	水平排列	2 400	—
		垂直排列，上方为供电线，下方为供电线或回流线	2 000	—
5	与建筑物间的最小距离	导线与建筑物间最小垂直距离（计算最大弛度时）	4 000	2 500
		导线对建筑物最小水平距离（计算最大风速时）	3 000	1 000

4. 保护线距接地体或桥梁及隧道壁的最小距离≥150 mm，困难时≥75 mm。

5. 附加导线与接触网同杆合架时，正馈线、保护线安装位置应符合设计要求。正馈线带电部分与支柱边沿的距离应不小于1 m。

6. 肩架安装位置正确、安装牢固、呈水平状态。肩架位置的误差为＋50 mm。

7. 保护线与支柱连接牢固，符合设计要求。

第66条　隔离开关维护技术标准

1. 隔离（负荷）开关应动作可靠、转动灵活，合闸时触头接触良好，引线和连接线的截面与开关的额定电流及所连接的接触网当量截面相适应，引线不得有接头。

2. 隔离（负荷）开关的触头接触面应平整、光洁无损伤，并涂以电力复合脂。

3. 隔离（负荷）开关的分闸角度及合闸状态应符合产品的技术要求。

4. 隔离（负荷）开关操作机构应完好无损并加锁，转动部分注润滑油，操作时平稳正确无卡阻和冲击。

5. 引线及连接线应连接牢固接触良好，无破损和烧伤。引线的长度应保证当接触悬挂受温度变化偏移时有一定的活动余量并不得侵入限界，引线摆动到极限位置对接地体的距离不小于350 mm。

6. 支持绝缘子应清洁无破损和放电痕迹，瓷釉剥落面积不超过300 mm^2。

7. 新安装的隔离（负荷）开关在投入运行前应做交流耐压试验，运行中每年用2 500V的兆欧表测量一次绝缘电阻，与前一次测量结果相比不应有显著降低。

8. 电动隔离开关操作机构应良好无损并加锁。传动杆与隔离开关操作机构紧密配合，符合产品说明书要求。隔离开关操作机构箱密封良好。

9. 驱动装置的电机转向正确，机械系统润滑良好，分、合闸指示器与开关实际位置相符合。驱动装置的电机和传动器的滑动离合器应符合技术要求。

第 67 条　支柱维护技术标准

接触网支柱的技术状态应符合下列要求：

1. 支柱位置。支柱的侧面限界应符合设计规定，允许误差 + 50 mm、– 0 mm。跨距误差 ± 500 mm。

2. 支柱本体。支柱本体不得弯曲、扭转、变形，各焊接部分不得有裂纹、开焊；表面防腐层剥落面积不得超过 5%。

3. 支柱倾斜率。

（1）支柱横线路面应垂直于线路中心线，允许偏差不应大于 2 度。

（2）单腕臂、双腕臂和中心锚结支柱顺线路方向应直立，允许斜率为 ± 2‰；横线路方向，允许向受力反向的倾斜率为 5‰。

（3）硬锚锚柱横线路方向，向受力反向的倾斜率为 0 ~ 5‰，顺线路方向，向下锚拉线侧倾斜率为 0 ~ 5‰。

（4）补偿下锚柱横线路方向，向受力反向的倾斜率为 0 ~ 5‰，顺线路向下锚拉线侧倾斜率为 0 ~ 10‰。

（5）曲线内侧的支柱、装设开关的支柱、双边悬挂的支柱、硬横跨支柱、均应直立，允许向受力的反向倾斜，其倾斜率不超过 5‰。

（6）接触网各种支柱，均不得向线路侧和受力方向倾斜。

4. 支柱基础。支柱基础面应高出地面。基础帽完整无破损、无裂纹，支柱根部和基础周围应保持清洁，不得有积水和杂物。基础顶板与支柱底板间填充的砂浆应符合设计要求。

填方地段的支柱外缘距路基边坡的距离小于 500 mm 时应培土，其坡度应与原路基相同。高填方地段培土困难、流失严重或土质强度不够者，应采用干砌片石或砂浆砌石加固，片石应挤压紧密，堆砌整齐，砂浆应饱满、标号符合规定。

5. 支柱拉线及拉线基础。拉线与地面夹角一般情况下为 45°，最大不得超过 60°。拉线应绷紧，在同一支柱上的各拉线应受力均衡；应有防腐措施。拉线不得有断股、松股、接头及锈蚀。各部连接件、螺栓紧固良好。拉线基础周围不得有积水。

第 68 条　吸上线维护技术标准

1. 吸上线安装位置应符合设计要求。电缆截面应满足回流要求，外露部分电缆护管应无损伤。吸上线埋入地下时，埋深不少于 300 mm。穿过钢轨、桥台时应采取防护措施。

2. 吸上线电缆与回流线（保护线）、扼流变压器（或空心线圈 SVAC）连接处应连接牢固，接触良好，并涂电力复合脂。

3. 吸上线电缆沿地面、支柱的敷设必须密贴、牢固。

4. 吸上线与回流线（保护线）连接时，距悬挂点的距离应符合设计要求。

第 69 条　避雷器维护技术标准

1. 避雷器安装牢固、无损伤，绝缘护套无严重放电，动作计数器完好。

2. 瓷套管应光洁、无裂纹、无破损等，铁件无锈蚀。封口处的橡皮胶垫应良好、严密。

3. 避雷器绝缘子应呈竖直状态，倾斜角度不超过 2°。

4. 避雷器至高压侧的引线张力应适宜。极限条件下，高压侧引线对接地体之间距离大于 350 mm。

5. 避雷器需要单独接地时，接地电阻不大于 10 Ω。

6. 脱离器的安装应保证脱离后不影响供电、不侵入受电弓的工作范围。

7. 避雷器的维护、试验按产品说明书的规定进行。

第 70 条　安全接地技术标准

1. 开关、避雷器、接触网支柱的接地按符合设计要求。

2. 27.5 kV 上网供电电缆接地保护：

① 单根上网电缆长度<100 m，则每根电缆保护层采用单点（即仅一端）接地。

② 单根上网电缆长度>100 m，则每隔 500 m 分段设置中间接头，每段电缆保护层采用一端接地，另一端保护层通过保安器接地。

③ 所有接地连接应满足现行设计规范、国家规范、电力系统规范等的要求。

第 71 条　保安装置及标志维护技术标准

1. 站内和行人较多的接触网支柱上，在距轨面 2.5 m 高的处所，以及安全挡板或细孔网栅均要有涂以白底用黑色书写"高压危险"字样和用红色画出闪电符号的警告标志。

2. 在接触网分相处应双向装设"预断""断""合"等标志。在接触网终端应装设"接触网终点"标。"接触网终点"标应装设于接触网锚支距受电弓中心线 400 mm 处接触线的上方。上述标志均为白底黑框，黑字黑体，标志装设位置及规格符合《技规》《铁路电力牵引供电施工规范》等规定。

3. 牵引供电设备管理单位的抢修列车、接触网工区均应备有"降""升"弓标。当突然发现接触网故障或故障抢修先行送电开通时，按规定在故障地点两端设置升、降弓标。

4. 各种标志和揭示牌应完整无损、安装牢固、字迹清晰、便于瞭望，不得侵入限界，与行车有关的标志应设于列车运行方向的左侧。

5. 在桥下等处承力索上采取绝缘防护措施，出口两端绝缘防护长度不少于 5 m。

第 72 条　零件及其他

1. 接触网零件（包括附加导线的金具，下同）应符合国家及铁道部有关标准（附加导线的金具还应符合电业部门架空线路金具相应的有关标准）。

2. 接触网零件要安装牢固，凡用螺母紧固者应有防松措施，零件上的各个螺栓均应受力均匀，其紧固力矩符合规定。各种调整螺丝的丝扣外露部分不得小于 50 mm。各种线索的紧固零件在温度变化时不应使线索往复弯曲，以防疲劳。应涂油的螺栓必须涂油。

3. 接触网和附加导线中用于电气连接的零件，其允许载流量不应小于被连接的导线。

4. 除螺栓等标准件外，所有接触网零件均应有明确的生产厂家标志，否则视为不合格零件严禁使用。

第七章 抢修管理

第一节 抢修基本要求

第 73 条 客运专线接触网抢修要遵循"先通后复"和"先通一线"的基本原则，以最快的速度先行供电、疏通线路，及早恢复设备正常的技术状态。抢修方案应遵循"先重点，后一般"的原则，首先使接触网脱离接地，尽快恢复送电，待列车离开故障供电单元时，再对故障地点进行恢复。

第 74 条 客运专线接触网抢修作业方式根据故障现场需要，可采取 V 型天窗停电作业或垂直天窗停电作业方式。客专电调在发布停电作业命令前应撤除相关馈线断路器重合闸。

第 75 条 客运专线接触网抢修处理方式可分为一次性恢复和分次恢复两种。

1. 一次性恢复。对故障影响不大，恢复用时不长应采取一次性恢复到正常技术状态。

2. 分次恢复。对于故障破坏严重，影响范围大，难以恢复到接触网正常技术状态的，宜采用分次恢复方式，分次恢复有以下两种情况：

（1）对故障临时处理后，采取降弓运行的方式，速度不超过 160 km/h；

（2）对故障临时处理后，设备恢复基本状态，可按 200 km/h 速度运行。

故障地段接触网设备经临时处理后，铁路局应尽快制定设备恢复正常技术速度的方案，并尽快组织实施。

第 76 条 故障抢修采取降弓运行时，降弓运行时间原则上不超过 24 小时。

第 77 条 故障抢修中，现场抢修指挥人员要指定专人负责与电调联系，随时汇报故障抢修进展情况，并及时传达上级领导对抢修的有关要求。

第二节 恶劣天气运行及抢修要求

第 78 条 为了有效预防以及快速处理恶劣天气下接触网设备突发事故，最大限度地减轻恶劣天气对供电设备运行的影响，必须坚持"安全第一、预防为主"的原则，加强对突发事件的预防和控制，各铁路局要有相应的预防措施和预案。

第 79 条 雨、雪、雾、大风及接触网覆冰等恶劣天气时，应避免出现接触网停电状态。各种恶劣天气多发时间段前，设备管理单位要对接触网设备进行全面的巡视检查，及时发现和处理设备缺陷，防止恶劣天气下设备事故的发生；并组织开展针对恶劣天气的故障抢修演练，提高对恶劣天气下突发事件处理、抢修以及快速恢复接触网设备正常运行的能力。

第 80 条　恶劣天气下发生接触网设备故障，由高铁供电调度统一指挥抢修，高铁供电调度是命令发布机构和信息反馈终端，各级领导的要求和指示应通过高铁供电调度传递到各级指挥人员。

第 81 条　雨、雪、雾等恶劣天气下应急抢修。

1. 环境温度较低天气发生雨、雪、雾情况下，要及时撤除接触网跳闸的自动重合闸功能。

2. 遇上述天气情况下发生接触网跳闸时，供电调度要立即告知列车调度员，通知在该供电臂内所有动车全部降下受电弓，确认全部动车降弓后，该供电臂首先强送一次，如强送不成功，立即通知接触网工区查找故障；如强送成功，确认接触网无故障后，该供电臂再次停电，在接触网无电状态下，按下述程序办理：

通知其中一台动车升弓后，合闸送电，确认无故障后，再次停电，并通知另一台动车升弓再次送电确认，直至确认故障动车，通知其降弓并不得自行升弓，等待救援。

3. 遇暴雨、暴雪、大雾、较低温度降雨等恶劣天气情况下，动车运行中发生接触网跳闸故障后，供电调度要立即通知有关接触网工区，做好抢修准备，并与列车调度员密切配合，迅速对故障处所进行判断和处置。

第 82 条　接触网覆冰时的应急抢修。接触网出现覆冰，导致受电弓无法正常取流时，铁路局要立即启动导线机械除冰应急预案。

1. 取消停电天窗，避免接触网出现长时间停电，并安排一定数量的动车组（或电力机车）开行，利用电弧熔化接触线上的薄冰。

2. 对结冰较厚并导致受电弓无法取流的区段，采用人工除冰。除冰时，用铲刀、木锤等工具刮除冰块，不可敲打接触线，避免接触线产生硬弯。

3. 车站侧线是结冰较厚的区段，工区要及时除冰，防止机车升弓取流时烧断导线。

4. 冻雨天气下，抢修人员应直接乘轨道作业车赶往故障区段、巡视查找故障点。若区间有列车阻隔，应采取反向行车或改乘其他交通工具，迅速将抢修人员及机具材料送达故障地点，查明情况，迅速抢通。

若故障区段上下行均被阻隔，调度应通知相邻工区的抢修待令人员乘轨道车直接出动进行抢修，本工区人员到达现场后加入抢修组织中。

第 83 条　强风天气应急抢修。强风天气下，发生接接触悬挂舞动时，可根据频率及振幅大小采取限速措施，必要时动车组（电力机车）停止运行，采取内燃机车牵引过渡措施。

1. 接到接触网晃动报告后，接触网专业技术人员及抢修作业人员要按《电气化铁路接触网事故抢修规则》（铁运〔2009〕39 号）要求，迅速赶赴现场查明情况，并严密注视灾情和列车运行状态，及时、准确向供电调度报告现场情况。

2. 当接触网上下晃动量不超过 200 或水平晃动量不超过 150 mm 时，可采取动车组（电力机车）限速 45 km/h 通过晃动区段，并现场观察弓网运行情况。

3. 当接触网上下晃动量大于 200 mm 或左右晃动量大于 150 mm 时，应适时采取降弓通过晃动区段。当晃动区段过长，无法采取降弓通过时，应采用内燃机车摆渡方案组织行车。

4. 因接触网晃动，导致接触网有明显缺陷，无法保证受电弓安全运行时，应立即停电进行处理。

第八章 安全规定

第 84 条 客运专线接触网设备抢修、维护作业，应采用作业车、利用垂直天窗进行。如遇故障处理、抢修必须采用 V 停检修作业时，其邻线通过列车应限速 160 km/h 以下。

第 85 条 凡参加客运专线接触网运营维护的设备管理单位机关、供电车间管理技术人员和工区职工，上岗前必须经过高速列车运行安全技术业务培训，并经考试合格后方能上岗。

第 86 条 在隧道、桥梁等特殊区段及雨、雪、雾或风力在 5 级及以上特殊天气时，只进行垂直天窗接触网检修作业。遇有雷电（在作业地点可看见闪电或可听到雷声）应禁止接触网维护作业。事故抢修遇有上述情况时，应利用垂直天窗，在增设接地线并加强监护的情况下方可进行。

第 87 条 客运专线接触网设备维护作业，要严格执行监护制度，每一个监护人监护范围不得超过一个跨距，同一组硬横跨上作业时不超过 2 股道。清扫绝缘子、检调附加悬挂作业监护范围按普速线路有关规定执行，作业人员及料具严禁从两线间上下，严禁侵入邻线。

第九章 附则

第 88 条 本规程由铁道部运输局负责解释。

第 89 条 本规程自 2010 年 11 月 1 日起实施。

附录 2 接触网线索及绝缘件机械强度安全系数

1. 铜或铜合金接触线在最大允许磨耗面积 20%的情况下，其强度安全系数不应小于 2.0。

2. 承力索的强度安全系数，铜或铜合金绞线不应小于 2.0。钢绞线不应小于 3.0；钢芯铝绞线、铝包钢和铜包钢系列绞线不应小于 2.5。

3. 软横跨横向承力索中的钢绞线安全系数不小于 4.0，定位索的强度安全系数不应小于 3.0。

4. 供电线、加强线、正馈线、回流线等接触网附加导线的强度安全系数不应小于 2.5。

5. 绝缘部件机械强度的安全系数应不小于：

（1）瓷及钢化玻璃悬式绝缘子（受机电联合负载时抗拉）2.0。

（2）瓷棒式绝缘子（抗弯）2.5。

（3）针式绝缘子（抗弯）2.5。

（4）合成材料绝缘元件（抗弯）5.0。

6. 耐张的零件强度安全系数不应小于 3.0。

附录3　高速铁路供电车间主要机具设备表

序号	设备名称	规格、参数	单位	数量	备注
一、车辆及交通工具					
1	生产抢修指挥车	乘坐：5人	辆	1	
2	电力工程车	乘坐：12人	辆	1	
3	电气试验车	试验电压：0～150 kV	辆	1	
4	汽车升降车		辆	1	
5	发电、电焊两用车	100 kW	辆	1	
6	轨道平板车	载重量：70 t	辆	1	
7	轨道吊车	最大起重量：25 t	辆	1	
8	接触网抢修列车	接触网作业车2辆、轨道吊车1辆、接触网恒张力作业车1辆、轨道平车组成	组	1	全线1组
二、车间共用设备					
1	接触网抢修材料	具体见铁运〔2009〕39号附件3	套	1	
2	接触网抢修机具	具体见铁运〔2009〕39号附件4	套	1	
3	接触网抢修照明设备	全方位自动泛光工作灯、多功能强光灯、轻型升降泛光灯等共8项	套	1	
4	通信工具	对讲机	台	8	
5	蓄电池恒流充放电机		台	1	
6	接触网成像检测装置		套	1	
7	超声波探伤仪		台	1	
8	绝缘水冲洗设备		套	1	
三、信息化系统					
1	牵引供电维护管理信息化系统		套	1	全线一套
四、专用检修工具					
1	接触线连通装置	AD-GW+HC-CW	套	3	
2	钢性无损切割装置	HT-TC041	把	4	
3	高速铁路专用液压钳	B62	把	4	

续表

序号	设备名称	规格、参数	单位	数量	备注
4	高速铁路电连接液压套装	9.03.20	套	2	
5	接触线无损平行装置	MSGW	个	4	
6	弹性吊索安装工具	TZ.TD.01	台	3	
7	高速铁路无损硬点消除装置	9.03.10	套	2	
8	无损卡线器装置	CCT-150	个	12	
9	电缆终端作业装置	AV6320+GB-M20+GB-PM20-SET+B131-UC+B-TC095	套	1	
10	高速铁路接触线无损切割装置	B-TFC2	把	4	
11	承力索无损专用小型液压切刀	B35-TC025	套	4	
12	快速紧线装置	TZ.TD.03	把	4	

附录4 高速铁路接触网工区主要机具设备表

序号	设备名称及规格	规格、参数	单位	数量
1	接触网作业车	120 km/h（暂定）、四轴，带检测装置	辆	1
2	高空作业车	120 km/h、四轴	辆	1
3	电力工程抢修车	乘坐12人，带自救装置	辆	1
4	红外热成像仪		台	1
5	导线磨耗带电遥测仪	精度0.005 mm、分辨率：0.001 mm、带PDA、蓝牙无线传输、非接触测量	台	1
6	接触网检修机具（含抢修）			
6-1	充电式液压导线切刀	B-TC026	把	3
6-2	充电式液压钳	B135-UC	台	2
6-3	充电式液压切刀	B-TFC2	台	2
6-4	充电式压接钳	B62	台	3
6-5	充电式电缆切刀	B-TC095	台	2
6-6	电连接液压套装	9.03.20	套	2
6-7	五轮校直器	MSGW	个	2
6-8	接触线紧固套装	AD-GW，HC-GW	套	2
6-9	充电式螺帽切除器	B-TD1724	把	3
6-10	数显力矩扳手	TZCEM	把	5
6-11	力矩扳手	410-530	把	15
6-12	承力索专用切刀	B-TC04	把	3
6-13	带电电缆防护安全切刀	CP1120-W-1000 kV	套	2
6-14	充电式液压电缆切刀	B-TC051	把	3
6-15	弹性吊索安装工具	TZ-TD.01	台	3
6-16	接触线断线快速抢修装置	9.18.10	套	2
6-17	供电电缆快速抢修装置	9.17.10	套	1
6-18	硬点处理套装	9.03.10	套	2
6-19	无损卡线器装置	CCT-150	个	6
6-20	高铁终锚、斜拉线专用压接装置	9.04.10	套	4
6-21	扭力扳手校验仪	682/400	台	1
6-22	线索张力测试仪	TZ.CEML	台	1

续表

序号	设备名称及规格	规格、参数	单位	数量
7	接触网几何参数测量仪	9项功能	台	2
8	绝缘子在线检测仪		台	1
9	接触网抢修材料	具体见铁运〔2009〕39号附件3	套	1
10	绝缘器件干燥装置	温度：300 ℃	套	1
11	接触网维修照明设备灯具、	全方位自动泛光工作灯、遥控探照灯等共8项	套	1
12	折叠梯车		台	1
13	绝缘折叠挂梯		台	1
14	高枝油锯		台	1
15	通信器材（对讲机）		台	8
16	光学检测仪器		套	1
17	柴油发电机组	10 kW	台	1
18	附盐密度检测仪		台	1
19	轴温检测仪		台	1
20	氧化锌避雷器在线监测仪		台	1
21	绝缘子冲洗设备		套	1

附录 5　供电工区值班日志（接触网）

天气：　　　　　　　　　　　　　　　　　　　　　　　　　　　月　　　日

作业类别	作业时间		作业时间	工作票编号	工作领导人	作业组成员数	作业地点		作业内容		考勤
	起	止					区间、车站、隧道	支柱号	作业项目	完成数量	现员：　　人 病假：　　人 事假：　　人 出差：　　人 调休：　　人 其他：　　人 出勤：　　人 出工：　　人 上网：　　人 出勤率：　　% 出工率：　　% 上网率：　　%
记事						次日工作计划					交通、检修机具
						作业地点	作业内容	工作领导人			类别： 车号： 停留地点： 状态：

值班者：　　　　　　　　　　　　工长：　　　　　　　　　　　　规格：A4

附录6 接触网巡视检查记录

站场（区间）：

巡视检查日期	巡视检查方式	缺陷地点	缺陷内容	要求完成时间	巡视检查人	处理措施	处理结果	处理缺陷领导人	处理缺陷操作者	处理日期	备注

负责人：　　　　　　　　　　　　　　　　　　　　　　规格：A4

附录 7 接触网全面检查记录

站场（区间）：　　　　　锚段号：　　　　　　锚段长度（m）：
接触线型号：　　　　　　承力索型号：　　　　速度等级：

支柱（或悬挂点）号	接触悬挂			定位及支撑装置				绝缘部件	附加悬挂及其他	供电电缆	巡检人	巡检时间	缺陷处理情况	缺陷处理时间	缺陷处理操作人	备注
	接触线	承力索	吊弦 电联结器及其他	定位支撑装置	硬横跨	定位器角度	止钉间隙（mm）									
							标准值	实测值								

工长：　　　　　　　　　车间主任：　　　　　　规格：A4

附录 8 接触线位置检测（修）记录

站场（区间）：　　　　　　　锚段号：
速度（km/h）：　　设计最低高度（mm）：　　锚段长度（m）：
　　　　　　　　　　　　　　　　　　　　　　检测日期：

支柱(或悬挂点)号	标准值		跨中偏移值(mm)	实测值								接触线坡度(‰)	坡度变化率(‰)	缺陷处理情况			备注
	跨距(m)	拉出值(mm)	接触线高度(mm)		拉出值(mm)	定位点	接触线高度（mm）								修后状态	处理缺陷操作人	处理日期
							吊弦点										
							1	2	3	4	4	3	2	1				

检测人：　　　　　　　　工长：　　　　　　　　车间主任：

规格：A3

附录9 铁路技术管理规程(高速铁路部分)
——供电、给水

牵引供电

第176条 为保持牵引供电设备良好的技术状态,保证牵引供电系统安全运行,应设供电段等供电维修机构。

供电维修机构管辖范围应根据线路及供电设备条件确定。

牵引供电设备包括变电设备(变电所、开闭所、分区所、自耦变压器所)、接触网和远动系统。

第177条 牵引供电设备应保证不间断行车的可靠供电。牵引供电能力应与线路的运输能力相适应,满足规定的列车重量、列车密度和运行速度的要求。接触网标称电压值为25 kV,最高工作电压为27.5 kV,短时(5 min)最高工作电压为29 kV,最低工作电压为20 kV。

牵引变电所须具备双电源、双回路受电。牵引变压器采用固定备用方式并具备自动投切功能。当一个牵引变电所停电时,相邻的牵引变电所能越区供电。运行期间平均功率因数不低于0.9。

第178条 供电调度系统应具备对牵引供电、电力设备状况进行远程实时监控的条件,并纳入调度系统集中统一管理。

第179条 接触网的分段、分相设置应考虑检修停电方便和缩小故障停电范围,并充分考虑电力牵引的列车、动车组正常运行和调车作业的需要。分相的位置应避免设在进出站和变坡点区段。双线电气化区段应具备反方向行车条件。

负荷开关和电动隔离开关应纳入远动控制。枢纽及较大车站应设开闭所。接触网不得引接非牵引负荷。

第180条 牵引供电设备检修、试验和抢修应配备牵引供电安全检测监测系统,变电检测、试验设备,接触网检修、检测设备,接触网抢修车列,绝缘子冲洗设备等设备、设施。

第181条 接触网一般采用链型悬挂方式,其最小张力见第7表。接触线一般采用铜合金材质。

第7表 接触网最小张力

列车运行速度(km/h)	综合张力(kN)	接触线张力(kN)
$160<v\leqslant 200$	30	15
$200<v\leqslant 300$	40~45	25
$300<v\leqslant 350$	48~55	28.5

第 182 条 接触线距钢轨顶面的高度不超过 6 500 mm；接触线悬挂点高度不宜小于 5 300 mm，接触线最低点高度不小于 5 150 mm，站场和区间接触网的高度应一致。

在电气化铁路竣工时，由施工单位在接触网支柱内缘或隧道边墙标出线路的轨面标准线，开通前供电、工务单位要共同复查确认，有砟轨道每年复测一次，复测结果与原轨面标准线误差不得大于 ± 30 mm。特殊情况需调整轨面标准线时，由供电、工务部门共同确认，并经铁路局批准。

第 183 条 接触网带电部分至固定接地物的距离，不小于 300 mm；至机车车辆或装载货物的距离，不小于 350 mm。跨越电气化铁路的各种建（构）筑物与带电部分最小距离，不小于 500 mm。当海拔超过 1 000 m 时，上述数值应按规定相应增加。大风、严寒地区应预留风力、覆冰对绝缘距离影响的安全余量。

在接触网支柱及距接触网带电部分 5 000 mm 范围内的金属结构物须接地。天桥及跨线桥跨越接触网的地方，应按规定设置安全栅网。

有大型养路机械作业的路基地段，接触网支柱内侧距线路中心距离不小于 3 100 mm。

第 184 条 架空电线路跨越接触网时，应符合第 8 表和第 9 表的规定。

第 8 表 跨越接触网的架空电线路与接触网的垂直距离

跨越接触网的电力线路电压等级（kV）	电力线至接触网的垂直距离（mm）
35 以上至 110	≥ 3 000
220	≥ 4 000
330	≥ 5 000
500	≥ 6 000

第 9 表 跨越接触网的超高压架空电线路距轨面最小垂直距离

跨越接触网的电力线路电压等级（kV）	距轨面最小垂直距离（mm）
750	21 500
1000	27 000（单回）
	25 000（双回）
直流 ± 800	21 500

35 kV 及以下的电线路（包括通信线路、广播电视线路等）不得跨越接触网，应由地下穿过铁路。

接触网支柱不应附挂通信、有线电视等非供电线路设施，特殊情况需附挂时，应经铁路总公司批准。

第 185 条 为保证人身安全，除专业人员执行有关规定外，其他人员（包括所携带的物件）与牵引供电设备带电部分的距离，不得小于 2 000 mm。

在设有接触网的线路上，严禁攀登车顶及在车辆装载的货物之上作业；如确需作业时，须在指定的线路上，将接触网停电接地并采取安全防护措施后，方准进行。

双线电气化铁路实行 V 形天窗作业时，为确保人身安全，应在设备、机具、照明、作业组织等方面采取相应措施。

第 186 条 牵引、电力变（配）电所控制室，应采取防雷措施，设置机房专用空调。控制、保护及通信设备，应装有防止强电及雷电危害的浪涌保护器等保安设备，电子设备应符合电磁兼容有关规定。

电力、给水

第 187 条 电力设备包括变电所、配电所、10 kV 电力电缆贯通线路（250 km/h 及以上）、自闭贯通电线路（250 km/h 以下）、箱式变电站等。

电力设备应具备：贯通线路由两端变、配电所供电的互供条件，变、配电所跨所供电的条件，远程监控条件，电气试验设备，快速抢修能力。

电力变、配电所的控制保护测量设备，应纳入远动系统调度管理；箱式变电站应设置远动终端，纳入远动系统。

第 188 条 铁路供电设备应满足下列要求：

1. 一级负荷应有两个独立电源，保证不间断供电；二级负荷应有可靠的专用电源。

2. 受电电压根据用电容量、可靠性和输电距离，可采用 110 kV、35（63）kV、10 kV 或 380 V/220 V。

3. 用户受电端供电电压允许偏差：

（1）35 kV 及以上高压供电线路，电压正负偏差的绝对值之和不超过额定值的 10%；

（2）10 kV 及以下三相供电线路，为额定值的 ±7%；

（3）220V 单相供电线路，为额定值的 +7% ~ －10%。

在电力系统非正常情况下，用户受电端的电压值允许偏差为额定值的 ±10%。

第 189 条 电力线路的电杆内缘至线路中心的水平距离不小于杆高加 3 100 mm。

第 190 条 给水设备及建（构）筑物，应包括水源、输水、扬水、净水、消毒、配水、管网、水源卫生防护、水源安全保护、节水等设备。为保证供水质量，应按需要配备制水在线连续监控、水质检验和管网检漏等设备。

给水设备的能力及水源，在任何季节应保证列车密度最大时的车辆供水和车站及其他重要用水。客车上水设备应能满足在列车站停时间内、各列车同时上满水的需要。根据需要可设自动给水设备。

大型及以上车站、有动车段（所）的车站及始发终到旅客列车的车站宜设旅客列车给水站。

输水管路一般设置一条，管网布置一般为枝状。铁路枢纽、旅客列车给水站，扬水管路一般设置两条，配水管环状布设。给水管道应尽量避免穿越铁路线路，必须穿越时，应设防护涵洞。

第191条 旅客列车及生产生活用水，须进行净化消毒处理；固定动力锅炉用水应进行炉外或炉内软水处理。给水站须进行定期水质检测。水质须达到国家规定的标准。